国家社会科学基金项目资助（项目名称：中国近代调解制度研究）

中国近代调解制度研究

毕连芳　著

吉林大学出版社
·长春·

图书在版编目（CIP）数据

中国近代调解制度研究 / 毕连芳著. -- 长春：吉林大学出版社，2023.7
ISBN 978-7-5768-2188-8

Ⅰ.①中… Ⅱ.①毕… Ⅲ.①调解（诉讼法）-司法制度-研究-中国-近代 Ⅳ.①D925.114.4

中国国家版本馆CIP数据核字（2023）第193468号

书　　名	中国近代调解制度研究
	ZHONGGUO JINDAI TIAOJIE ZHIDU YANJIU
作　　者	毕连芳
策划编辑	黄忠杰
责任编辑	陶　冉
责任校对	王寒冰
装帧设计	周香菊
出版发行	吉林大学出版社
社　　址	长春市人民大街4059号
邮政编码	130021
发行电话	0431-89580028/29/21
网　　址	http：//www.jlup.com.cn
电子邮箱	jdcbs@jlu.edu.cn
印　　刷	天津鑫恒彩印刷有限公司
开　　本	787mm×1092mm　1/16
印　　张	12.75
字　　数	290千字
版　　次	2024年3月　第1版
印　　次	2024年3月　第1次
书　　号	ISBN 978-7-5768-2188-8
定　　价	68.00元

版权所有　翻印必究

前　言

　　调解制度在我国历史上可谓源远流长，自先秦至明清，绵延不绝，历久弥新，在我国当前纠纷解决机制中仍发挥着重要作用，为完善国家治理体系以及实现国家治理能力现代化也具有重要意义。

　　目前，学界对调解制度的研究主要集中在古代调解制度和当代调解制度方面，而对近代调解制度的研究却重视不够。本书在前人研究成果的基础上，基于大量的文献史料，采用描述性法史学与解释性法史学相结合的方法，对中国近代调解制度进行详尽地解读，试图揭示该制度的全貌，探究其在整个调解制度史上的地位，以便对中国调解制度发展史有个完整的认识和了解。

　　与其他任何一项制度一样，中国近代调解制度不是凭空产生的。追本溯源，建立在和谐的文化观以及无讼的司法观基础之上的传统调解制度，历经朝代更替而不衰，直至近代社会，虽然立法以及司法改革的总基调是模仿西法，但传统调解制度的内涵与精髓仍得以传承，并为近代调解制度的形成奠定了较为坚实的基础。

　　当然，中国近代调解制度并非对传统调解制度的简单因袭，而是在继承传统的基础上有所发展。晚清以来，随着地方治理方式的变革、城市经济的不断发展以及西方法律文化的影响，传统调解制度必然要发生相应的变化，加之新式法律和司法造成的诉讼迟延、案件积压，也给近代调解制度预留了广泛的发展空间。在这种情况下，晚清政府、民国政府以及中国共产党领导的革命根据地政权，制定并颁布了诸多有关调解的法律法规，使近代调解开始步入制度化和规范化的轨道。

　　法院调解制度是中国近代调解制度的重要组成部分。该制度是伴随着中国法律近代化而产生和发展的，是中国司法近代化过程中为了解纷止争、减少诉讼而形成的一项具体制度。近代以来，西方法律文化逐渐在中国传播，并在国家立法和司法层面产生了较大的影响，但中国传统礼治思想在民间社会仍然具有广泛的影响。西方法治与传统礼治的矛盾与冲突不可避免地影响着新式法律的实施，影响着人们的日常生活，而法院调解在某种程度上可以说是法治与礼治冲突的产物，也为解决两者的冲突提供了一种切实可行的办法。同时，法院调解制度在减轻法院审判压力、解决人民讼累等方面发挥了一定的作用。但是，由于制度设计本身存在的问题、制度执行过程中的敷衍应对、民间调解及其他调解组织的广泛存在，法院调解制度的实施效果未能尽如人意。

　　与法院调解制度一样，政府调解制度也是中国近代调解制度的重要组成部分。该制度从某种程度上看是伴随着近代基层社会治理方式的变化而产生的，同时也是对传统官府调解和准官府调解的继承与发展。近代基层社会治理模式中，村长利用自己对村民事务的熟悉以及自己在村民中的威望，在调解民间纠纷方面发挥着重要作用。由于一人之力有限，且易受个人主观情绪的影响，纠纷解决中难免会出现偏私。随着近代地方自治的倡导，作为实施乡镇自治重要组成部分的乡镇调解委员会开始承担起调解基层社会纠纷的重任，发挥出团体调解的优势和功效。同时，受传统社会知县调解纠纷的影响，县级层面的政府机关在近代社会很长时段内仍然担负着处理民间纠纷的任务。随着国家对地方控制的强化以及国家权力的下沉，县以下的区、乡镇、村等基层组织在调解纷争、化解矛盾方面也发挥了一定的作用。

与其他类型的调解相比，民间调解主体具有广泛性和不特定性的特征，可以是宗族的族长、左邻右舍、亲朋好友、公正士绅，也可以是各种社会团体，如商会、农会、工会等，还有存在于不同区域、不同行业的一些其他民间社会组织，如互助社、合作社、乡学、医学公会、同乡会等。上述各类调解主体在调解纠纷方面各有侧重，又相互配合，在诸多情况下，他们共同参与一些较大纠纷的调解工作。由于民间调解具有更为悠久的历史传统，同时也切合乡村社会的实际情况，因而其在近代整个调解机制中发挥着比法院调解和政府调解更为重要的作用，取得的成效也最为显著。

无论是法院调解、政府调解，还是民间调解，调解的目的并非为了追求公平和维护权利，而主要是为了化解矛盾，平息纷争。因此，近代调解不仅仅依据国家制定的法律法规，更多的是依据民间约定俗成的一些规矩、习俗以及存在于人们内心深处的根深蒂固的人情常理，如族规村规、民事习惯、商业惯例、情理等。当然，在调解过程中，无论是宗亲族长还是乡邻亲友，抑或是社会团体，他们调解纠纷的依据往往不是单一的，而是多种依据综合为用。对于调解人来说，他们并不刻意去考虑调解依据问题，只要有利于纠纷解决、能够使当事人接受、达到息事宁人的功效即可。

由上可见，中国近代调解制度是在传统调解制度基础上发展起来的，同时又为现代调解制度的形成奠定了基础，从而起到衔接古今调解制度的作用。此外，在近代司法资源短缺、诉讼成本过高、和解成效不佳、仲裁尚未形成系统制度的情况下，调解制度的介入，一方面可以适当弥补上述解纷方式的不足，另一方面也充实了近代解纷手段，从而使近代纠纷解决机制得到合理配置。然而，由于近代社会环境的复杂多变，司法当局的推行不力以及调解制度本身存在的问题，使得该项制度运行过程中遭遇到种种意想不到的障碍，实效也大打折扣。总之，近代调解制度是适应近代社会需要而产生的，从总体上看已经过时了，当代社会对其进行完全复制也无必要，并且是不可取的。但是，其所蕴含的一些价值却仍然值得我们认真总结和转换利用。

本书是在笔者 2016 年申报的国家社会科学基金项目结项成果基础上完成的。其实，该书的酝酿和撰写始自 2015 年初，时至今日，历时近八年，数易其稿，最终成书。

本书写作过程中，得到了单位领导、同事和亲朋好友的关心和帮助，在此表示感谢。本书的出版，得到了河北师范大学法政与公共管理学院学术著作基金的资助，在此谨表最诚挚的谢意！

本书的完成，虽有诸多师友的帮助和指导，但文责自负，这是我需要说明的。另外，囿于研究水平和掌握的资料，缺憾和不足在所难免，尚祈有关专家、学者和广大读者批评指正。

毕连芳
2022 年 10 月

目 录

- 第一章 绪论：历久弥新的调解制度 ········· 1
  - 第一节 一个被忽略的有价值论题 ········· 1
  - 第二节 几近百年的学术史梳理 ········· 2
  - 第三节 核心概念的阐释 ········· 6
- 第二章 调解制度溯源 ········· 10
  - 第一节 调解的文化渊源 ········· 10
  - 第二节 调解的制度渊源 ········· 18
- 第三章 中国近代调解制度形成的背景 ········· 30
  - 第一节 近代调解制度形成的社会环境 ········· 30
  - 第二节 近代调解制度形成的法制因素 ········· 40
- 第四章 近代法院调解制度 ········· 54
  - 第一节 近代法院调解的概念界定及制度依据 ········· 54
  - 第二节 近代法院调解的制度设计 ········· 59
  - 第三节 近代法院调解的实践及成效 ········· 62
- 第五章 近代政府调解制度 ········· 75
  - 第一节 近代政府调解的概念界定及制度依据 ········· 75
  - 第二节 近代基层政府调解 ········· 78
  - 第三节 近代调解委员会调解 ········· 85
  - 第四节 近代县政府及其职能部门调解 ········· 96
- 第六章 近代民间调解制度 ········· 105
  - 第一节 近代宗族调解 ········· 105
  - 第二节 近代威望人士调解 ········· 109
  - 第三节 近代乡邻亲友调解 ········· 112
  - 第四节 近代社会团体调解 ········· 116
- 第七章 近代调解的依据 ········· 137
  - 第一节 村规民约与家法族规 ········· 137
  - 第二节 习 惯 ········· 143

  第三节 情 理 ··· 152
  第四节 法律法规 ··· 156
第八章 中国近代调解制度之评价 ·· 160
  第一节 近代调解制度之价值 ·· 160
  第二节 近代调解制度之反思 ·· 172
  第三节 近代调解制度之启示 ·· 179
结 论 ··· 186
参考文献 ·· 188

第一章 绪论：历久弥新的调解制度

调解制度在我国历史上可谓源远流长，自先秦至明清，虽历经朝代更替、政权变更，但仍保持了自身的连续性，在发展演变过程中辗转相承、绵延不绝，从而成为"中华民族亘贯古今、最具生命力、也最为世界所注目的法律传统"[①]。时至近代，在借鉴西方立法修律和司法改革成为时代主旋律的背景下，古老的调解传统并没有因为时代的变化而中断，而是适时地步入法制化轨道。在当代依法治国的历史进程中，调解制度作为一项具有中国特色的法律制度，在纠纷多元化解决机制中发挥着重要作用，在完善国家治理体系以及实现国家治理能力现代化方面也具有重要意义。

第一节 一个被忽略的有价值论题

目前学界对调解制度的研究呈现出两头热的特点，即对中国古代调解制度和当代调解制度的研究成果颇多，而对近代中国调解制度的研究却相当薄弱。这也许是因为近代中国在西方法律文化影响下，把重点放在模仿西法构建近代化法律体系和改良司法制度方面，而对被称为"东方经验"的调解制度却缺乏足够的关注，从而造成当代学者也把研究目光集中在近代立法与司法方面，而对我国沿袭已久的调解制度却不够重视。学界的暂时遗忘不能掩盖该制度的客观存在，近代调解制度在西方诉讼观念的冲击下，默默地扮演着一种温和地解决纠纷的角色，并发挥了相当重要的作用。因此，中国近代调解制度是一个被学界忽略的有价值的论题。

一、学术价值

经笔者检索发现，目前学界尚未有人对近代调解制度进行专门研究，只有少量专著、学位论文及期刊文章对该专题有所涉及，但内容零散，缺乏深度。因此，本书具有一定的学术价值。

第一，有助于拓展中国调解制度的研究范围。如上所述，学界对调解制度的研究主要集中在古代调解制度和当代调解制度方面，而对近代调解制度的研究重视不够。本书

---

① 胡旭晟. 狱与讼：中国传统诉讼文化研究 [M]. 北京：中国人民大学出版社，2012：881.

通过对中国近代调解制度的研究，使中国古今调解制度有一个过度和衔接，这将有助于拓展对中国调解制度的研究范围。

第二，有助于加深中国近代诉讼制度的研究深度。作为中国近代调解制度重要组成部分的法院调解制度是诉讼制度的一个重要部分。学界对近代诉讼制度的研究大多集中在诉讼程序的完善、诉讼程序复杂化等方面，鲜有涉及调解的内容。本书通过对法院调解的系统研究，无疑可以增强近代诉讼制度研究的深度。

第三，有助于拓宽中国近代纠纷解决机制的研究广度。对于中国近代纠纷解决机制的研究，学界大多集中在审判制度和仲裁制度方面，而对近代调解制度关注不够。本书通过对近代调解制度的研究，在一定程度上可以拓宽中国近代纠纷解决机制研究的理论广度。

二、应用价值

意大利历史学家克罗齐说过，历史的价值不是使我们回到过去，而是为新的历史提供资源。这就是说，研究历史不仅仅在于追溯过去的足迹，更重要的是从历史中得到启迪或启示，这是研究历史的重要价值。笔者希望通过对中国近代调解制度的系统研究，从中探索有意义的制度和环节为当今调解制度建设和实践服务。

第一，对建构当代调解制度具有一定的借鉴意义。

近代调解制度虽然还保留着一定的传统色彩，但基于近代社会的发展变化以及人们思想意识、价值观念的转变，已开始对传统调解制度的某些方面逐步做出调整，从而使近代调解的法制化、组织化程度明显提高，行业化、专业化趋势显著增强，这些都为当代调解制度的建设提供了历史的借鉴。

第二，有助于完善当代纠纷解决机制。

一般来说，纠纷的解决主要通过诉讼、仲裁、和解、调解等几种方式。这几种解纷方式各有特色和优势，但也都存在某种程度的欠缺。调解因其具有成本低廉、方便快捷、节省司法资源、维护受损的人际关系等优势，在近代中国成为一种运用广泛的解纷方式，这种独立的解纷方式一直延续到当代，为实现当代纠纷解决机制的合理配置奠定了基础。

第三，为当代和谐社会的构建提供历史资源。

调解本身就具有调和矛盾、化解纠纷的作用，调解制度作为近代基层社会治理的一种重要方式，在调和矛盾、化解纠纷、维护人际关系和社会关系的和谐等方面发挥了一定的作用。近代调解制度虽然带有时代的特征，但其本身的价值及其蕴含的精神对当代和谐社会的构建仍然具有一定的借鉴意义。

第二节 几近百年的学术史梳理

近代意义上的调解制度肇始于清末司法改革中，正式形成于南京国民政府时期。虽然学界对近代调解制度还没有进行系统化、专门化的研究，但相关研究早已开展，并取得了一定的成果。

民国年间,近代调解制度形成之时,曾有一些学者撰文对当时的调解制度予以评说,如石志泉[①]的《民事调解制度》、玉斯[②]的《民事调解法亟应废止之我见》、陈义章[③]的《民事调解处应否存在之商榷》、仓胜[④]的《民事调解法的利弊》、方茂松[⑤]的《大学法科应附设民刑案件调解处之建议》、陈盛清[⑥]的《我国调解制度》、刘凌[⑦]的《乡镇调解与地方自治》,等等。因为当时南京国民政府刚刚颁行《民事调解法》,故而这些研究视角主要局限于对民事调解制度条文的释义以及民事调解制度的利弊得失等方面,对于近代调解制度的其他内容涉及较少。

新中国成立后很长一段时间里,无论是法学界还是史学界,对近代调解制度关注不够,研究成果屈指可数。可喜的是,随着近年来对近代司法制度研究的逐渐深入,近代调解制度作为司法制度的一个不可分割的部分开始受到关注,现将这方面的成果作一比较系统的梳理。

从学术著作来看,涉及近代调解制度的专著主要有如下几部:谢振民[⑧]的《中华民国立法史》,对南京国民政府时期《民事调解法》的制定情况及其内容进行了白描式的介绍。春杨[⑨]的《晚清乡土社会民事纠纷调解制度研究》,在对传统乡土社会纠纷调解的社会条件和思想基础进行追溯的基础上,着重探讨了晚清乡土社会民事纠纷调解的类型、机制、依据及特点,并指出了晚清乡土社会民事纠纷调解的当代启示。谢冬慧[⑩]的《纠纷解决与机制选择:民国时期民事纠纷解决机制研究》,把法院调解作为民国时期官方调解的一种方式进行了比较详细地介绍。刘玉华[⑪]的《民国民事诉讼制度述论》中,把民事调解立法作为民国民事诉讼关系法规的一个组成部分进行了笼统描述。蒋秋明[⑫]的《南京国民政府审判制度研究》,简单介绍了南京国民政府的民事调解立法及制度运行情况,并对调解制度中存在的问题进行了分析。付海晏[⑬]的《变动社会中的法律秩序——1929—1949年鄂东民事诉讼案例研究》,立足于鄂东地区司法诉讼档案,在分析民事法律制度的概况及实践的同时,对抗日战争时期鄂东地区调解制度的实施及成效进行了简单的介绍。里赞、刘昕杰等[⑭]的《民国基层社会纠纷及其裁断——以新繁档案为依据》,以四川新繁档案为依据,在对该地典权、租佃、婚姻、继承等方面的纠纷及其裁断进行分析的同时,

---

① 石志泉. 民事调解制度 [J]. 法学专刊, 1936, (6).
② 玉斯. 民事调解法亟应废止之我见 [J]. 法治周报, 1933, (31).
③ 陈义章. 民事调解处应否存在之商榷 [J]. 法政半月刊, 1935, (5).
④ 仓圣. 民事调解法的利弊 [J]. 人言周刊, 1934, (1).
⑤ 方茂松. 大学法科应附设民刑案件调解处之建议 [J]. 法政半月刊, 1935, (5).
⑥ 陈盛清. 我国调解制度 [J]. 东方杂志, 1943, (20).
⑦ 刘凌. 乡镇调解与地方自治 [J]. 中华法学会杂志, 1937, (5).
⑧ 谢振民. 中华民国立法史(上、下) [M]. 北京:中国政法大学出版社, 2000.
⑨ 春杨. 晚清乡土社会民事纠纷调解制度研究 [M]. 北京:北京大学出版社, 2009.
⑩ 谢冬慧. 纠纷解决与机制选择:民国时期民事纠纷解决机制研究 [M]. 北京:法律出版社, 2013.
⑪ 刘玉华. 民国民事诉讼制度述论 [M]. 北京:中国政法大学出版社, 2015.
⑫ 蒋秋明. 南京国民政府审判制度研究 [M]. 北京:光明日报出版社, 2011.
⑬ 付海晏. 变动社会中的法律秩序——1929—1949年鄂东民事诉讼案例研究 [M]. 武汉:华中师范大学出版社, 2010.
⑭ 里赞,刘昕杰,等. 民国基层社会纠纷及其裁断——以新繁档案为依据 [M]. 成都:四川大学出版社, 2009.

也谈到该地区档案材料中所涉及的一些调解案例。张勤①的《中国近代民事司法变革研究——以奉天省为例》，在对中国近代民事司法变革进行研究的同时，也涉及奉天省的乡村组织以及基层调解的概况。张松②的《从公议到公断：清末民初商事公断制度研究》，对清末民初商会对商事案件的公断以及调解制度的建构、实践与成效等问题进行了比较详实的探讨。黄宗智③的《清代以来民事法律的表达与实践（卷一）》，在对清代和民国民事法律制度进行比较的基础上，介绍了华北部分村庄的一些调解案例。侯欣一④的《从司法为民到人民司法——陕甘宁边区大众化司法制度研究》、汪世荣等⑤的《新中国司法制度的基石——陕甘宁边区高等法院（1937—1949）》，对抗日战争时期共产党领导下的陕甘宁边区的人民调解制度进行了比较系统的分析和论述。

从学术论文来看，有关近代调解制度的论文数量较少：欧阳湘⑥在《从漠视、排斥到认同、提倡——清末民初调解政策的大逆转》一文中认为，清末民初，当局对于调解的态度经历了从漠视、排斥到认同、提倡的演变过程，这一时期的调解制度，既继承了传统的调解制度，也随着时势变化融入了更多的现代调解制度的因素。陈宾⑦在《清末民初基层社会民间调解的变革——以四川会理县的实践为例》一文中谈到，清末民初，民间调解开始由传统的自发和无序向程序化和制度化方向发展，由县城向基层社会组织渗透和扩展，并最终成为基层社会的一种比较稳定的民事管理机制，对于减轻人民的讼累、减轻法院诉讼压力以及维护基层社会的稳定起到了一定的作用。朱英⑧的《清末苏州商会调解商事纠纷述论》一文，运用大量的档案资料，在介绍清末苏州商会受理商事纠纷的基础上，指出了苏州商会通过调解商业纠纷，对保护资本主义工商业的发展所起到的积极作用，但在某种程度上却维护了旧的行会制度。罗金寿、余洋⑨的《民国时期的调解体系与运作》，探讨了民国时期以息讼会、调解委员会和法院调解部门组成的调解体系，并对调解制度的运行实效做了分析。刘昕杰⑩的《以和为贵——民国时期基层民事纠纷中的调解》，在梳理民国时期法律文本中有关调解的规定后，以四川新繁县司法档案为依据，指出了调解在基层司法实践中发挥的重要作用。潘超正⑪的《南京国民政府时期的法庭调解：制度与实践——基于龙泉司法档案的考察》，在分析了南京国民政府法庭调解制度创设及其特征后，以《龙泉司法档案》材料为依据，探讨了该时期法庭调解的实践状况，

---

① 张勤. 中国近代民事司法变革研究——以奉天省为例 [M]. 北京：商务印书馆，2012.
② 张松. 从公议到公断：清末民初商事公断制度研究 [M]. 北京：法律出版社，2016.
③ 黄宗智. 清代以来民事法律的表达与实践：卷一 [M]. 北京：法律出版社，2014.
④ 侯欣一. 从司法为民到人民司法——陕甘宁边区大众化司法制度研究 [M]. 北京：中国政法大学出版社，2007.
⑤ 汪世荣，等. 新中国司法制度的基石——陕甘宁边区高等法院（1937—1949）[M]. 商务印书馆，2011.
⑥ 欧阳湘. 从漠视、排斥到认同、提倡——清末民初调解政策的大逆转 [J]. 历史档案，2011，(1).
⑦ 陈宾. 清末民初基层社会民间调解的变革——以四川会理县的实践为例 [J]. 江西社会科学，2010，(8).
⑧ 朱英. 清末苏州商会调解商事纠纷述论 [J]. 华中师范大学学报（哲学社会科学版），1993，(1).
⑨ 罗金寿，余洋. 民国时期的调解体系与运作 [J]. 江西师范大学学报（哲学社会科学版），2016，(2).
⑩ 刘昕杰. 以和为贵——民国时期基层民事纠纷中的调解 [J]. 山东大学学报（哲学社会科学版），2011，(4).
⑪ 潘超正. 南京国民政府时期的法庭调解：制度与实践——基于龙泉司法档案的考察 [J]. 政法论坛，2017，(4).

并从微观、中观和宏观三个层面揭示了制度与实践之间的关系。谢健[1]的《南京国民政府时期基层调解委员会述论》，在介绍基层调解委员会的形成及制度设计基础上，对调解委员会群体进行了量化分析，探讨了调解委员会的运作状况及其实效。侯欣一[2]的《民国时期法院民事调解制度实施状况实证研究》，运用民国时期西安地方档案中有关民事调解制度的大量资料，对民国时期法院民事调解制度的实施状况进行了探讨，并从制度本身、法院以及当事人等方面分析了该制度成效不佳的原因。张勤[3]的《民初的乡村组织与基层调解——以奉天省为中心》、谢冬慧[4]的《民国时期乡村区域治理的特殊力量——以民间调解为例的解读》等文，以个案研究的方式对清末和民国时期的基层民间调解进行了分析和论证。谢冬慧[5]的《南京国民政府民事调解制度考论》和龚汝富[6]的《浅议民国时期的民事调解制度及其得失》侧重于对南京国民政府时期民事调解制度的论述，对于其他政权的调解制度未曾涉及，对于刑事调解制度也未有关注。此外，还有些学术论文涉及近代调解制度的某些方面，如王亚明[7]的《民国纠纷解决机制探析》、里赞[8]的《民国婚姻诉讼中的民间习惯：以新繁县司法档案中的定婚案件为据》、尤陈俊[9]的《"案多人少"的应对之道：清代、民国与当代的比较研究》、王志强[10]的《民国时期的司法与民间习惯——不同司法管辖权下民事诉讼的比较研究》、温智[11]的《民国时期四川会理县讲理公所考察》等等。

从学位论文来看，有关这一选题的研究主要有如下几篇：段星宇[12]的硕士论文《国民政府时期民事调解制度转型研究》，通过与传统调解制度的对比，指出南京国民政府时期的民事调解制度实现了制度化、成文化。赵建蕊[13]的硕士论文《民国时期的民事调解制度》，以20世纪30年代初期的《民事调解法》为中心，探讨了民国时期民事调解制度的发展演变及制度的施行状况。曾芳[14]的《民国时期民事调解制度探析》，在对传统息讼机制进行评析的基础上，探讨了民国时期民间调解、行政调解和司法调解的运作状况及其得失。丁亚兰[15]的《论民国乡里的调解》，在对传统调解制度进行阐述的基础上，分别对北洋政府和南京国民政府乡里调解的立法与运行机制进行了论证，并指出民国乡里调解

---

[1] 谢健. 南京国民政府时期基层调解委员会述论 [J]. 人文杂志, 2017, (12).
[2] 侯欣一. 民国时期法院民事调解制度实施状况实证研究 [J]. 华东政法大学学报, 2017, (5).
[3] 张勤. 民初的乡村组织与基层调解——以奉天省为中心 [J]. 太平洋学报, 2008, (9).
[4] 谢冬慧. 民国时期乡村区域治理的特殊力量——以民间调解为例的解读 [J]. 东南学术, 2015, (2).
[5] 谢冬慧. 南京国民政府民事调解制度考论 [J]. 南京社会科学, 2009, (10).
[6] 龚汝富. 浅议民国时期的民事调解制度及其得失 [N]. 光明日报, 2009-5-6 (12).
[7] 王亚明. 民国纠纷解决机制探析 [J]. 江西财经大学学报, 2008, (2).
[8] 里赞. 民国婚姻诉讼中的民间习惯：以新繁县司法档案中的定婚案件为据 [J]. 山东大学学报（哲学社会科学版）, 2009, (1).
[9] 尤陈俊. "案多人少"的应对之道：清代、民国与当代的比较研究 [J]. 法商研究, 2013, (3).
[10] 王志强. 民国时期的司法与民间习惯——不同司法管辖权下民事诉讼的比较研究 [J]. 比较法评论, 2000, (4).
[11] 温智. 民国时期四川会理县讲理公所考察 [J]. 西南民族大学学报（人文社会科学版）, 2011, (4).
[12] 段星宇. 国民政府时期民事调解制度转型研究 [D]. 河南大学, 2011.
[13] 赵建蕊. 民国时期的民事调解制度 [D]. 中国政法大学, 2007.
[14] 曾芳. 民国时期民事调解制度探析 [D]. 江西财经大学, 2010.
[15] 丁亚兰. 论民国乡里的调解 [D]. 华中科技大学, 2015.

制度已经初步实现了制度化、组织化和规范化。熊文婷[①]的《民国时期"息讼会"与民间调解机制》，介绍了息讼会的渊源及其产生的社会基础、息讼会的构成及运作机制，对息讼会与其他纠纷解决机制进行了比较，指出了息讼会的优势和价值以及存在的制度缺陷等。王红梅[②]的《商会与中国法制近代化》，用专章探讨了商会与中国近代多元化商事纠纷解决机制的形成与发展。于方方[③]的《陕甘宁边区调解制度研究》，对陕甘宁边区的调解制度作了较为全面的研讨，并指出该制度的当代借鉴意义。单静[④]的《抗日战争时期人民调解制度研究》，主要从文化的视角探讨了抗日战争时期人民调解制度的制定及实施状况。

上述研究成果主要涉及清末民初基层调解、南京国民政府时期的民事调解以及革命根据地的调解制度等几个方面的内容。通过对这些研究成果的系统梳理，笔者发现，学界有关近代调解制度的研究呈现出如下三个特点：第一，分时段研究。从以往的研究成果中可以看出，有的是对清末民初调解制度进行考察，有的是对南京国民政府时期调解制度进行探究，有的是对革命根据地的调解制度进行专门研究。迄今为止，尚未有对整个近代调解制度进行研究的专著问世，因此，还缺乏对该制度全貌的整体把握及其发展变化规律的揭示和深入分析，这对于全面系统地认识近代调解制度及其在中国调解制度发展史上的历史地位和影响远远不够。第二，片段性研究。目前学界关于近代调解制度为数不多的研究成果中，主要集中在民事调解制度的研究方面，对于刑事调解制度基本上未有涉及，无法使我们对中国近代调解制度有个整体的了解和把握。第三，区域性研究。一些学者以某些地区的诉讼档案材料为依据，在分析该地区司法制度实践的同时，对该地区的调解状况做了大致介绍，这种区域性的介绍无法反映出中国近代调解制度的整体状况。基于上述三点，本书拟在吸收和借鉴前人相关研究成果的基础上，考察中国近代调解制度的实际状况，分析和探讨其价值、意义，总结其不足及原因，力图揭示该制度在中国近代化进程中的作用和影响。

第三节　核心概念的阐释

"概念乃是解决法律问题所必需的和必不可少的工具。没有限定严格的专门的概念，我们便不能清楚地和理性地思考法律问题。没有概念，我们便无法以一种可理解的方式把这些思考传达给他人。如果我们试图完全否弃概念，那么整个法律大厦将化为灰烬。"[⑤]因此，为了能够更好地探讨和分析中国近代调解制度，首先需要对本书涉及的核心概念做出界定。

---

① 熊文婷. 民国时期"息讼会"与民间调解机制 [D]. 江西财经大学，2013.
② 王红梅. 商会与中国法制近代化 [D]. 华东政法大学，2010.
③ 于方方. 陕甘宁边区调解制度研究 [D]. 郑州大学，2011.
④ 单静. 抗日战争时期人民调解制度研究 [D]. 河北师范大学，2015.
⑤ 博登海默. 法理学：法律哲学与法律方法 [M]. 邓正来，译. 北京：中国政法大学出版社，2004：504.

一、调解及调解制度的概念

调解作为解决民间纠纷的一种方式，在我国有着悠久的历史。传统社会中，调解的称呼多种多样，如调处、调和、调停、和息、评理、劝释、私和、私了、私休、理剖等。近代以来，国家颁发的法律法规以及报刊中开始较多地使用"调解"一词。当然，调处、调和、和解息讼、调息争端等名称各异的称呼仍然存在。当代社会中，调解作为解纷止争的重要手段，在概念的使用上基本实现了统一，而且学界对于调解概念的界定，已经没有太大的争议，只是在具体表述上有所不同。

调解一词在中外百科全书及词典中均有明确的界定。《简明不列颠百科全书》将调解界定为："在双方冲突时，由第三方帮助减少分歧或寻求解决纠纷的方法。"[①]《中国大百科全书》对调解的解释是："双方或多方当事人之间发生民事权益纠纷，由当事人申请，或人民法院、群众组织认为有和好可能时，为减少讼累，经法庭或群众组织从中排解疏导、说服教育、使当事人互相谅解，争端得以解决。"[②]

我国学界对于调解也基本上持有相同的看法。江伟主编的《民事诉讼法学》将调解界定为："第三者依据一定的社会规范（包括习惯、道德、法律规范等），在纠纷主体之间沟通信息，摆事实明道理，促成纠纷主体相互谅解和妥协，达成纠纷解决的合意。"[③]邱星美、王秋兰在《调解法学》中认为，"调解是指通过第三人的斡旋、调停、劝说等，纠纷当事人之间达成协议，消除争议的制度。"[④] 宋明认为，调解是"具有中立性的第三者协助当事人达成合意和解决纠纷的活动"[⑤]。李喜莲认为，"调解是指经过第三者的排解疏导，说服教育，促使发生纠纷的双方当事人依法自愿达成协议，解决纠纷的一种活动"[⑥]。

由上可见，调解作为非诉讼纠纷解决方式之一，是指在纠纷或冲突发生时，由第三方主动介入或受纠纷双方当事人邀请而介入，采取开导、劝说、教育等方式，使纠纷当事人互谅互让，相互妥协，最终达成合意，从而解决纠纷的一种解纷方式。从这一概念界定可以看出，调解必须同时具备如下几个要素：第一，有冲突或纠纷的发生。这种冲突和纠纷必须控制在一个必要的限度内，如果超过一定的限度，调解就显得无能为力，因为法律不允许对重大和恶性的刑事案件进行调解。第二，必须有中立的第三方的介入。第三方的主要作用在于对纠纷当事人进行开导、劝说、教育。第三，纠纷当事人必须相互妥协、互谅互让，方可成功，否则，无法达成和解协议，调解只能是调而无解。

为了更准确地理解调解的概念，还应当将其与"和解"的概念做出明确的区分。根据《辞海》的解释，和解有两种含义：（1）不再争执，归于和好；（2）通过协商，达成协议，解决争端。第一种意义上的和解实际上是一种结果，从这一意义上来看，它与调解是不同的：调解是过程，和解是结果；调解是手段，和解是目的。也就是说，通过调

---

① 简明不列颠百科全书（第7卷）[M]. 北京：中国大百科全书出版社，1986：796.
② 中国大百科全书（法学卷）[M]. 北京：中国大百科全书出版社，1984：589.
③ 江伟. 民事诉讼法学[M]. 上海：复旦大学出版社，2002：6.
④ 邱星美，王秋兰. 调解法学[M]. 厦门：厦门大学出版社，2010：3.
⑤ 宋明. 人民调解纠纷解决机制的法社会学研究[M]. 北京：中国政法大学出版社，2013：17.
⑥ 李喜莲. 陕甘宁边区司法便民理念与民事诉讼制度研究[M]. 湘潭：湘潭大学出版社，2012：182.

解的手段，达成和解的结果，以便和平解决纷争。第二种意义上的和解与调解都是一种解决矛盾和纠纷的活动，但其与调解也有区别。调解过程中有第三方的介入，而和解则是由双方当事人自行完成。

明白了调解的内涵后，调解制度也就比较容易理解了。与调解作为一种解纷活动不同的是，调解制度是一种法律制度。具体而言，调解制度是指由调解组织或个人作为第三方，根据国家法律法规、社会公德或其他善良风俗等，按照法定的程序或其他较为灵活的程序，采取说服教育的方式，促使纠纷双方当事人达成和解的一种非诉讼法律制度。该制度包括调解主体、调解方式、调解程序、调解依据等较为丰富的内容。与诉讼制度相比较，调解制度具有调解主体广泛、调解方式灵活、调解程序简单、调解依据多样化等特征。

二、中国近代调解制度的界定

中国近代调解制度始于清末，终于1949年新中国的成立，包括晚清政府、北洋政府、广州武汉政府、南京国民政府以及共产党领导的革命根据地的调解制度。

虽然近代调解制度始于清末，但清末民初国家颁发的正式法律法规中只有"和解"之称而无"调解"之名。例如1906年5月，晚清政府制定的《大清刑事民事诉讼法草案》专门规定了"和解"一节。1911年初完成的《大清民事诉讼律草案》中，也规定了"受命推事或受托推事，得以受诉审判衙门之命令或嘱托，或因依职权试行和解"① 等有关和解的内容。晚清政府颁布的自治法规中，也规定了城镇乡公所负责"全城镇乡诉讼及其和解之事"。北洋政府于1921年公布了《民事诉讼条例》，其和解部分继承了清末《大清民事诉讼律草案》的相关内容。这些有关和解的规定与后来的调解并无实质的不同。虽然这一时期调解之名称并未出现在国家颁发的正式法律文件中，但调解制度其实已经在实践中广泛推行，尤其是民间的调解实践一直切切实实地存在着。因此，从广泛意义上讲，近代调解制度自清末即已出现。

1929年9月南京国民政府公布的《乡镇自治施行法》中正式提出了"调解"的概念，1930年的《民事调解法》第一次将"调解"作为国家立法文件的名称来使用。自此，近代调解开始了真正意义上的制度化、法律化进程。1935年的《中华民国民事诉讼法》中也专门对民事调解制度予以规定，使调解制度更加系统化、规范化。此后，有关调解的法律法规开始频频出现，如1931年4月3日司法行政部颁行的《区乡镇坊调解委员会权限规程》、1932年的《南京市坊调解委员会选举规则》和《南京市坊调解委员会组织规则》、1933年的《青岛市乡村调解委员会规则》、1934年的《青岛市区调解委员会选举暂行规则》、1934年2月西南政委会发布的《区乡镇坊调解委员会规程》及《区乡镇坊调解委员会补充办法》、1934年的《青岛市区调解委员会组织暂行规则》、1935年11月的《青岛市各区办理调解事项暂行办法》、1935年的《台山区乡调解委员会办事细则》、1935年的《浙江省各县乡镇公所办理调解事项暂行办法》、1936年的《湖北省各县区民调解委员会组织通则》、1936年的《福建省各县区民调解委员会规程》和《福建省各县区民调解委员会办事细则》、1938年的《修正福建省各县区民调委员会规程》、1943

---

① 大清民事诉讼律草案 [S]. 出版者不详，1915：54-55.

年 10 月 9 日内政部和司法行政部会同公布的《乡镇调解委员会组织规程》，等等。这些全国性和地方性调解法规的颁行，表明近代调解制度进入全面实施的新阶段。

同时，共产党领导的各革命根据地也非常重视调解工作，颁发了一系列有关调解的法律法规，如 1942 年 3 月 1 日的《晋西北村调解暂行办法》、1942 年 4 月 1 日的《晋察冀边区行政村调解工作条例》、1944 年 6 月 1 日的《晋察冀边区行政委员会关于区公所调处案件的决定（草案）》、1943 年 6 月 11 日的《陕甘宁边区民刑事件调解条例》、1946 年 2 月 20 日的《冀南区民刑事调解条例》等。

近代出现的商会、农会、工会、劳资委员会主持下的调解，也属于调解制度的重要内容。1904 年，晚清商部奏定的《商会简明章程》，以官方法律文件的形式正式赋予商会调解商事纠纷的职能。1906 年，商部颁发的《商会理结讼案统一格式》进一步赋予商会调纷止争之责。随后各地商会也纷纷把调解息讼作为商会的职责之一。1913 年 1 月，北洋政府司法、工商两部共同颁行的《商事公断处章程》规定，附设于商会的商事公断处以息讼和解为主旨。1915 年 4 月 12 日，北洋政府农工商部颁布《中华民国商会法》，把"因关系人之请求调处工商业者之争议"作为商会的一项基本职能。[1] 1927 年 8 月 12 日，南京国民政府明令暂准援用北洋政府时期的《商事公断处章程》。1929 年 7 月 19 日，南京国民政府重新公布《中华民国商会法》，进一步明确商会职务之一为"关于工商业之调处及公断事项"[2]。1935 年，南京国民政府颁行的《破产法》中专门规定了"商会和解"的内容。农会作为近代重要的社会团体，也具有一定的调解职能。无论是以农业改良为主要任务的晚清和民国政府设立的农会，还是以维护农民利益为目的的革命根据地的农会，都把调解农民之间发生的纷争作为一项职责。1907 年底，晚清政府颁行的《农会简明章程》特别规定农会应尽到"保护农民之责"[3]，而调解农民之间的纠葛和矛盾是农会在保护农民方面的重要职责之一。1940 年制定的《乡农会会员纠纷调解委员会组织规程》规定：在每个县所属各乡农会办公处内设置乡农会会员纠纷调解委员，其职责为以公正和平方法调解本乡农会会员间的争执与纠纷事项。[4] 共产党领导的各根据地的农会更是把调解农民纠纷作为一项重要职责。此外，近代各个时期的工会、劳资委员会也具有调解职能。

除了上述法律法规中规定的调解制度外，在基层社会还广泛盛行家族调解、乡邻亲友调解以及各种社会团体的调解，这些调解形式虽然源自传统，但无论是调解主体、调解程序还是调解的方式、方法，都已经发生了明显的变化，它们也属于近代调解制度中不可或缺的组成部分。

综上所述，中国近代调解制度是指自清末至 1949 年新中国成立之前的调解制度，不仅包括有明确法律依据的法院调解和政府调解制度，还包括那些基于血缘、地缘和业缘关系而形成的宗族调解、乡邻士绅调解以及商会调解等民间调解制度。从近代纠纷解决的实际状况来看，民间调解广泛存在，并且在民间纠纷解决中突显了其独特的不可替代的作用，表明其已经融入国家整个纠纷解决系统中去，成为近代调解制度的重要组成部分。

---

[1] 谈萧. 近代中国商会法：制度演化与转型秩序 [M]. 北京：法律出版社，2017：245.
[2] 商会法 [J]. 贵州省政府公报，1929，(3)：5.
[3] 朱英. 近代中国商人与社会 [M]. 武汉：湖北教育出版社，2002：288.
[4] 乡农会会员纠纷调解委员会组织规程 [J]. 农业推广通讯，1940，(6)：40.

第二章 调解制度溯源

作为一项颇具特色的解纷方式，调解制度在我国历史上可谓源远流长，自先秦至明清，绵延不绝，历久弥新，颇受国人追捧。近代以来，受西方法律文化的影响，晚清与民国政府着眼于建立一套西方式的诉讼审判制度，以便与世界司法接轨。然而，模仿西法而构建的诉讼审判制度与我国的历史传统、风土人情存在较大的隔阂，在实践中难以得到国人的认同。调解制度因其具有方便、快捷、成本低廉等优势，遂成为近代纠纷解决机制中不可或缺的一个组成部分，在实践中也发挥出其独特的功效。要想对近代调解制度有个全面而深刻的认识和了解，首要的问题就是对该制度进行追本溯源，因为任何一项制度都不是凭空产生的，调解制度也不例外。

第一节 调解的文化渊源

任何一项制度的产生都不可能完全越出它置身于其中的文化的界限，调解制度也是如此。中国近代调解制度的形成和发展，自然有其文化上的合理性。传统社会和谐的文化观以及无讼的司法观，为近代调解制度的形成提供了丰富的文化资源。

一、和谐的文化观

"和谐"是个古已有之的概念，但在古代社会，和、谐是具有相同含义的两个概念，"和，谐也"，即和就是和谐之义。历代思想家对和谐都有着详细的论述，从而形成内容丰富的和谐思想，并成为中国传统法律文化的一项重要内容。

较早对和谐进行阐释的是西周的太史史伯。他提出了"和实生物，同则不继"[1] 的著名论断，并解释了"和"与"同"的内涵："和"是不同要素之间的相互补充和制约；"同"则是否定矛盾、排斥差别的绝对统一。[2]

春秋战国时期的儒、道、墨、法各家进一步丰富了和谐思想。孔子曰："君子和而不

---

[1] 郝士钊. 中国先哲智慧全书 [M]. 北京：中国城市出版社，2011：12.
[2] 夏锦文. 传承与创新：中国传统法律文化的现代价值 [M]. 北京：中国人民大学出版社，2012：18.

同，小人同而不和"①；孟子曰："天时不如地利，地利不如人和"②。孔孟提倡的仁政，就是希望实现以天下安宁、社会和谐为特征的治世、盛世。为了实现社会的和谐，儒家还提出了一系列旨在维护人际关系、维护社会秩序以实现社会和谐的道德准则，如仁、义、礼、智、信等。儒家的"礼之用，和为贵"更是被尊为处理人际关系的准则，在后世广为流传。为了追求社会和谐，儒家对个人的道德也提出要求，要求人人做谦谦君子，"温、良、恭、俭、让"，主张在发生矛盾和纠纷时要忍让，教导人们"退一步海阔天空""吃亏是福"。③

与儒家对社会和谐的追求有所不同的是，道家更加崇尚人与自然的和谐。老子曰："人法地，地法天，天法道，道法自然"④，强调的便是人应以自然为最高法则，要顺应自然，与自然和谐相处。庄子也强调，人要尊重自然，与自然和谐相处，以达到"天地与我并生，而万物与我为一"⑤的和谐状态。此外，道家也主张实现社会和谐，老子曰："天之道，损有余而补不足。人之道则不然，损不足以奉有余。孰能有余以奉天下，唯有道也。"⑥道家还认为，德礼政刑等有为政治是对社会和谐的破坏，要想恢复原始的和谐状态，必须完全效法自然，摒弃礼仪道德和法律政令，去除人们的贪欲私情和纷争之心，为此提出一系列旨在恢复和谐的办法："绝圣弃智，民利百倍。绝仁弃义，民复孝慈。绝巧弃利，盗贼无有。此三者，以为文不足，故令有所属。见素抱朴，少私寡欲"；"不尚贤，使民不争；不贵难得之货，使民不为盗；不见可欲，使民心不乱。是以圣人之治，虚其心，实其腹，弱其志，强其骨。常使民无知无欲，使夫知者不敢为也。为无为，则无不治。"⑦老子的"无为""不争""无欲"等主张就是希望能够建立一个和谐无争的理想社会。虽然这些主张有消极保守的成分，但在使民不争、追求社会和谐方面与儒家有着难得的一致性。

汉代的董仲舒进一步丰富和发展了儒家和谐思想，他不但将"和"提升到哲学本体论的高度，"和者，天地所生成也"⑧，而且进一步把和谐视为事物生存和发展所依据的原则："和者，天之正也，阴阳之平也，其气最良，物之所生也"⑨。

宋明理学家对于和谐的认识有了进一步的发展，首先，对自然和谐有了更为深刻的认识。如张载在《正蒙》一书中提出了"太和所谓道，中涵浮沉、升降、动静相感之性，是生氤氲、相荡、胜负、屈伸之始"⑩。在这里，张载指出，太和就是道，是自然界最佳的和谐状态；其次，对人与自然的和谐有所发挥。张载不但首次提出"天人合一"的观点，而且提出"民胞物欲"的命题："乾称父，坤称母，予兹藐焉，乃混然中处，故天地

---

① 徐亚斌.《论语》中的成语解读[M].上海：上海社会科学院出版社，2021：85.
② 申笑梅，王凯旋. 诸子百家名言名典[M].沈阳：沈阳出版社，2004：84.
③ 夏锦文. 传承与创新：中国传统法律文化的现代价值[M].北京：中国人民大学出版社，2012：568.
④ 南怀瑾. 老子他说[M].上海：复旦大学出版社，2016：284.
⑤ 王振军，俞阅主编. 中国古代文学精品导读[M].北京：中央广播电视大学出版社，2017：22.
⑥ 南怀瑾. 老子他说续集[M].上海：复旦大学出版社，2019：275.
⑦ 宛华. 四库全书精华[M].汕头：汕头大学出版社，2016：233.
⑧ （西汉）董仲舒著，周琼编. 春秋繁露[M].呼和浩特：远方出版社，2005：141.
⑨ （西汉）董仲舒著，周琼编. 春秋繁露[M].呼和浩特：远方出版社，2005：142.
⑩ 周赟. 正蒙诠释[M].北京：知识产权出版社，2014：9.

之塞，吾其体；天地之帅，吾其性。民吾同胞，物吾与也。"① 也就是说，天地万物是一个和谐的整体，其中自然界是人类的父和母，每个社会成员都是自然界的儿女。因此，人与人是同胞，天地万物是朋友，天与人是和谐共存的②；再次，对人与自然的和谐、人与人之间的和谐以及人自身和谐做了一个总结。正如有学者所言：宋明理学"将人与自然的和谐，如'天人合一''浑然与物同体''以天地万物为一体者也'，作为和谐状态的终极目标；将人与人的和谐，如'亲民爱人'，作为实现和谐的手段，即'亲民者，达其天地万物一体之用也'；将人自身的和谐，如'胸次悠然，直与天地万物上下同流，各得其所之妙，隐然自见于言外'等，视为和谐达成时的基础。这种和谐论显然是中国传统文化阐述和谐理念的最高综合，也是中国传统和谐型文化的缩影"③。

由上可见，作为中国传统文化重要组成部分的和谐思想的内涵是非常丰富的，自然和谐是其中重要的一方面，无论是儒家还是道家抑或是其他学派，大都认为自然界是一个和谐的整体，具有内在的和谐与秩序。英国学者李约瑟也认为："古代中国人在整个自然界寻求秩序与和谐，并将之视为一切人类关系的理想。"④ 中国古代和谐的自然观对于如何处理人与自然、人与社会、人与人之间关系的影响是不容忽视的。在处理人与自然的关系方面，强调人应尊重自然，顺应自然，与自然和谐相处，以实现人与自然的和谐统一，这就是古人所追求的"天人合一"；在处理人与社会的关系方面，强调社会和谐，社会和谐的表现便是国家稳定，人人相亲相爱，没有战乱和纷争；在处理人与人的关系方面，强调人与人之间要和睦相处，忍让谦和，与人不争，如果发生争端，也尽量以平和的方式予以解决，而不要撕破脸皮，诉诸法律；在对个人人生哲学和道德情感的影响方面，形成了以和为贵、息事宁人的人生哲学观。在这种和谐的文化氛围影响下，人们遇到矛盾或纠纷，自然会选择比较温和的、具有温情的调解方式来解决。这也是中国古代长期盛行调解制度的原因所在。

在和谐思想影响之下，传统国人设计了一个没有压迫、没有剥削、没有纷争、没有冲突，人人相亲相爱的大同世界，正如《礼记·礼运》所描述的那样："大道之行也，天下为公，选贤与能，讲信修睦。故人不独亲其亲，不独子其子。使老有所终，壮有所用，幼有所长，矜、寡、孤、疾、独、废者，皆有所养，男有分，女有归。货恶其弃于地，不必藏于己；力恶其不出于身，不必为己。是故谋闭而不兴，盗窃乱贼不作。故外户而不闭。是谓大同。"⑤ 这是儒家为人们描绘的一个人人相亲相爱、没有纷争和冲突的和谐的大同社会的情景。千百年来，人们充满了对大同社会的憧憬和向往。虽然这样的大同世界仅仅是一种美好的理想，在当时不可能真正实现，但和谐思想对人们现实生活的影响却贯穿整个古代社会，这种影响是多方面的，涉及政治、经济、文化等各个方面，其中对司法方面的重要影响便是形成了无讼的司法观。

---

① 周赟. 正蒙诠释 [M]. 北京：知识产权出版社，2014：191.
② 高宏存，张泰编著. 孔子家语通释 [M]. 北京：研究出版社，2014：186.
③ 夏锦文. 传承与创新：中国传统法律文化的现代价值 [M]. 中国人民大学出版社，2012：20.
④ 李约瑟. 李约瑟文集 [M]. 陈养正，等译. 沈阳：辽宁科学技术出版社，1986：338.
⑤ 高宏存，张泰. 孔子家政通释 [M]. 北京：研究出版社，2014：186.

二、无讼的司法观

无讼是和谐的文化观延伸到司法领域的一个表现，换言之，无讼是司法领域追求和谐的一种表现形式。张中秋在《中西法律文化比较研究》中指出："无讼不过是和谐延伸到司法上的一个转用词，其意蕴和旨趣是一致的。"①

（一）思想家对无讼的向往

为了追求社会的和谐，古代思想家把"无讼"作为孜孜追求的目标。先秦时代，儒家、法家、道家等几大学派的学说尽管存在很大的差别，但在对"无讼"的追求上却表现出难得的一致性。

"无讼"是儒家法律思想的内容之一，也是儒家司法价值观的体现。作为儒家重要经典的《周易》之"讼卦"中记载："讼，惕，中吉，终凶。"上九象传载："以讼受服，亦不足敬也。"② 可见，古人把诉讼看成非常不吉祥的凶事，发生诉讼后，即使因讼争获胜而受赏，也不值得人们尊敬。正式提出"无讼"这一概念的是儒家的创始人孔子："听讼，吾犹人也，必使也无讼乎。"③ 这句话几千年来被作为经典传颂至今，体现的正是古代社会对于无讼的追求与向往。儒家一方面宣扬无讼之美好，并为人们描绘出一个无争无讼、相亲相爱的大同世界图景；另一方面也制造诉讼危害之舆论，即"讼则终凶"。宋儒朱熹在《劝谕榜》中说道："劝谕士民、乡党族姻，所宜亲睦。或有小忿，宜各深思，更且委屈调和，未可容易论诉。盖得理亦须伤财废业，况无理不免坐罪遭刑，终必有凶，切当痛戒。"④

法家提倡"法治"，主张"以法治国"，推行重刑主义，但对于诉讼的危害也有深刻认识："狱讼繁则田荒，田荒则府仓虚，府仓虚则国贫，国贫则民俗淫侈，民俗淫侈则衣食之业绝，衣食之业绝则民不得无饰巧诈，饰巧诈则知采文，知采文之谓服文采。诉讼繁、仓廪虚，而有以淫侈为俗，则国之伤也，若以利剑刺之。"⑤ 在韩非子看来，诉讼频繁的直接后果是国家贫穷，民俗淫奢。出于对诉讼危害的认识，法家也把"无讼"作为追求的目标。在实现这一目标的具体途径上，与儒家采用道德教化手段不同，法家采取重刑主义，他们推行重刑的目的是"以刑去刑""刑去事成"。商鞅认为："重刑连其罪，则民不敢试；民不敢试，故无刑也。"⑥ 韩非子也曾经指出："重一奸之罪，而止境内之邪，此所以为治也。"⑦ 可见，法家推行重刑，是希望通过发挥重刑的威慑力，最终达到不用刑罚而实现天下大治的目的。因此，在诉讼观方面，法家与儒家都希望未来的世界是一个天下大治的无讼世界。

道家主张"无为而治"，倡导人们无知无欲，避免争端。老子曰："常使民无知无欲，

---

① 张中秋. 中西法律文化比较研究 [M]. 南京：南京大学出版社，1999：324.
② 周振甫. 周易译注 [M]. 北京：中华书局，2006：291.
③ 程树德. 论语集释：卷二五 "颜渊下" [M]. 北京：中华书局，1990：861.
④ 朱杰人，严佐之，刘永翔主编. 朱子全书：第25册 [M]. 上海：上海古籍出版社，2002：4621.
⑤ （清）王先慎撰，钟哲点校. 韩非子集解：卷六 [M]. 北京：中华书局，1998：153.
⑥ 周晓露. 商君书译著 [M]. 上海：上海三联书店，2014：152.
⑦ （战国）韩非子. 韩非子 [M]. 长沙：岳麓书社，2015：167.

使夫知者不敢为也，为无为，则无不治。夫唯不争，故无尤"；"不尚贤，使民不争；不贵难得之货，使民不为盗；不见可欲，使心不乱。"① 庄子则更加极端地发展了老子的思想。庄子曰："绝圣弃智，大盗乃止；掷玉毁珠，小盗不起；焚符破玺，而民朴鄙；掊斗折衡，而民不争；殚残天下之圣法，而民始可与论议。"② 道家宣扬的"无欲""不争"是"无为"的表现，而通过这些"无为"的具体手段最终可达到"无不治"的理想社会。这样看来，道家人物口中的无欲、不争，实际上与儒家的无讼有着相同的含义，因为只有无欲才能不争，而不争则无讼，两者在最终目的上是一致的，都是为了实现社会的和谐。

可见，先秦时代，儒家、法家、道家在对待诉讼的态度上有着极大的一致性，都是以无讼为归宿，只是在实现无讼的具体方法和手段上有所不同：儒家主张通过礼义教化使民安分守己，以实现无讼的社会理想；法家则主张通过重刑，使万民皆知所避就，从而实现"以刑去刑""刑去事成"，最终达到无讼之目的；道家主张无为，强调不争，以此作为实现无讼的途径。尽管各学派在实现无讼的途径方面存在着较大的分歧，但无讼的理想世界是他们共同的追求，在这一问题上可谓殊途同归。

然而，无讼只能是一种理想，现实社会中的讼争不可避免。《周易·序卦》曰："需者，饮食之道也。饮食必有讼，故受之以《讼》。"③ 清人崔述也说："自有生民以来，莫不有讼。讼也者，事势之所必趋，人情之所断不能免者也。"④ 既然讼争不可避免，那么减少讼争、和解息讼便成为国家和民间的孜孜追求。

（二）官方对无讼的追求

受儒家思想影响下的各代统治集团，也把无讼作为一种政治理想。因为诉讼影响社会稳定，破坏社会秩序，危及统治基础，历代政府都采取多种办法以实现无讼的理想社会。一方面，推行道德教化，使民安分守己；另一方面，制定相关法律制度，为诉讼设置种种限制，如限制诉讼的时间、限制人民的诉权等等。此外，还对教唆词讼的行为进行限制。《大明律》规定："凡教唆词讼及为人做词状增减情罪者，与犯人同罪。"⑤《大清律例》规定："无籍棍徒，私自串结，将不干己事捏写本词，声言奏告，诈赃满数者（准窃盗论，赃至一百二十两以上，为满数），不分首从，俱发边卫充军。"⑥ 为了严格限制讼师的活动，乾隆年间的定例要求查禁销毁民间存在的一些讼师秘本，否则按律治罪。官府的这种行为直接影响到民间的观念，在日常生活中，人们也习惯于把唆使词讼从中谋利者称为"讼棍"，将好讼者视为有"讼癖"。这些人不仅被官府深恶痛绝，也为民间百姓所不齿。

在古代社会对于无讼的追求中，诉讼的多少往往是评定地方官政绩的一个标准，"历代统治集团都有这样一个共识，即只有实现'无讼'，才能实现真正的、根本意义上的理

---

① 宛华. 四库全书精华 [M]. 汕头：汕头大学出版社，2016：231.
② （清）郭庆藩撰，王孝鱼点校. 庄子集释·胠箧第十 [M]. 北京：中华书局，2013：322-323.
③ 林之满. 周易全解 [M]. 哈尔滨：黑龙江科学技术出版社，2013：148.
④ 顾颉刚编订. 崔东壁遗书 [M]. 上海：上海古籍出版社，1983：701.
⑤ 怀效锋点校. 大明律 [M]. 北京：法律出版社，1999：180.
⑥ 田涛，郑秦点校. 大清律例 [S]. 北京：法律出版社，1999：483-484.

想世界，才算是真正的政绩"①。因此，各地方官都把息讼作为自己的奋斗目标。为了实现这一目标，地方官一方面大力宣扬教化，以期把诉讼消灭于无形之中，另一方面向民众宣讲诉讼危害，宣扬无讼、息讼思想。宋代黄震曰："讼乃破家灭身之本，骨肉变为冤仇，邻里化为仇敌，贻祸无穷，虽胜亦负，不详莫大焉。"② 宋代《名公书判清明集》载："词讼之兴，初非美事，荒废本业，破坏家财，胥吏诛求，卒徒充辱，犴狱拘囚。与宗族讼，则伤宗族之恩；与乡党讼，则损乡党之谊。幸而获胜，所损已多；不幸而输，虽悔何及。"③ 清代《宦海指南五种》中的"劝民息讼告示"以通俗的语言，劝诫人们遇到矛盾和纠纷，要调解息讼了事，千万不要涉讼，"为劝民息讼以保身命事。照得钱债、田土、坟山及一切口角细故，原是百姓们常有的，自有一定的道理。若实在被人欺负，只要投告老诚公道的亲戚邻族，替你讲理，可以和息，也就罢了，断不可告官讦讼。……只要投告亲族和息，就吃点亏，总比见官较有便宜。若还只有五六分道理，更要快快和息。你若不听本县（府）的话，到听讼师的话，只肯告状，不肯和息，你父母、兄弟、妻、子一家不安，还是小事。只怕败了你的身家，还有送了你的性命，那时想起本县（府）的话，悔恨不该告状，却已迟了"④。

除了宣扬教化和宣讲诉讼的危害以尽量减少诉讼的发生外，在司法实践中，官府遇到纠纷，往往会劝告原、被告要私下解决，尽量使纷争不至于进入诉讼程序。这种官府主持敦促原告和被告私了的行为，实际上是中国古代官方的一种调解行为。

（三）民间对无讼的渴望

在官方无讼思想影响之下，民间普遍存在着贱讼、惧讼心理。所谓贱讼，主要是说古人以发生诉讼、涉讼公庭为耻辱，"纷然争讼，实为门户之羞"⑤。所谓惧讼，是指古人畏惧诉讼，因为当事人一旦涉讼，便身不由己。例如，有的案件久悬未决，当事人欲罢不能，最后搞得两败俱伤，胜诉者也可能倾家荡产，得不偿失，败诉者除了付出时间和金钱的成本外，还会受到法律的制裁。因此，遇到纠纷，有些人隐忍，不去告发；有些人请人调解，不敢涉讼法庭。

民间百姓的贱讼与惧讼心理，以及对于无讼的渴望，更多的是源于诉讼给人们生活带来的诸多危害。对于诉讼危害，时人有着生动的描述，其中山东曲阜孔庙碑刻"忍讼歌"，旨在劝告人们不要兴讼，深刻揭露了诉讼带给人们的种种危害：

"世宜忍耐莫经官，人也安然己也安然。
听人挑唆到衙前，告也要钱诉也要钱。
差人奉票又奉签，锁也要钱开也要钱。
行到州县细盘旋，走也要钱睡也要钱。
约邻中证日三餐，茶也要钱烟也要钱。

---

① 范忠信，郑定，詹学农. 情理法与中国人 [M]. 北京：中国人民大学出版社，1992：165.
② 黄氏日抄：卷七十八 [M]. 乾隆三十二年刻本.
③ 中国社会科学院历史研究所隋唐五代宋辽金元史研究室点校. 名公书判清明集 [G]. 北京：中华书局，1987：123.
④ 官箴书集成编纂委员会. 官箴书集成 [G]. 黄山书社，1997：200.
⑤ 龙大轩. 道与中国法律传统 [M]. 北京：商务印书馆，2022：208.

三班人役最难言，审也要钱和也要钱。
自古官廉吏不廉，打也要钱枷也要钱。
唆讼本来是奸贪，赢也要钱输也要钱。
听人诉讼官司缠，田也卖完屋也卖完。
食不充足衣不全，妻也艰难子也艰难。
始知讼害非浅鲜，骂也枉然悔也枉然。"①

关于无讼的谚语更是数不胜数，如"饿死不做贼，冤死不告状""堂上一点朱，阶下千滴血""官府衙门朝南开，有理无钱莫进来""一场官司十年仇""一字入公门，九牛拔不出"等等，诸如此类谚语，不胜枚举。

正是因为诉讼有诸多危害，古代才有"讼则终凶"之明训。民间百姓遇到争讼，也都希望将大事化小，小事化了。

一些家族为了教育族人不要涉讼，把"戒争讼"作为家法族规的一项重要内容。如制作于五代初期的《上虞雁埠章氏家训》中，把"戒争讼"作为家训二十四则内容之一："好争非君子之道。争之不已，则必致讼，讼岂必胜哉？且讼者之辞，多鲜实情，最足坏人心术。费财破家，何益之有？凡事宜忍宜让，不必争讼。纵有外侮，亦宜静以制动。公道既明，自然可寝。若以非礼讼人，尤为不可。故《易》讼卦，终讼受服，而尤有终朝三褫之戒。"②元代中期温州的《盘谷高氏新七公家训》中也有"戒争讼"的内容："聚族而居，偶有嫌隙，即当禀白族正，公辨是非。勿得蓄怒构怨，健讼公庭。若因人有隙，从中唆使，是为小人之尤。违者，重惩不贷。"③明朝万历年间的《余姚江南徐氏宗范》更是把诉讼比喻成兵祸："讼犹兵也，不得已而应之。今习风日炽，讦告日繁，人多尚气兴词，求以雪耻。而不知辨对之时，受其罗织诟詈之言；跪伏之下，自为卑污苟贱之态；甚则胥吏索钱，遭其凌辱；吏书舞文，蒙其恐吓；日夜焦思，寝食俱废，诚所谓耻未及雪，而为辱反甚矣。凡我宗族，如有不遵家规，兴词好讼；或教唆他人，帮助异姓，以陷宗人、以报私仇者，众数其罪，以杜讼端。若果迫于不得已，方许与人评告；讼后负枉，然后合族出而助之。其或事可含忍，亦须受之。毋得恃力、恃财，取戾以玷宗祊。"④明代安徽《寿州龙氏家规》中有惩恶十二条，其中之一是"戒争讼"："是非有定论，何必到公廷。不管输，不管赢，银钱虚费先忧闷。忍了暂时气，免得破家门。若凭健讼以为能，结仇种怨多遗恨。凡我族人，有好为兴讼、出入公廷者，乃健讼之徒。若与本族构讼，凭户长分别责惩。其与外人争讼，除万不得已外，依恃刀笔代人作词者，户长指名，送官究治。"⑤清代江苏晋陵《悉氏宗谱》上对诉讼危害也有明文记载："或因小愤而涉讼，渐至破家，或因争产而涉讼，反至失业，'讼则终凶'。"⑥有些宗族虽然没有明确规定"戒争讼"的内容，但也认识到诉讼的危害，要求族内事务由宗族自行解决："议族间大小是非，或买卖天地，或连界基产，以及水利互争，小忿口角，饮酒放

---

① 张晋藩. 中国法律的传统与近代转型 [M]. 北京：法律出版社，1999：299.
② 费成康. 中国的家法族规 [M]. 上海：上海社会科学院出版社，2016：209.
③ 费成康. 中国的家法族规 [M]. 上海：上海社会科学院出版社，2016：221.
④ 费成康. 中国的家法族规 [M]. 上海：上海社会科学院出版社，2016：239.
⑤ 费成康. 中国的家法族规 [M]. 上海：上海社会科学院出版社，2016：280.
⑥ 郑秦. 清代司法审判制度研究 [M]. 长沙：湖南教育出版社，1988：223.

泼，往往以一朝之忿，遂至上告，甚至倾家者有之。嗣后必要经投户众，公议处罚。如议不平，方准另告。"① 有些宗族族规中不但有"禁挑讼"的内容，还对挑讼的族众制定了制裁措施："人或一时忿激，全藉居中解劝。有等好事之人，乘机唆撮，或图取利，或泄私仇，幸灾乐祸，两败俱伤，为害不浅。察明责三十板。"②

宋朝一位教书先生所写的《戒讼诗》③ 也颇能反映古人对待诉讼的心理和态度：

"些小言词莫若休，不须经县与经州。

街头府底陪茶酒，赢得猫儿卖了牛。"

清代石成金编纂的《传家宝全集》中有一首"劝告状人"的诗④：

"事到官司不自由，要得休时怎得休？莫因些小闲田地，跪破衣衫磕破头。费尽钱财打不赢，倾家拼命又相争。如何一件些许事，搅得年年不太平？产业伊家愿自抛，谁人苦劝强成交？这般争找无休歇，买主翻来是祸苗。"

从上述家族族规、诗歌、民谚等的描述中可以看出，诉讼危害甚大。一旦涉讼，无论输赢，都会给当事人造成极大的伤害，导致两败俱伤的结果。如果败诉，劳民伤财，甚或家破人亡，遭受人歧视；即使胜诉，也难免导致冤仇日结。

诉讼危害甚巨，但诉讼的发生又是不可避免的，正如清人崔述所言："自有生民以来，莫不有讼也。讼也者，事势所必趋也，人情之所断不能免者也。传曰：（有）饮食必有讼。"⑤ 在诉讼发生后，受无讼观念的影响，无论是官府还是民间，都会采取种种方式和方法，以达到息讼之目的。在诸多息讼的方法中，调解不失为实现无讼的一种行之有效的手段，"无讼的观念在制度方面的贡献是显而易见的，它让人们将法律观念弱化，尽量减少使用法律的可能，这种观念促使了具有中国传统特色的调解制度的形成"⑥。

综上可见，和谐是传统法律文化追求的终极目标，是古人大同世界的理想模式，而无讼则是和谐的文化观在司法领域的表现。在追求和谐与无讼的文化背景下，人们的诉讼意识被压制便成为自然而然的事情。无论是哪个朝代，人们一直被教导，尽量不要涉讼，即使发生争端，也要委曲求全，听人劝导，放弃小利，这样才能为乡邻所称道。在司法实践中，对无讼的追求主要体现为以止讼、息讼为目的的调解制度的广泛运用。正如罗兹曼在《中国的现代化》中所言："在大多数告到衙门来的案件中，县令都会反复敦促原告和被告私了。所有乡里都很熟悉大量不同的调解纠纷的巧妙方法。这些办法包括由尊敬的长者出面干预，对纠纷的各方进行调查和协商，按照传统的规矩和特定的方式认错或赔偿，作象征性的或实在的赔偿，或由当地各方有关人物到场，给个面子，让犯错较大的一方办桌酒席，当面说和等。"⑦ 正如西方法律文化的理性主义孕育了以诉讼为主的纠纷解决机制一样，中国古代和谐的文化观以及无讼的司法官观孕育了以调解为特色的纠纷解决机制。

---

① 费成康. 中国的家法族规 [M]. 上海：上海社会科学院出版社，2016：248.
② 费成康. 中国的家法族规 [M]. 上海：上海社会科学院出版社，2016：245.
③ 岳国钧主编. 元明清文学方言俗语辞典 [M]. 贵阳：贵州人民出版社，1998：1577.
④ （清）石成金. 传家宝全集（3）[M]. 北京：线装书局，2008：99.
⑤ 范忠信. 情理法与中国人 [M]. 北京：北京大学出版社，2011：197.
⑥ 李游. 和谐社会的司法解读：以中西方司法传统的演变为路径 [M]. 法律出版社，2013：118.
⑦ 罗兹曼. 中国的现代化 [M]. 南京：江苏人民出版社，1988：127.

第二节 调解的制度渊源

调解制度在中国可谓源远流长,且深受国人推崇。受传统和谐思想的影响,在追求无讼的过程中,古代中国形成了富有特色的调解制度,在化解民间矛盾和纠纷方面发挥了重要作用,同时也为近代调解制度奠定了坚实的基础。

一、传统调解制度的形成与发展

调解作为一种化解纠纷的手段,最早应该追溯到原始社会。众所周知,原始社会,没有国家和法律,人们生活中遇到争端,往往是通过氏族或部落和平解决。最早见于文字记载的调解事例发生在原始社会末期。《韩非子·难一》讲述了舜通过言传身教化解了"历山之农者"以及"河滨之渔者"的纠纷:"历山之农者侵畔,舜往耕焉,期年,甽亩正。河滨之渔者争坻,舜往渔焉,期年而让长。"① 这或许是中国最早的调解纠纷的例证。然而,这一时期的调解仅仅是作为解决纠纷的一种自然而然的方式,不具有任何政治色彩和司法属性,也尚未形成制度形式。

相传西周设有"掌司万民之难而谐和之"的"调人",行使"排解调和万民之纠纷"的职责。春秋末年的孔子不但是调解息讼的提倡者,也是调解息讼的实践者。《荀子·宥坐》上曾记载了一则孔子调解子告父的案件:"孔子为鲁国司寇,有父子讼者,孔子拘之三月不别,其父请止,孔子舍之。"② 在案例中,孔子把儿子拘捕后关押了三个月,不做任何处理,最后在父亲的请求下,孔子把儿子释放了。在这个有关家庭伦理的案件中,孔子的做法是拖而不决,一方面自己去反省自己的"不教民"之过,另一方面也给纠纷双方足够的时间,让他们冷静下来进行思考,最后达到"不调而解"的息讼目的。

秦朝在县以下的基层社会设有乡里组织,其中乡设三老、啬夫和游徼。三老主要负责民间的道德教化;啬夫主要负责受理民间词讼,调解邻里纠纷,征收赋税和徭役;游徼负责地方治安。汉朝县以下的基层组织为乡、亭、里。乡设有三老、有秩、啬夫和游徼。这些基层官员的职责与秦朝大致相同,也把宣扬教化、调解纠纷、维护治安作为主要职责。根据文献记载,东汉魏晋时期也有一些调解息讼的事例。《后汉书·循吏列传》记载,刘矩为县令时,"民有争讼,矩常引之于前,提耳训告,以为忿恚可忍,县官不可入,使归更寻思,讼者感之,辄各罢去"③。《后汉书·吴佑传》记载:"佑政唯仁简,以身率物。民有争讼者,辄闭合自责,然后断其讼,以道譬之。或身到闾里,重相和解。自是之后,争隙省息,吏人怀而不欺。"④

隋唐时期,基层的里正、村正、坊正负有调解乡里讼事之责。由于隋唐时期儒家思

---

① (清)王先慎集解,姜俊俊点校. 韩非子 [M]. 上海:上海古籍出版社,2015:425.
② 刘冠才,林飞. 诸子百家大辞典 [M]. 北京:华龄出版社,1994:105.
③ 张晋藩. 中国法制史十五讲 [M]. 北京:人民出版社,2017:21.
④ (南朝)范晔. 后汉书(卷六十四)[M]. 北京:中华书局,1965:2101.

想日趋成熟，国家把"德礼为本，刑法为用"作为立法、司法的基本指导思想，因此，地方州县官接到讼案后，对于民间的普通纠纷和争端，往往发挥道德教化的功能，通过调解予以处理。据《新唐书》记载："韩思彦，字英远，邓州南阳人……巡察剑南，益州高赀兄弟相讼，累年不决，思彦敕厨宰饮以乳。二人寐，啮肩相泣曰：'吾乃夷獠，不识孝义，公将以兄弟共乳而生邪！'乃请辍讼。"[①] 在这里，韩思彦通过让兄弟共同饮乳的方式，使二人认识到自己乃一母同胞的兄弟，不应斤斤计较，遂放弃诉讼。韩思彦的做法，虽然没有大段的道德说教，但仍不失为一种孝悌仁义的教育，所达到的效果也远远胜于单纯的道德说教。在官府的提倡下，唐代民间百姓遇到纠纷，往往不去官府告官，而是请基层官吏或有威望的人士予以调解，调解息讼蔚然成风，"从里正、坊正、村正以至乡里老人也都积极参与到排难解纷的行列"[②]。

宋朝时期，随着商品经济的发展，民商事纠纷日渐增多，为了解决这些纠纷，除了加强民商立法外，调解制度也开始有了较大的发展。另外，随着儒家思想影响的日渐深入，各地方官都把调解息讼作为执政之要务，《名公书判清明集》记载了大量地方官通过调解手段解决民间纠纷的事例，"数量之多，运用之广泛，为此前历朝所罕见"[③]。例如，官府在审理沈百二、傅良两家因地界引起的讼争时，便告诫双方当事人"邻里之间贵乎和睦"，遂为之和解。[④] 胡颖在审理奉琮兄弟田产之争的案件时，认为"宗族之间，最要和睦"，遂力劝二人和解。[⑤] 除了官府调解息讼外，更多民间纠纷是由乡党、宗族和亲邻调解的。可以说，宋代是中国古代调解制度在实践领域的重大发展时期。

元朝时期的调解开始呈现出制度化的趋势，一些法律法规中正式规定了调解制度。一方面，法律明确赋予农村基层组织"村社"中的社长以调解民事纠纷的权力。《通制条格》卷16载有《至元新格》中的一条法令："诸论诉婚姻、家财、田宅、债负，若不系违法重事，并听社长以理谕解，免使妨废农务，烦扰官司。"[⑥] 该法令在赋予社长调解纠纷的权力的同时，也明确了其调解纠纷的范围为"不系违法重事"的"婚姻、家财、田宅、债负"方面的争端，即尚未构成犯罪的民事违法行为。另一方面，对于某些刑事案件，在自愿的情况下，也可以通过调解来解决。《元史·刑法志》载："诸蒙古人戏伤他人奴，知罪愿休和者听""诸戏伤人命，自愿休和者听"[⑦]《元典章·刑部·诉讼》中还专门规定了"告拦"制度："今后凡告婚姻、田宅、家财、债负，若自愿告拦，评审别无违法，准告以后，不许妄生词讼，违者治罪。"[⑧] 这里所说的"告拦"[⑨]，就是采取司法程序之外的方式解决纠纷，而司法以外的解纷方式主要是指调解。调解成功达成和解协议

---

① （宋）欧阳修. 新唐书（第3册）[M]. 陈焕良，文华点校. 长沙：岳麓书社，1997：2564.
② 张晋藩. 中国古代民事诉讼制度 [M]. 北京：中国法制出版社，2018：110.
③ 刘军平. 中国传统调解文化解读 [M]. 长沙：湘潭大学出版社，2016：10.
④ 中国社会科学院历史研究所宋辽金元史研究室点校. 名公书判清明集（卷六）[G]. 北京：中华书局，1987：199.
⑤ 中国社会科学院历史研究所宋辽金元史研究室点校. 名公书判清明集（卷十）[G]. 北京：中华书局，1987：369-371.
⑥ 黄时鉴点校. 通制条格 [M]. 杭州：浙江古籍出版社，1986：185.
⑦ 张晋藩. 中国民事诉讼制度史 [M]. 成都：巴蜀书社，1999：121.
⑧ 张晋藩. 中华法制文明的演进 [M]. 中国政法大学出版社，1999：425.
⑨ 告拦就是允许纠纷当事人在起诉后可以通过调解方式解决纠纷，达成和解协议后即可撤诉销案。

后，不得再就原纠纷进行起诉，否则予以治罪。这一规定不仅确认了调解的合法性，而且明确了调解协议的效力。

明朝统治者为贯彻"明刑弼教"的法制思想，特别强调以民间半官方组织调解息讼。朱元璋在"教民榜文"中规定："民间户婚、田土、斗殴、相争一切小事，不许轻便告官，务要经本管里甲老人理断。若不经由者，不问虚实，先将告人杖断六十，仍发回里甲老人理断。"① 里老调解遂成为明朝前期民事诉讼的必经阶段。《大明律》也有类似规定。这些被推举出来的老人名单要上报官府备案。凡是本地出现纠纷争端，这些老人便在村口边设置申明亭主持调解，调解不成，方可告官。可见，这种调解具有一定的强制性。明朝中期，该制度逐渐被乡约制度所取代。按照规定，每一约设约正、约副、约讲、约史各一人，每半月召集本里的所有人，除了宣讲圣谕外，主要是调解本里发生的纠纷，调解成功者记入"和簿"，不成功者当事人可向官府起诉。此外，州县官府在民间争讼的处理方面，也非常重视调解手段的运用。

清代法律中沿袭了明朝设置申明亭的做法，"地方里邑设置申明亭和旌善亭，民有善恶，即书写其姓名、事迹于板榜上，凡户婚、田土、斗殴等小事，里老在此劝导解纷"②。《大清律辑注》也有记载："州县各里，皆设申明亭。里民有不孝、不弟、犯盗、犯奸一应为恶之人，姓名事迹俱书于板榜，以示惩戒，而发其羞恶之心，能改过自新则去之。其户婚、田土等小事，许里老于此劝导解纷，乃申明教诫之制也。"③ 然而，申明亭及里老调解自从明朝中期基本已经废除，清代法律虽然继承了明代的这一规定，但实践中这一制度形式早已不复存在。清代比较重视基层组织建设，在基层设置里甲、保长作为官府在基层社会的代言人，维持地方秩序、调解纷争是其重要职责，如四川巴县条例中写道："牌甲内遇有户婚、田土、钱债、口角等项细故，保甲长妥为排解，以息忿争。但不得稍有武断，自干咎戾。"④ 需要特别说明的是，清朝统治集团也非常重视调解。各代帝王发布的"圣谕"中，也极力宣扬调解息讼，如康熙年间颁发的《圣谕十六条》规定："敦孝弟以重人伦，笃宗族以昭雍睦，和乡党以息争讼。"⑤ 地方官府的告示中，也处处充满调解息讼的内容。州县官府对于民间田土户婚之类的细故，大多采取调解的方式结案，甚至对于伤及人命的重大刑事案件，也会劝告当事人自行调解。蒋廷黻在《中国近代史》写道，1754年，一名英国人在广州被一名法国人杀死，广州的府县劝他们自行调解。后来因为英国人坚决要求，官府才受理了该案。⑥

二、传统调解制度的类型

根据调解主体的不同，可以把传统社会的调解分为官府调解、拖延式调解、准官府调解、民间调解等几种类型。

---

① 叶孝信. 中国法制史 [M]. 北京：北京大学出版社，2000：292.
② 马建石，杨玉裳主编. 大清律例通考校注 [M]. 北京：中国政法大学出版社，1992：965.
③ （清）沈之奇撰，怀效锋、李俊点校. 大清律辑注（下）[M]. 北京：法律出版社，2000：934-935.
④ 四川大学历史系，四川省档案馆. 清代乾道嘉巴县档案选编（下）[G]. 成都：四川大学出版社，1996：90.
⑤ 清实录：第四册 "圣祖仁皇帝实录 [一] " 卷三四 [M]. 北京：中华书局，1985：461.
⑥ 蒋廷黻. 中国近代史：1840—1937 [M]. 南京：江苏人民出版社，2016：6-7.

1. 官府调解

官府调解是指在官府的主导下，通过对纠纷双方当事人的劝说、感化、训导等方式，使当事人达成和解的一种调解方式。

在我国传统社会中，尤其是儒家思想确立后，地方官府便具有了教化职能，即通过宣扬儒家的伦理道德观念，使民萌生以诉讼为耻之心，从而不发生争讼。在古人心目中，这是从根源上杜绝诉讼的一种好办法。但是，社会关系复杂多变，杜绝争讼是不可能的，在这种情况下，只能退而求其次，通过调解手段，达到息讼目的，这就是所谓的"不能使民无讼，莫若劝民息讼"[①]。因此，一个优秀的司法官，不仅表现在审理案件时能够做到"公其是非，正其曲直"[②]，更表现在他是否能够运用儒家伦理道德对纠纷当事人进行教化，以达到息讼之目的。

历史上有诸多通过官府调解而息讼的案例。从这些案例来看，多属田、土、户、婚、钱、债之类的民事纠纷以及一些轻微刑事案件。官府采取的调解方式多种多样，主要有教化型调解、拖延式调解、训导式调解等。

（1）教化型调解

所谓教化型调解，是指调解者通过讲述纲常礼教、人伦亲情使纠纷当事人体会并领悟其中的道理，或者通过自身的行为感动当事人，从而达到化解矛盾、平息纷争的一种调解方式。下面举例加以说明。

东汉时期的仇览在当亭长时，收到一位母亲状告儿子陈元不孝的案件。仇览认为是自己未尽到教化之责，遂亲自到陈元家与母子二人对饮，为陈元讲说人伦孝行，并送《孝经》一卷使之习读。陈元读了《孝经》，深自痛悔，母子相拥而泣，陈元于是改行为孝子。[③] 在这个案件中，如果按照法律判决，儿子不孝应该是重罪，但是最后却在仇览富有人情味的说教中，使母子二人领悟到母子亲情之可贵，从而对自己的行为深深悔悟，母子之间的争讼得以化解。

唐朝开元年间的循吏韦景骏在担任贵乡令期间，也用同样的手段调解了一起母子纠纷。韦景骏为贵乡令时，遇到母子相讼一案。景骏谓之曰："吾少孤，每见人养亲，自恨终无天分。汝幸在温清之地，何得如此？锡类不行，令之罪也。垂泣呜咽，取《孝经》使之习读。于是母子感悟，各请改悔，遂称慈孝。"[④]

《折狱龟鉴》所记载的陆襄"和言解喻"的事例也可视为教化息讼的典型。南朝梁陆襄在担任鄱阳内史期间，发生彭、李二家因纷争而相互诬告的案件。陆襄对二人不加责诮，而是引入内室，为其设酒食，和言解喻。二人感悔，酒后同载而归，因相亲厚。[⑤]

清朝康熙年间的陆陇其在做知县的时候，曾对一件兄弟争财案做过妙判。陆知县开庭时，既不谈财产如何分配，也不辨别孰对孰错，只令"兄弟互呼"。在互相呼唤未及五十声之时，兄弟二人已是"泪下沾襟"，表示"自愿息讼"。陆陇其在判决书中仍不忘以兄弟之情对其进行教化："夫同声同气，莫如兄弟，而乃竟以身外之财产，伤骨肉之至

[①] （清）黄六鸿. 福惠全书（卷十一）[M]. 光绪十九年（1893年）.
[②] 郭东旭. 宋代法制研究 [M]. 保定：河北大学出版社，1997：618.
[③] 庄适选注. 后汉书 [M]. 北京：商务印书馆，1927：14.
[④] 瞿同祖. 瞿同祖法学论著集 [G]. 北京：中国政法大学出版社，1998：319.
[⑤] （宋）郑克. 折狱龟鉴译注 [M]. 上海：上海古籍出版社，1988：504.

情，其愚真不可及也。"① 这个案件被时人称为"妙判"，同时也是一次成功的调解，可谓调判结合的典型案例。在这个案件中，陆知县没有向当事人讲述人伦道理，也没有劝解他们做出妥协让步，而是通过让他们各自呼唤的办法，使他们自己领悟兄弟之间的手足之情，最终使当事人在手足之情面前，放弃了财产之争，因为他们认识到，在兄弟亲情面前，财产是无足轻重的。

除了上述通过讲解纲常礼教、人伦亲情使纠纷当事人体会并领悟其中的道理以达到息讼目的外，还有些地方官通过自身的行为去感动当事人以化解矛盾和纠纷。

西汉时期的韩延寿做太守时，"有昆弟相与讼田自言"，延寿认为这是他"不能宣明教化，至令民有骨肉争讼，既伤风化，重使贤长史、啬夫、三老、孝弟受其耻"，于是"移病不听事，因入卧传舍，闭阁思过。一县莫知所为，……令丞、啬夫、三老亦皆自系待罪。于是讼者宗族传相责让，此两昆弟深自悔，皆自髡肉袒谢，愿以田相移，终死不敢复争"。② 在这个有关家庭伦理的案件中，韩延寿不是运用法律进行审判，也不是用语言去开导劝解，而是闭门思过，反省自己的"不教民"之过。这种行为使当事人受到感化，最后达到"不调而解"的息讼目的。

与这种反省自身以彰明教化做法不同的是，一些地方官为了达到息讼目的，不惜以牺牲自己的利益来满足当事人的利益。《魏书》中所载"张长年赐牛息争"的故事便是一个例证："（张）长年，中书博士，出为宁远将军、汝南太守。有郡民刘崇之兄弟分析，家贫惟有一牛，争之不决，讼于郡庭。长年见之，凄然曰：'汝曹当以一牛，故致此竞，脱有二牛，各应得一，岂有讼理。'即以家牛一头赐之。于是郡境之中各相诫约，咸敦敬让。"③ 在这个案件中，为了平息兄弟之间的争端，作为郡守的张长年不惜把自家的耕牛送给当事人，这种做法不仅让争牛的兄弟感激涕零，自愿息争，而且还达到了"郡境之中各相诫约，咸敦敬让"的良好效果。以赏赐一牛的做法为自己博得一个美名，同时也达到平息郡内争端的目的，可谓一举多得。当然，这种做法不易推广应用。

（2）拖延式调解

除了通过教育感化的手段进行调解外，还有一些地方官在处理民间争讼问题上采取"拖延式"的调解方式。所谓"拖延式"调解方式，主要是指地方官在接到一些无关紧要的争讼后，尽量好言劝退、暂时不予解决的一种方式。孔子在鲁国做司寇时，对于那起父子相讼的案件便是采取了拖延式的解决方式。在该案中，孔子将儿子关押起来，三个月不闻不理，最后在父亲的请求下，孔子将儿子释放，父子和好如初。在这个案件中，主要是考虑到父子相讼是受一时情感的影响，不会改变父子之间的人伦亲情，父亲并不希望儿子受到真正的制裁。孔子对此明了于心，因此，采取了拖延式的方式轻松解决了这场纠纷。

对于这种拖延式的调解方式，中国古代多有记载，例如《明史》载："赵豫，字定素，安素人。……方豫始至，患民俗多讼。讼者至，辄好言谕之曰：'明日来。'众皆笑

---

① 梁治平. 寻求自然秩序中的和谐［M］. 上海：上海人民出版社，1991：166.
② （东汉）班固. 汉书（下册）［M］. 郑州：中州古籍出版社，1996：1199.
③ 胡旭晟. 狱与讼：中国传统诉讼文化研究［M］. 北京：中国人民大学出版社，2012：554-555.

之，有'松江太守明日来'之谣。及讼者逾宿忿渐平，或被劝阻，多止不讼。"① 在这一事例中，松江太守也是通过拖延的办法，使正在气头上的当事人回家后调整自己的情绪或通过他人劝阻，平息怒气，从而不再兴讼。

（3）训导式调解

除了和颜悦色的劝导外，多数情况下，地方官往往采取对当事人进行训导的方式来调解案件，即调解人采用训导的方式使当事人接受自己的调解主张。例如，在康熙朝，河北灵寿县知县陆陇其，在任期间每审民事案件，必然要对原、被告双方进行训导以化解纠葛、平息纷争："尔原被（告）非亲即故，平日皆情为至密者，今不过为户婚、田土、钱债细事，一时拂意，不能忍耐，致启讼端。殊不知一讼之兴，未见曲直，而吏有纸张之费，役有饭食之需，证佐之友必须酬劳，往往所费多于所争，且守候公门，费时失业。一经官断，须有输赢，从此乡党变为讼仇，薄产化为乌有，切齿数世，悔之晚矣。"② 这种训导式调解是古代较为普遍的一种调解方式。

此外，一些地方官府还会采取恐吓型的调解方式，即依靠官府的威望或以提起诉讼作为要挟条件，恐吓和威胁当事人，以达成调解协议。

无论采取何种调解方式，在调解过程中，官府所依据的多是儒家伦理以及世代相传的习俗和惯例，较少涉及法律的规定。官府调解的案件，主要以民事纠纷以及轻微的刑事案件为主，至于人命强盗之类的重案，一般不在调解之列，"人命盗情，岂可息之事"③。

2. 官批民调

所谓官批民调，是指为了节省司法资源或为了维护宗法伦理，官府对于民间起诉的民事案件和轻微刑事案件，批令宗族、乡邻或基层组织进行调解的一种解纷形式。之所以采取官批民调的方式，主要是因为"乡党耳目之下，必得其情；州县案牍之间，未必尽得其情。是在民所处，较在官所断为更允矣"④，而且纠纷双方往往是"非亲则故，非族则邻，情深累世，恤起一时，本无不解之仇"⑤ "其里邻口角、骨肉参商细故不过一时竞气"⑥。因此，对于一些涉及亲属、邻里关系的案件，官府则会批令亲族或乡保加以调解。

《名公书判清明集》中记载了大量官府责令亲邻调解的案例，在此略举一二。胡颖在处理胡母讼胡大不孝案件中，"本合重作施行，以正不孝之罪，又恐自此母子兄弟不复可以如初"，遂令将胡大押下，"就本家决十五，令拜谢阿李，仍令四邻劝和"⑦。在处理蒋邦先诉李茂森"赁人屋而自起造"案中，胡颖认为"两家既是亲戚，岂宜为小失大"，遂令"押下本厢，唤邻里从公劝和，务要两平，不得偏党"⑧。清代《天台治略》中记载了

---

① 张廷玉. 二十四史（附清史稿）第10卷 [M]. 郑州：中州古籍出版社，1998：1287.
② 张晋藩. 中国法制史十五讲 [M]. 北京：人民出版社，2017：21.
③ （明）颜俊彦. 盟水斋存牍 [M]. 北京：中国政法大学出版社，2002：603.
④ （清）徐栋辑. 牧令书（卷十七）.
⑤ 官箴书集成编纂委员会. 官箴书集成（第5册）[G]. 合肥：黄山书社，1997：327.
⑥ 官箴书集成编纂委员会. 官箴书集成（第5册）[G]. 合肥：黄山书社，1997：317.
⑦ 郭东旭. 宋代法制研究 [M]. 保定：河北大学出版社，1997：620.
⑧ 郭东旭. 宋代法制研究 [M]. 保定：河北大学出版社，1997：620.

一件"侄夺伯产"的纠纷，官府不予受理，批令亲族调解："兄弟争田夺屋，乃天台第一恶习。尔子读书明理，已登贤书，将来飞黄腾达，不可限量。所谓'书中自有黄金屋'，何必与侄争尺寸之地，踵天台恶习也？况此处本县已经勘明，谕令将二房绝产大三房两股均分，甚属允当，何庸再勘？至所称桑地园业等项，果有不明，请同房族理明，不必终讼。"①

对于那些比较轻微的土地纠纷、邻里纠纷等，官府一般也不直接审理，而是批令基层的乡保组织进行调解。在现存的宝坻县档案中，可见多处官府将轻微案件转给乡保等基层组织调处的批示。顺天府档案全宗第107号也有此类批示："伤微事细，即自招乡保，首事妥了，毋轻涉讼。"② 一般情况下，乡保接受知县转交的案件后，即召集纠纷当事人进行调解，调解成功者，遂上报知县请求销案；调解不成功者，再交由知县调处或审理。

清代诉讼档案中，多处可见"投绅理息""着即自邀族人调理，以全体面""自行清理，毋庸肇讼""着凭约邻理处，毋庸兴讼"之类的批语，即是官府批令民间调解的最好例证。

3. 准官府调解

准官府调解是指由存在于基层社会的一些半官方组织主持调解民间纠纷的调解方式。这些半官方组织在不同时期有不同的名称，如秦汉时期的乡啬夫，唐代的里正和村正，元代的社长，明代的里甲老人和约正，清代的乡保、甲长。尽管称呼不同，但他们都是基层组织的领导者，不仅承担劝课农桑、防盗察奸等职责，还负责对基层社会家庭内部和邻里之间发生的纠纷进行调解。他们虽然处于封建国家官僚系统之外，但他们调解纠纷的活动也得到了国家的授权，如秦汉乡啬夫"职听讼"，因为乡啬夫并不是地方一级审判机构，所以其听讼主要是通过调解以息讼。元代社长也负有"以理谕解"民间纠纷的职责。明代前期的申明亭及老人制度、中后期的乡约制度，都是半官方组织调解纷争的制度。明代王阳明为地方官时，以推行《十家牌法》的乡约制度而闻名，该法规定："十家之内有争讼等事，同甲即时劝解和释。"劝解无效方可告官。③ 清代的基层组织为保甲组织，保甲除了催征钱粮赋税和维持地方治安外，还负责调解民间纠纷。1833年四川巴县《编查保甲条规》规定："牌甲内若有户婚、田土、钱债、口角等细故，保正甲长妥为排解，以息忿争。"④

准官府调解纠纷的案例，在文献资料中多有记载。明朝天顺三年（1459年），祁门县郑德宽因侵越郑思广的坟地而被郑思广状告到县衙。知县委托里老人等现场进行勘验。最后在亲眷、比都老人、排年老人共16人的见证下，郑德宽、郑思广等人立下合同，使得纠纷得到解决。⑤ 万历二十二年（1594年），徽州府休宁黄氏家族内各家之间因为重新

---

① 官箴书集成编纂委员会. 官箴书集成（第四册）[G]. 合肥：黄山书社，1997：217.
② 张晋藩. 中国法律的传统与近代转型[M]. 北京：法律出版社，1997：292.
③ 李游. 和谐社会的司法解读：以中西方司法传统的演变为路径[M]. 北京：法律出版社，2013：105.
④ 四川大学历史系，四川省档案馆. 清代乾嘉道巴县档案选编（下册）[G]. 成都：四川大学出版社，1989：292.
⑤ 韩秀桃. 明清惠州的民间纠纷及其解决[M]. 合肥：安徽大学出版社，2004：50.

调整房屋祖产而发生纠纷，在当地的保长、乡约正的调解下，各家之间达成和解协议。①

准官府调解息讼，可以是主动参与调解，也可以是由当事人邀请其主持调解，抑或是官府批令调解。在调解过程中，这些半官方人员首先会对当事人进行劝说，以理晓喻，如果当事人同意和解，即达成和解协议，一般情况下不得再就该纠纷进行起诉。值得一提的是，在和解协议中，不仅仅对纠纷双方的权利义务进行界定和说明，而且还充满了道德说教，如上述徽州府休宁黄氏家族纠纷在保长和约正主持调解达成的和解协议中，就有这么一段说辞："各房子孙须念父祖一脉，毋得生情异说，务要安分守法，解纷息争，当如此义，均产奉祀以全和气，务敦大义。"② 因此，中国古代准官府调解在很大程度上也是宣传教化的一种方式，正如费孝通先生所言："（古代）乡村里所谓调解，其实是一种教育过程。"③

4. 民间调解

民间调解是指在宗族、乡绅、乡邻等主持下，对发生在民间的田土、户婚、钱债之类的民事纠纷以及轻微刑事案件进行调解的一种解纷方式。民间调解一向得到官府的提倡和鼓励。清代许乃普编辑的《宦海指南五种》中有一则"劝民息讼告示"："为劝民息讼以保身命事，照得钱债田土、坟山及一切口角细故，原是百姓们常有的，自有一定的道理。若实在被人欺负，只要投告老诚公道的亲友、邻族，替你讲理，可以和息，也就罢了，断不可告官评讼。……本县（府）不忍见你如此，所以苦口劝你，为此示喻百姓们知悉，你们日后若遇田土钱债等小事，就算有十分道理，也要忍气，牢牢记得本官的话。只要投告亲族和息，就吃点亏，总比见官较有便宜。"④ 民间调解的主体范围比较广泛，包括宗族首领、有声望的地方乡绅以及乡邻友人等。

（1）宗族调解

关于"宗族"的概念，《尔雅·释亲》如此解说："父之党为宗族。"⑤ 当代学者林耀华也对"宗族"有明确的界定："宗指祖宗，族指族属，宗族合称，是为同一祖先传衍下来，而聚居于一个地域，而以父系相承的血缘团体。"⑥ 戴炎辉如此界定"宗族"："宗族系自然发生的、本质的社会，为纠合已经分居的各家，继续共同祭祀的团体。宗族乃是同宗共姓且共祀的男系血族团体，由族众及其所推戴的族长所组织者。"⑦ 可见，"宗族"是一个由同一男性祖先传衍下来的具有血缘关系的若干家庭的结合体。

受宗法伦理关系的影响，"古时整个家族的成员间'荣辱与共''一荣俱荣、一损俱损'，所以争讼或打官司所丢的'面子'，当然不仅是当事人个人的'面子'，而且也有损整个家族的大'面子'"⑧。因此，家族成员之间有了纷争，为了家族的脸面，避免家丑外扬，尽量在家族内部调解，而不让纷争出现在公堂之上。

---

① 王钰欣、周绍泉. 徽州千年契约文书·宋元明编（卷三）[G]. 石家庄：花山文艺出版社，1991：272-273.
② 王钰欣、周绍泉. 徽州千年契约文书·宋元明编（卷三）[G]. 石家庄：花山文艺出版社，1991：272-273.
③ 费孝通. 乡土中国 生育制度 [M]. 北京：北京大学出版社，1998：56.
④ 金锋. 中华孤本（第12册）[M]. 呼和浩特：内蒙古出版社，2001：9850.
⑤ 刘超班. 中华亲属辞典 [M]. 武汉：武汉出版社，1991：159.
⑥ 林耀华. 义序的宗族研究 [M]. 北京：生活·读书·新知三联书店，2000：71.
⑦ 戴炎辉. 中国法制史 [M]. 台北：三民书局，1966：190.
⑧ 范忠信，郑定，詹学农. 情理法与中国人 [M]. 北京：北京大学出版社，2011：207.

为了维护宗族利益与权利，国家也承认宗族具有一定的自治之权，因此，宗族调解有着国家立法上的依据。康熙《圣谕》十六条中，把"和乡党以息讼"作为宗族的一项任务。雍正年间定例：宗族内的族长和其他头面人物有权"劝导风化及户婚田土竞争之事"。乾隆年间制定的《大清律例》规定，轻微罪犯、妇女罪犯可以送交宗族，责成宗族管束训诫，至于民事纠纷，特别是婚姻、继承争端也大多批转宗族处理，"阖族公议"。①《大清会典事例》规定："族长及宗族内头面人物对于劝导风化及户婚田土竞争之事有调处的权力。"②

　　一些宗族族规中也明确了宗族调解的优先权，"凡劝导风化，以及户婚田土竞争之事，其长（族长）与副先听之，而事之大者，方许告官。"③清朝乾隆年间彝陵陈氏"家范"中也有类似规定："凡同宗有衅，无论事之大小，皆当先请族正长来祠问明理处，万难解释，然后可白于官。倘未经评，率先控告，公同议罚。"④同治年间江苏云阳郑氏宗谱规定："一族之中凡有是非曲直之事，先禀族长，听其处分。"⑤

　　宗族不但可以调解族内纠纷，还可以调解族际争端。例如，清朝光绪年间，广西西林岑氏族谱中便明确了本族与外族发生纠纷后的解决办法："若与他姓有争，除事情重大始禀官公断，倘止户婚田土、闲气小忿，无论屈在本族、屈在他姓，亦以延请族党委曲调停于和息。"⑥《训俗遗规》卷二《讲宗约会规》记载："倘本族于外族有争，除事情重大，付之公断。若止户婚田土，闲气小忿，则宗长便询问所讼之家，与本族某人为亲，某人为友，就令其代为讲息。屈在本族，押之赔礼；屈在外姓，亦须委屈调停，禀官认罪求和。"⑦

　　如果不经过宗族调解而先告官，往往会受到宗族内的惩罚，"即有不平，当先鸣众公论。公论不服，然后控告府县，众助攻之。若不先鸣族长，便行告状，是为欺族好讼，众共攻之，重责三十，罚谷二石。不遵，革除"⑧。《朱氏祠规》也有类似规定："族中言语小忿，及田产钱债等事，俱赴祠呈禀，处明和解。事由难处，方许控官究理。若不先呈族长，径自越告者，罚银五两，入祠公用。"⑨

　　一般情况下，宗族调解是基于发生纠纷的宗族成员的请求而启动，但也存在着官府批令宗族调解的情况。例如，清朝乾隆年间，云南武定彝族那氏土司的那贡生死后，作为遗孀的安氏和唐氏都要求独自抚养两个儿子并掌管那家的家业，因而发生争端，遂诉之于官府。因该案件涉及家族利益，官府批令亲族进行调解，"尔可邀请族亲，传齐头目，酌议妥协，联名具呈"。于是该纠纷在族亲等人的参与下，双方达成协议："安氏抚子显宗，唐氏抚子耀宗，两申氏各随子安身，不致所失。家业田产，安氏六分，唐氏四

---

① 梁凤荣，等. 中国法律文化传统传承研究 [M]. 郑州：郑州大学出版社，2015：180.
② 大清会典事例（卷一四四）.
③ 皇朝经世文编（卷五八）之张海珊"聚民论".
④ 梁凤荣，等. 中国法律文化传统传承研究 [M]. 郑州：郑州大学出版社，2015：180.
⑤ （清）同治江苏"云阳郑氏宗谱".
⑥ （清）光绪广西"西林岑氏族谱"卷三"族训".
⑦ 朱诚如，王天有. 明史论丛（第8辑）[G]. 北京：紫禁城出版社，2008：340.
⑧ 胡旭晟. 狱与讼：中国传统诉讼文化研究 [M]. 北京：中国人民大学出版社，2012：648.
⑨ 徐寒. 中华百家姓秘典：姓氏千年大寻踪 [M]. 延吉：延边大学出版社，1999：1698.

分。"① 该协议上报官府备案后，遂取得法律上的效力。

宗族调解在整个民间调解中占有较大的比重，也受到国家和社会的重视，之所以如此，主要有如下原因：第一，宗族是古代社会的基本细胞，社会秩序的稳定在很大程度上依赖于宗族。如果一个个的宗族能够治理得井井有条，那么国家就不会出现大乱，因此，国家往往授予族长包括调解纠纷在内的各种治族之权；第二，宗族观念的影响。在古代宗族制盛行的年代，一个宗族就是一个利益共同体，可谓"一荣俱荣，一损俱损"，每个成员的行为都关系到宗族的脸面，从而形成"家丑不可外扬"的观念，宗族成员之间争讼、打官司就是家丑外扬的表现，作为治理宗族的族长、族老是不希望这种事情发生的，因此，在发生纠纷后，一般不允许争端扩大化，酿成诉讼，而是在宗族内部解决；第三，作为宗族成员，对宗族也有着深刻的依赖，出现纷争，也愿意请求族长调解解决，这样做不仅能够顾及宗族的面子，也能够保全自己的脸面，同时也不至于破坏彼此之间的关系。

（2）乡邻、亲友和士绅调解

乡邻、亲友和士绅调解主要是指纠纷当事人的地邻、宗亲友人及其所在地具有一定威望的乡绅主持调解纠纷的一种解纷方式。地邻、亲友对纠纷发生的缘由以及纠纷双方当事人的关系、人品、性格有着更为直接的了解，在调解纠纷过程中更具有针对性，也更容易拿出令当事人双方都能接受的调解方案。士绅是地方上的绅士名流，具有一定的社会声望和威望，他们利用自身的声望主持调解更能够令纠纷当事人信服。因此，乡邻、亲友和士绅在民间调解过程中具有较大的优势，调解成功率也比较高。然而，由于这种民间调解形式具有自发性的特点，大多没有备案，缺乏记载。历史资料的阙如使得今人难以详细了解古代乡邻、亲友和士绅调解在整个调解体系中占有多大比例，占据什么样的地位。

虽然史书档案对民间调解没有太多记载，但我们从一些零散的资料中可以了解到，乡邻、亲友和士绅调解确实是解决邻里纠纷的重要方式。

乡邻、亲友和士绅调解的启动，或出于当事人的委托，或主动参与，或接受官府的批令。据有关记载，多数情况下，乡邻、亲友和士绅出于情谊，会主动介入，调纷止争。明代木渎士民张玉，"好为人解纷""为乡里圆融讼事"。②《保定府志》上也有一些关于士绅调解的记载："韩梦熊，束鹿人，监生。……排难解纷，和睦乡曲，尤为远近所推云。"③"王泽世，字润生，唐县人，……为人排难解纷不辞况卒，城东村庄争讼遂鲜。"④"卜中节，祁州人，禀生，乐善好施，称贷者盖不责偿。亲友有争端必力为和解，乡里皆依赖之。"⑤

乡邻、亲友和士绅调解不仅仅发生在诉讼之前，也可以是在诉讼进行过程之中。有的案件已经起诉，最后却以民间调解的方式结案。当然，这种类型的案件在民间调解成功后，尚须向官府递交结状或息状，请求销案。《元典章·刑部·诉讼》中记载了一则这

---

① 楚雄彝族文化研究所. 清代武定彝族那氏土司档案史料校编 [G]. 北京：中央民族大学出版社, 1993：157.
② （明）叶子奇, 吴东昆. 草木子（外三种）[M]. 上海：上海古籍出版社, 2012：184.
③ 李培祜, 等. 保定府志（卷六三）"列传十七·孝义" [M]. 光绪八年至十二年刻本：104.
④ 李培祜, 等. 保定府志（卷六三）"列传十七·孝义" [M]. 光绪八年至十二年刻本：132.
⑤ 李培祜, 等. 保定府志（卷六三）"列传十七·孝义" [M]. 光绪八年至十二年刻本：139.

样的案例：汴梁路封邱县的王成和祁阿马因互争田土而发生纠纷，王成将祁阿马起诉到官府，在官府尚未作出判断的情况下，经"有知识人"郑直劝解后，自愿商议休和，并立下私约合同文字。① 清朝道光三年（1823年）四川巴县的刘周氏、刘世荣母子因押佃田业与翁绍光发生纠纷，呈控到官府。而当地的士绅杨焕礼等"念两造系属至亲，不忍评讼拖累，邀集剖理"。经过杨焕礼等人从中调解，纠纷双方达成协议："刘周氏让租三石，彼将绍光原押佃银全部付出，绍光领楚，书立合约，仍睦戚好，搬腾房屋移去，二比各释怨尤。嗣后俱不挟嫌滋事，各甘结备案，永息讼端，是以泣恳仁天，赏准息销。"于是，刘周氏向官府提交结状表明态度："经绅邻剖明……请息销案，后不翻异。中间不虚，结状是实。"②

乡邻、亲友和士绅调解以化解纠纷为主要目的，不一定要分清是非，因此没有固定的模式和程序，大多采取"和稀泥"的办法，只要能达到息事宁人即可，正如清代幕僚汪辉祖所言："然有不必过分皂白可归和睦者，情则不妨稍措。"③

（3）其他民间组织的调解

在民间调解中，还有一种比较特殊的调解主体，即行会调解。行会是中国古代商品经济发展到一定程度之后的一种产物。随着商品经济的发展，同一行业之间的竞争加剧，矛盾频发。为了协调同行业之间的关系，遂产生了由相同行业人员组成的行会组织。一些行会制定行规，把调纷止争作为其理所当然的职责。如长沙《鞋帽店规》规定：客师、店主"倘间有口角争论，必须请凭值年人剖断是非"④。长沙《点翠条规》规定："一议凡有公事，预鸣之年理论，不能和释，再传邀三班，仍难和释，只准值年通行，散人不许擅通，如违罚钱二串文入公，恃强不遵，公同革出。"⑤ 湘潭《烟业商公两股合编条规》规定："一停工旷废，口角是非，主雇在所不免，尽可请商工两界董事或街团理论。"⑥

同乡会馆也是中国古代重要的调解主体之一。同乡会馆是"同乡人在异地因乡缘关系所形成的地缘社会形式"⑦，以解决身处异地的同乡人之间的纠纷以及同乡与异乡人之间的纠纷为其职责之一。根据各地同乡会会馆章程，为了维护同乡权益、保持社会稳定，同乡人之间发生矛盾和纠纷后，同乡会馆负责人要出面协调解决，"有同乡人相互间发生纠纷，则例由会馆董事仲裁"⑧；同乡人与异乡人之间的矛盾和纠纷，同乡会馆也负有协调解决之责，清代《云贵会馆章程》规定："凡来重庆经商之两省同乡，受本地铺户欺诈者，可向首事说明经过，首事定为主张公道。"⑨

除了上述行会组织、同乡会馆外，民间的一些结社组织，如救助组织、文化组织等也承担一定范围内的调解职责。

可见，调解制度是中国古代解纷止争的一种重要方式，也是"古中国最具有文化代

---

① 罗旭. 伦理司法：中国古代的司法观念与制度 [M]. 北京：法律出版社，2009：400.
② 四川大学历史系，四川省档案馆. 清代乾嘉道巴县档案汇编（上）[G]. 成都：四川大学出版社，1989：152.
③ 汪辉祖. 法治臆说·断案不如息案. 丛书集成 [G]. 上海：商务印书馆，1939.
④ 彭泽益. 中国工商行会史料集（上）[G]. 北京：中华书局，1995：388.
⑤ 彭泽益. 中国工商行会史料集（上）[G]. 北京：中华书局，1995：392.
⑥ 彭泽益. 中国工商行会史料集（上）[G]. 北京：中华书局，1995：430.
⑦ 陈会林. 地缘社会解纷机制研究——以中国明清两代为中心 [M]. 北京：中国政法大学出版社，2009：248.
⑧ 周宗贤. 血浓于水的会馆 [M]. 台北：台湾"行政院"文化建设委员会，1988：31.
⑨ 何智亚. 重庆湖广会馆历史与修复研究 [M]. 重庆：重庆出版社，2006：67.

表性和最富于文化韵味的司法形式,其内涵之丰富与深邃远非其他司法形式可比"①。正因为如此,该制度历经朝代更替而不衰,直至近代中国,虽然立法以及司法改革的总基调是模仿西法,但传统调解制度的内涵与精髓仍得以传承,并为近代调解制度的形成奠定了较为坚实的基础。

总之,历经数千年之久的调解制度,虽经王朝频繁更替,但未有实质性变化。从文化的角度来看,中国传统社会的和谐思想为调解制度的形成和发展奠定了思想文化方面的基础。和谐是古人对自然秩序和社会秩序的一种渴望和追求,正如梁治平所言:"古人以'和谐'为整个宇宙的最后归依,以和睦为人际关系的理想境地,以民风淳厚、靖安无事为考核地方官政绩的重要标准。"② 生长于这种文化氛围中的古人,自然会以诉讼为耻,因为诉讼破坏和谐,影响人际关系,于是无讼便成为官方和民间的共同追求,调解制度因而得以产生和发展。此外,以血缘为纽带的宗法社会结构、自给自足的自然经济结构以及家国一体、皇权不下县的政治权力结构也为古代调解制度的盛行不衰奠定了社会政治经济基础。在长期的调解实践过程中,古代国人积累了丰富的调解经验,无论是在调解主体、调解方式、抑或是调解依据方面,都独具特色。无论是官府还是民间,在调解制度的运用方面,也是得心应手,尽管古老的中国"拥有精致的律令制度,拥有以皇帝为顶点的官僚制度,但人民有了纠纷,大部分不向官府起诉,而是通过地缘、血缘和同行业等关系中的头面人物的调解而获得解决"③。这种调解传统绵延不绝,亘古至今,不仅为国人所称道,也被西方国家誉为"东方经验"。

---

① 胡旭晟. 狱与讼:中国传统诉讼文化研究 [M]. 北京:中国人民大学出版社,2012:881.
② 梁治平. 寻求自然秩序中的和谐 [M]. 北京:中国政法大学出版社,2002:226.
③ 高见泽磨. 现代中国的纠纷与法 [M]. 何勤华,李秀清,曲阳,译. 北京:法律出版社,2003:3.

第三章 中国近代调解制度形成的背景

中国近代调解制度是对古代调解制度的继承与发展，而不是完全照搬。晚清以来，随着地方治理方式的变革、城市经济的不断发展以及西方法律文化的影响，建立在高度集权的政治体制、自给自足的自然经济基础之上的传统调解制度必然要发生相应的变化，无讼观念的盛行以及新式立法和司法造成的诉讼迟延、案件积压又给近代调解制度预留了广泛的发展空间。要想充分认识近代调解制度的特色，就必须详细考察和分析近代调解制度产生与发展的背景因素。

第一节 近代调解制度形成的社会环境

制度的形成与政治、经济等社会环境存在直接的关系，只有了解该制度产生与成长的社会环境，才能充分认识该制度的意义。近代调解制度也不例外，它与国家的政治治理、经济结构以及人们思想意识的变化密切相关。

一、政治层面：地方自治的倡导与实践

自秦朝建立专制主义中央集权的国家体制以后，历代相沿不改。在这种专制主义的国家体制下，皇帝专权，人民无权；中央集权，地方无权。时至晚清，受到西方政治法律文化的冲击，传统专制主义的国家体制开始松动。20世纪初，清政府被迫推行新政，随后又宣布预备立宪。从此开始，专制主义中央集权的国家体制逐渐解体，晚清政府模仿德日等国开始构建君主立宪制的新体制。1912年1月1日成立的南京临时政府，使中国的国家体制再次发生根本性的变化，即从君主立宪制转变为民主共和制。其后的北洋政府、南京国民政府，虽然以民主共和之名，行行政独裁之实，但都不敢公然改变国家体制的性质，例如，曹锟政府在1923年《中华民国宪法》中明确宣布："中华民国主权，属于国民全体""中华民国永远为统一民主国"。这从一个侧面说明，民主共和已经是大势所趋，尽管当政者并不情愿，但不得不勉为其难，从表面上也要标榜和宣扬民主共和制度。近代的国家体制确立后，基层社会治理也必然发生相应的变化，其中最为显著的变化就是地方自治的推行。

我国传统社会中，虽无地方自治之名，但却有地方自治之实。"中国地方自治制度，

起源于黄帝，黄帝始经土设井，以塞争端，立步制亩，以防不足，使八家为井，井开四道而分八家，已具自治之雏形。及至西周创立乡官，自治即已创始。"① 随后春秋时期的国鄙制、秦汉时期的乡亭里制、魏晋南北朝时期的村里制、隋唐五代时期的乡里邻保制、宋金元时期的保社制、明清时期的保甲制，体现了传统中国地方治理的大致轨迹。对于传统社会中这些基层组织的自治性质，中外学者几乎都予以认可。德国的马克斯·韦伯认为："事实上，正式的皇权统辖只施行于都市地区和次都市地区……出了城墙之外，统辖权威的有效性便大大减弱，乃至消失。因为除了势力强大的氏族本身以外，皇权的统辖还遭遇到村落有组织的自治体的对抗。"② 美国学者 W. 古德也持这种观点："在帝国的统治下，行政机构的管理还没有渗透到乡村一级。"③ 国内著名学者费孝通先生的观点与上述认识几乎一致："自上而下的单轨只筑到县衙门就停了，并不到每家人家大门前或大门之内的。县衙门与农民家庭大门之间的距离是交给地方的，所以构成了中央集权的专制体制和地方自治体制。"④ 当然，传统社会的这些地方组织，并不是严格意义上的自治组织，一方面，这些地方组织因为需要"承担繁杂的行政职责"而具有了浓厚的行政色彩；另一方面，"由于国家权力的有限性导致的国家社会职能严重缺位"，基层社会事务一般都需要由这些地方组织进行管理，因而具有一定的自治属性。⑤

虽然我国传统基层社会治理中，存在着地方自治的实践，但我国近代地方自治的出现，更主要的是受西方文化的影响。早在鸦片战争前后，林则徐的《四洲志》、魏源的《海国图志》、徐继畲的《瀛寰志略》等著作中已经开始介绍西方的地方自治制度。这一时期对该制度的介绍还比较粗略，甚至有些片面，而且不是这些著述的重点，只是在介绍西方风土人情和历史地理时涉及该制度的部分内容。与这些单纯介绍不同的是，早期改良主义者冯桂芬较早提出了地方自治的主张，他在《复宗法议》中建议民间每姓设立一庄为治事之地。每一庄由族人公举族正族约，以治理庄中诸事。冯桂芬在《复乡职议》中，建议乡级行政人员由"中人"选出。每一个乡中，"满百家公举一副董，满千家公举一正董"，正董与副董的选举办法是："里中人各以片楮书姓名保举一人，交公所汇核，择其得举最多者用之"⑥，这个选举的办法已经非常接近近代的普选制度了。吕实强认为这种制度"于往古史例，决无前例可循"⑦，王尔敏对此评价更高，认为这种制度"就数千年来由上官察举的办法言，这应算是一种最大的革命了"⑧。此后，关于地方自治的思想和主张纷纷出现。早期维新派代表人物郑观应、陈炽、何启、胡礼垣等在自己的著作中开始对地方自治进行探讨。甲午战后，有识之士在更深的层面对地方自治制度进行探索和思考，于是地方自治逐渐成为 19 世纪末 20 世纪初的一种社会思潮。黄遵宪在其南学会讲义中提出："所求诸君者，自治其身，自治其乡矣。"⑨ 在给梁启超的信中进一步提

---

① 黎文辉. 中国地方自治之实际与理论 [M]. 上海：商务印书馆，1936：5.
② 马克斯·韦伯. 儒学与道教 [M]. 洪天富，译. 南京：江苏人民出版社，1995：110.
③ W. 古德. 家庭 [M]. 魏章玲，译. 北京：社会科学文献出版社，1986：166.
④ 费孝通. 乡土中国 [M]. 上海：上海人民出版社，2006：149.
⑤ 莫鹏. 国民政府时期的县自治宪法文化研究 [M]. 武汉：武汉大学出版社，2014：25.
⑥ 周妤. 中国近代行政组织思想研究 [M]. 北京：光明日报出版社，2013：179.
⑦ 吕实强. 冯桂芬的政治思想 [J]. 中华文化复兴，1971，(2)：5-12.
⑧ 王尔敏. 晚清政治思想史论 [M]. 台北：华世出版社，1969：44.
⑨ 陈铮. 黄遵宪全集（上册）[G]. 北京：中华书局，2005：282.

出，苟欲保民生，厚民气，非地方自治不可。①康有为、梁启超等人也是地方自治的倡导者。康有为认为，"今吾中国地方之大，病在于官代民治，而不听民自治也，救之之道，听地方自治而已。"②梁启超也曾指出，"抑民权之有无，不徒在议院参政也，而尤在地方自治，地方自治之力强者，则其民权必盛，否则必衰。"③

上述有识之士的地方自治思想，在当时社会形势的驱使下变成了晚清政府的施政举措。清末"新政"期间，模仿日本维新变法中地方治理的经验，在中国推行地方自治制度。1906 年，直隶总督袁世凯率先在天津试办地方自治，试图推广到直隶全省。随着政治局势的变化，晚清政府也加速了预备立宪和地方自治的步伐，诚如时人所言："清末以内政腐败，外患迭乘，革命潮流，弥漫全国，清政府为缓和民气起见，于光绪三十四年八月，颁布上谕，筹备立宪，并规定地方自治分年进行之程序。"④这里所说的"规定地方自治分年进行之程序"实际上是指晚清政府在预备立宪过程中对地方自治做出的宏观设计，即：第一年制颁城镇乡地方自治章程；第二年着手筹办城镇乡地方自治事宜，同时颁布厅州县地方自治章程；第三年续办城镇乡地方自治事宜，着手筹办厅州县地方自治事宜；第四年续办城镇乡地方自治和厅州县地方自治事宜；第五年城镇乡地方自治初具规模，并续办厅州县地方自治事宜；第六年城镇乡地方自治全部完成，厅州县地方自治初具规模；第七年厅州县地方自治全部完成。⑤然而，随着国内外形势的变化，晚清政府并未完全按照上述规划推进地方自治。自 1908 年底开始，晚清政府先后颁布了 4 个自治章程，分别是《城镇乡地方自治章程》《城镇乡地方自治选举章程》《府厅州县地方自治章程》《府厅州县地方自治选举章程》。按照上述章程，府厅州县所在地为城，其他镇、屯、村等满五万人口者为镇，不满五万者为乡。城镇乡均设自治公所，自治事项除了卫生、学务、农工商务、公共事业、慈善事业和道路交通等外，还有"全城镇乡诉讼及其和解之事"⑥。这是中国近代由政府主导的地方自治的开端，也是近代城镇乡作为一级自治组织承办调解事项的开始。

南京临时政府存续时间有限，对地方自治的关注主要停留在思想层面，未能付诸实践。北洋政府建立后，袁世凯曾于 1914 年初以各地的地方自治机关"良莠不齐，平时把持捐税，干涉词讼，妨碍行政"为借口，下令暂时停办地方自治事宜。⑦迫于舆论压力，在停办地方自治后不久，北洋政府内务部又于 1914 年 12 月 29 日和 1915 年 4 月 19 日重新颁布《地方自治试行条例》和《地方自治条例施行细则》，但并未真正施行。继任袁世凯职掌北洋政府的徐世昌政府也曾先后公布《县自治法》《县自治法实施细则》《市自治制》《市自治制实施细则》以及《乡自治制》等自治法规，也未真正得到实施。1923 年曹锟政府颁布的《中华民国宪法》中，确立了地方自治的宪法地位，然而，与该宪法本

---

① 吴振清，徐勇，王家祥. 黄遵宪集（下卷）[G]. 天津：天津人民出版社，2003：505.
② 康有为. 公民自治篇 [J]. 新民丛报，1902-4-22.
③ 梁启超. 答某君问德国日本裁抑民权事 [J]. 新民丛报，1902-11-14.
④ 内政部年鉴编纂委员会. 内政年鉴第一编：一（2）[M]. 上海：上海书店出版社，2012：254.
⑤ 上海商务印书馆编译所编纂，李秀清等点校. 大清新法令（1901—1911）（第一卷）[G]. 北京：商务印书馆，2010：117-118、122-126.
⑥ 谢振民. 中华民国立法史（下册）[M]. 北京：中国政法大学出版社，2000：661.
⑦ 政府公报，1914-2-4（第 627 号）.

身一样，有关地方自治的内容在实践中并未发挥实际效用。虽然该时期的中央政权对地方自治建设未能予以足够的重视，但一些地方力量在推动地方自治方面发挥了一定的作用。例如山西省在阎锡山的推动下掀起了一场声势浩大的村治运动。在这场旨在改革基层社会的村治运动中，构建了一套包括村民会议、息讼会、保安团等在内的乡村自治组织，其中息讼会便是为了解决村民之间的矛盾和纠纷而设立的专门机构。此外，在民国初年停办地方自治后，乡镇作为一级组织不复存在，区作为一级新的基层政权开始出现。区长开始参与到基层事务中，"除承担调查户口、侦查匪盗、禁赌、禁烟等职责外，还承担着另一项重要职责，即调解（或称评解、评议）各种民事纠纷"①。1923年，区村制实行后，调解纷争成为区长的一项重要职责。有学者对民国初年区村制进行较为系统的考察后认为，区长调解制度"是民国初年国家权力向基层扩展的产物，它代表着调解制度的一种制度化、组织化和官僚化的趋势"②。这种调解的组织化、制度化趋势以乡镇调解的形式被南京国民政府继承下来。

南京国民政府以继承孙中山先生的遗志而自居。孙中山先生的地方自治思想是南京国民政府实施地方自治的重要理论依据。1906年孙中山在《军政府宣言》中提出，未来的国家建设需要经过军法之治、约法之治和宪法之治三个时期，其中约法之治的任务是在每个县"既解军法之后，军政府以地方自治权归之于县地之人民，地方议会议员及地方行政官皆由人民选举"③。为了进一步阐述地方自治思想，孙中山在1924年起草的《国民政府建国大纲》中，对实行"约法之治"的训政时期的地方自治进行了详细的阐述，并指出："凡一省全数之县皆达完全自治者，则为宪政开始时期。"④ 因此，孙中山非常重视地方自治，"地方自治者，国家之础石也，础不坚则石不固"⑤。

南京国民政府以孙中山的自治思想为理论基础，以县为自治单位。1929年6月5日，南京国民政府公布了《县组织法》，规定一县的组织层级为：县—区—镇乡—闾邻。此后，又相继颁布了《乡镇自治施行法》《区自治施行法》《县自治法》和《县各级组织纲要》等法律法规，初步构建了县、区、乡镇等各级自治团体，并规定了各级自治团体的自治事项。调解委员会作为自治团体的组成部分之一，承担着化解民众之间矛盾及纠纷之责。例如，1929年9月公布的《乡镇自治施行法》规定：乡镇公所均应附设调解委员会，办理民事调解事项以及依法撤回告诉之刑事调解事项⑥。该立法之本意系为息事宁人，固然值得称道，但仅凭这一粗略规定，能否收到实效，是否会违背立法本意，尚不可而知，因为"惟当此自治萌芽之时，一般人民尚无行使政权之充分能力，倘乡区镇坊各调解委员会滥用职权，把持讼案，不问法律上是否许其调解，亦不问当事人是否愿意调解，一任己意，不独侵及法权，抑且转为民累，况调解委员会各委员均由公民选出，即各委员自身亦未必全具法律知识而能依法调和毫无违误，若不明定标准，严加限制，

---

① 张勤. 中国近代民事司法变革研究——以奉天省为例 [M]. 北京：商务印书馆，2012：340.
② 张勤. 中国近代民事司法变革研究——以奉天省为例 [M]. 北京：商务印书馆，2012：361.
③ 《岭南文库》编辑委员会，广东中华民族文化促进会. 孙中山文萃 [G]. 广州：广东人民出版社，1996：109.
④ 《岭南文库》编辑委员会，广东中华民族文化促进会. 孙中山文萃 [G]. 广州：广东人民出版社，1996：711.
⑤ 张研，孙燕京. 民国史料丛刊（政治·政权结构）第79册 [G]. 郑州：大象出版社，2009：14.
⑥ 谢振民. 中华民国立法史（下册）[M]. 郑州：中国政法大学出版社，2000：700.

流弊所厎,讵堪设想"①。因此,司法行政部于1931年4月3日颁行《区乡镇坊调解委员会权限规程》,严定调解委员会职责,以免侵越,以杜流弊。各省根据这一规定,纷纷另行制定规章,以资推行。

抗日战争开始后,各地法院组织多遭破坏,对于判决的执行也颇感困难,然而民间纠纷却不断出现,"矧自抗战军兴,我前后方人民或被敌伪摧残,荡析离居,或受经济压迫,间阎交困,劫后余生,能力已尽,秩序未复,纠纷尤多,若专待起诉,法院再予解决,不维裁判诸多棘手,执行尤感困难,虽法院在起诉前亦可进行调解,免使成讼,但人民狃于积习,事入公门,每多忌讳,形禁势隔,收效实难,其最有效之方法,莫若使人民遇有纠葛发生,即由区乡镇坊各公所或其调解委员会就地实行调解"②,于是司法行政部把乡镇调解列为中心工作。1942年7月1日内政部也把"调解纷争"作为乡镇应办事项之一。1943年10月9日,内政部、司法行政部会同公布了《乡镇调解委员会组织规程》,对乡镇调解组织、调解程序、调解结果等作出了明确的规定,初步完成了乡镇调解的制度化设计。

可见,南京国民政府时期的乡镇调解制度是当时推行地方自治的产物。关于乡镇调解与地方自治之间的关系,时人已有明确的认识:"乡镇调解是实施地方自治的要务,假如能够把这个良好的制度建立起来,不但可以充分表现出地方自治的精神,使乡镇走上法治的道路,而且可以减省乡镇人民的劳费时间,切实收到和邻睦族的效果。"③ 同时,乡镇调解制度与宪政也存在着密切的关系,因为"地方自治是实施宪政的基石,而乡镇调解又是实施地方自治的要务","民主宪政和地方自治的实施,应自建立乡镇调解制度始。④"此外,各地也把成立调解委员会视为推行地方自治事业的重要举措,例如,重庆市颁布《重庆市各区区调解委员会组织规程》时,认为组织调解委员会就是为了"减轻市民争端,配合地方自治业务推进"⑤。

二、经济层面:城乡二元经济结构的存在

(一) 城市经济不断发展

我国传统社会以农立国,自给自足的小农经济占支配地位,虽然明清时期在沿海一带出现了资本主义经济的萌芽,但并未获得发展,无法改变中国传统的经济结构,也未能改变中国经济的基本性质。鸦片战争后,随着不平等条约的签订以及通商口岸的建立,西方经济势力侵入中国,外国人在中国开设的租界、租借地和外国人居住地成为中国近代经济的生长点,"中国经济受外资的影响逐渐增大,被裹挟着融入世界经济洪流,市场

---

① 训令民政厅准司法行政内政部会咨为奉令公布区乡镇坊调解委员会权限规定由 [J]. 四乡省政府公报, 1932 (20): 48.
② 区乡镇坊公所实行调解与宣传公正说明 [J]. 甘肃省政府公报, 1942 (537): 17.
③ 刘霭凌. 乡镇调解与地方自治 [J]. 中华法学杂志, 1947 (1): 17.
④ 刘霭凌. 乡镇调解与地方自治 [J]. 中华法学杂志, 1947 (1): 17.
⑤ 为检送重庆市各区区调解委员会组织规程函请查办并予以协导由 (1944年11月30日) [Z]. 重庆: 重庆市档案馆藏, 档号: 0110-0004-00520.

化速度不断加快"①。自 1840 年至 1894 年的五十多年时间里,西方国家在中国各处通商口岸开设的工商金融企业多达 857 家。②

除了外资经济对中国的显著影响外,19 世纪 60 年代,随着洋务运动的开展,一些官员和士绅纷纷投资工商业,在一定程度上促进了中国民族工商业的发展。甲午战争之后,为了促进工商业的发展,保护工商业者的利益,清政府一改以往贱商抑商的态度,开始厉行振商护商政策。随着清王朝商业政策的转变,近代民族工商业得到进一步发展,民族资本主义经济开始形成。

辛亥革命后,中国近代民族资本主义经济的发展呈现出一个良好的势头,民族工商业的发展已经初见成效,纺织业、制造业、交通运输业、邮电航运、金融贸易等已经具备一定的规模。自 1912 年至 1919 年的短短几年时间内,全国新建的工矿企业达 470 家之多,投资额大约 9500 万元,再加上 1912 年之前原有企业的扩建投资,在这 8 年间之内,新增加的投资额至少已经达到 1.3 亿~1.4 亿元,超过了自近代民族工商业诞生至辛亥革命前 50 多年的投资总额,发展速度是非常迅速的。③ 对于工商业发展的情况,当时的报刊也有诸多报道:"民国政府厉行保护奖励政策,公布商业注册条例、公司注册条例,凡公司、商店、工厂之注册者,均妥为保护,许各种专利。一时工商业踊跃欢忻,咸谓振兴实业在此一举。不几年而大公司大工厂接踵而起。"④ 正因为工商业的迅速发展,以至于当代经济史学界把 1913 年至 1926 年称为中国近代经济发展的第一个"黄金时期"。

在近代民族资本主义经济不断发展的过程中,出现了一些新的经济因素和经济现象,也产生了一些新的矛盾和纠纷,"传统的经济结构尤其是商业经济结构被打破,传统的商业经营模式受到挑战,新兴的商业行业不断涌现,中外之间的商业竞争形势日趋惨烈;再加上天灾人祸,以往稳定有序的商业秩序日趋混乱,从而导致商业纠纷日益滋多"⑤。从总体上看,商业越发达的地区,商业纠纷越多,诸如上海、天津、北京、苏州、奉天等地,商业发展较为迅速,商业纠纷也多于其他地区,1918 年天津商会会董修改的《商事公断处章程》中提出,天津是"商务繁盛之区,商事争议自必较他处繁多"⑥。

近代工商业的发展不但使纠纷数量日增,而且使得社会中出现了更多的纠纷类型,如新旧行业冲突导致的纠纷、中外商务纠纷、同行竞争造成的纠纷、破产纠纷、股票股权纠纷、保险纠纷、金融贷款纠纷、辟路拆房纠纷、下水道改建纠纷、劳资纠纷等。这些纠纷与传统的有关婚姻、田土、地租、钱业、佃业纠纷相比,大多属于新兴领域的纠纷。这些纠纷一旦走上司法程序,对法官司法也提出了新的挑战:法官不但需要通晓新式工商业方面的法律法规,而且需要明了工商业方面的惯例,还需要具有工商业方面的专门知识。然而,我国近代民商事法律法规并不健全,法官也未必明悉商业知识和商业惯例,"法官之治讼,专依法以行,我国法未臻完善,无可讳言,商业习惯,法官多未熟

---

① 张松. 从公议到公断:清末民初商事公断制度研究 [M]. 北京:法律出版社,2016:35.
② 虞和平. 商会与早期中国现代化 [J]. 台北:台北东大图书股份有限公司,1995:57.
③ 陈旭麓. 中国近代史 [M]. 北京:高等教育出版社,1987:357.
④ 民国三年注册中国新设之诸公司 [J]. 中华实业界,1915,(5).
⑤ 张松. 从公议到公断:清末民初商事公断制度研究 [M]. 北京:法律出版社,2016:246.
⑥ 天津档案馆,等. 天津商会档案汇编(1912—1928):第 1 册 [G]. 天津:天津人民出版社,1992:323.

悉，其不至于积压者几稀"①。可见，这些纠纷如果通过司法手段来解决，耗时费力，极易造成案件积压，影响工商企业的正常发展。因此，大量民商事案件并没有进入司法程序，而是依靠本行业内部的规则，由本行业的社会组织通过调解的手段予以解决。

在这里有必要一提的是，随着近代工商业的发展，旨在保护工商业者利益的商会纷纷成立。至1911年止，全国大小商会组织已经达到800多个。② 为了保护入会商人的利益，各商会利用自己的专业优势和团体优势，为发生纠葛的商人调纷止争，排忧解难。此外，还有工会、农会等社会团体以及劳资调解委员、社会局、工部局等具有行政性质的机构也都具有调解职能，在调解工商业纠纷方面发挥了重要作用。这些机构对工商业纠纷的调解无疑给传统调解制度注入了新的内容，同时也成为中国近代调解制度的重要组成部分。

(二) 乡村经济依然如故

古代自给自足的自然经济条件、以农立国下的农业经济形态以及稳定的家族宗法制度，使得国人形成了稳固的地缘关系和血缘关系，这也是古代调解制度赖以存在的经济基础。近代以来，虽然人口流动性增强，大城市也日渐增多，但在城乡结构中，乡村仍居多数。此外，近代经济发展主要集中在沿江沿海地区以及港口城市，广大农村地区仍然沿袭传统的小农经济，新式工商业发展相对迟缓。有学者统计，在1914年至1918年这一近代经济发展的重要时期，传统的小农经济仍占国内生产总值的61.8%，传统和半传统的工商业经济占35.5%，近代经济仅占2.7%。③ 可见，在近代中国，尽管资本主义经济在沿江沿海地区、港口城市以及一些大中城市获得了较大的发展，但在国家整个经济构成中所占比重有限，广大农村地区仍然以传统经济形态为主，古代调解制度赖以生存的经济基础依然存在。在乡村经济结构未发生根本变化的广大农村地区，人与人之间的关系依然具有浓厚的地缘和血缘色彩。为了维护亲族情面和邻里关系，人们发生争端后，首先想到的并非经官处理，而是由家族族长、乡村村长以及近邻亲友等调解纠纷。

当然，近代农业经济与传统农业经济相比，也在潜移默化地发生着变化，其中一个较大的变化便是农业经济与市场有了一定的联系，农业结构围绕市场需求做出了一定程度的调整。此外，随着近代土地制度的调整、土地流转方式的复杂，包括土地买卖、租佃、出典、继承等在内的土地纠纷日渐增多。然而，这些变化呈现出区域性特征，并未使我国乡村经济从整体上得到根本性改变。

综上可见，在我国近代社会经济结构中，一方面是民族资本主义经济逐步产生并获得发展，工商业活动日渐频繁，加之新式商会、工会等工商业团体的出现，使经济交往活动中产生的诸多矛盾和纠纷，可以在工商业团体内部以调解的方式加以解决，从而给传统调解制度注入新的内容；另一方面是小农经济在广大农村仍然顽强地生存着，传统调解制度的经济基础没有发生根本变化，从而使近代调解制度中仍然保留了较多的传统成分。总之，中国近代社会经济结构新旧交替过程中呈现出的复杂局面，对近代调解制度产生了明显的影响，使其呈现新旧并存、传承与创新兼容的特征。

---

① 天津市档案馆，等. 天津商会档案汇编 (1912—1928): 第2册 [G]. 天津: 天津人民出版社, 1992: 2030.
② 徐鼎新. 关于近代上海商会兴衰的几点思考 [J]. 上海社会科学院学术季刊, 1999, (1): 11-12.
③ 周俊旗，汪丹. 民国初年的动荡 [M]. 天津: 天津人民出版社, 1996: 150.

三、思想意识层面：无讼观念仍然盛行

重人治、轻法治，尚无讼、抑诉讼，是中国传统法律文化的特征之一。近代以来，随着西方法律文化在中国的传播，各届政府模仿西法，在中国初步构建了近代化的法律体系，筹建了新式的司法机关，制定了较为完备的诉讼制度。但是，人们的诉讼心态并没有发生根本性的转变，无论是官方还是民间，无讼观念仍然盛行不衰，调解依旧被推崇。

清朝光绪五年（1879年），重庆府太守沈铲青上任后，即晓谕民众："尔等嗣后凡遇户婚田产账债口角等事，总宜化大为小，化小为无，小者忍耐一刻，认吃点亏，免得缠讼取累，身家不保。若事情稍大实在忍耐不下，吃亏不起，宜邀团邻戚族自相理论，城厢场镇都有公正绅者，断不能颠倒是非，混淆黑白。"① 光绪二十九年（1904年），云南昌县知县江云卿发布劝民息讼文："尔等须知讼则终凶，古人所戒。终有鹬蚌鼠雀之争，户婚田土之争，须先经中调处。"②

民国初年，政体更新，新思想新风尚逐渐形成，但无讼、息讼观念仍盛行不衰。民主革命先行者孙中山曾感叹："生不进衙门，死不进地狱。"③ 1921年，北洋政府司法部训令各省高等审判厅时，要求各级审判厅之审判官，在了解案情之后，应"多方劝告，情喻理解，俾得两相合意，互为体谅，以息讼端，在审判官仅费唇舌之劳，在诉讼人实省无穷之累，仰该厅、处即传喻所属管理民事各推事及承审员，务本此意各尽其职"④。

1929年，南京国民政府立法院长胡汉民在提交民事调解制度条例草案时说："我国夙重礼让，以涉讼公庭为耻，牙角细故，辄就乡里耆老评其曲直，片言解纷，流为美谈。今者遗风渐息，稍稍好讼，胜负所系，息争为难"，因此，"宜远师古意"，制定调解制度，以杜息止争。⑤ 1930年6月10日，司法院院长王宠惠在谈到《民事调解法》和《民事调解施行规则》时，也认为民事调解"系民事诉讼之外一种息讼办法"⑥。1937年司法行政部在厉行调解制度令中，再次强调"各该承办调解人员，务须恪遵各种法规及注意事项，努力奉行，各该长官亦应时加督责，以共体本部使民无讼之意"⑦。1942年，司法行政部在《区乡镇坊公所实行调解与宣传公证说明》中也谈道："讼则终凶，古有明训。我国人民往往逞一时之气，以细微事故率行诉诸法庭，一经成讼，百计求胜。奔走徬徨，不顾利害，小则费时失业，大则破产倾家，其影响所及，匪惟当事人感受痛苦，且亦有伤国家元气，苟非出于万不得已，总以设法使其避免减少为宜。"⑧ 可见，息讼、无讼仍是近代司法界人士的一种追求。

司法界之外的一些官方人士也有无讼、息讼的表达和实践。河北省教育厅厅长何基

---

① 劝民息讼事[N]．申报，光绪五年五月初五日．
② 息讼文言[N]．申报，光绪二十九年十一月二十日．
③ 孙中山集外集[G]．上海：上海人民出版社，1990：9．
④ 民事案件有毋庸兴讼等情者务多方劝告以息争令[J]．司法公报，1921，(142)．
⑤ 民事调解条例原则[J]．立法专刊，1930，(3)：4．
⑥ 国民政府指令：第一一四七号[J]．司法公报，1930，(77)：5．
⑦ 厉行调解制度令[J]．法令周刊，1937，(358)：1．
⑧ 区乡镇坊公所实行调解与宣传公正说明[J]．甘肃省政府公报，1942，(537)：17．

鸿在一次演讲中，专门谈到诉讼的危害，提倡息讼，"诉讼最伤和气，同村农民本来感情极好，常因些细微事项，就争闹起来，越争越有气，越激烈，终至成讼。起始仅是两个人的纠纷，后来双方亲友，亦或卷入漩涡，事体扩大，甚至引起凶殴杀伤的案子来，由民事而变成了刑事诉讼，所争的仅是少数钱财，或只争了一口气，结果闹得倾家败产，其危害之大，实不亚于天灾。所以说，乡村息讼，确是一个重大的问题"。①

河北定县县长霍六丁为提倡全民息讼，专门编纂息讼歌两首，遍贴通街，原文如下：（一）定县人性子急，一天官事十六起，卖了庄户去了地，又费功夫又受气，我劝大家和解好，自己事情自己了。（二）真有冤来告状，我劝大家把心放，官事输赢全凭理，花钱托人净上当。②

阎锡山在山西更是不遗余力地推行息讼。他在1922年公布的《息讼会条文》中写道："本省长深知人民打官司一事，不好处很多。俗语：一辈官司十辈仇。不特花钱费时，而且结仇。甚至，因争小事故，再加之劣绅土豪同坏律师、诉棍等从中挑拨，遂使官司缠绵不休，势必至倾家败产，后悔莫及。"因此，制定《息讼会条文》，公布全省，并要求将此条文张贴于各个村公所内，"教人民遇事自己和解，万不要轻易进衙门"。③

为了配合官方力求息讼的做法，民间的报刊也经常刊登一些劝人息讼的息讼说、息讼文、息讼诗歌等。《申报》上曾多次发文，揭露诉讼危害，劝民息讼。例如，《息讼说并附损伤方》言："一经入讼，人才两失，甚至两造俱各妻离子散家破人亡。"④《小窃息讼》中谈道："尝见乡民进城投控，肩负青蚨三数千，顷刻间为书差茶酒用尽，比及结案而所费已不赀矣。故曰愚人官断，明人自断。"⑤20世纪30年代一份杂志上刊登了一首息讼歌⑥，劝人息讼，以消弭讼争。

"世人有事莫经官，人也安然，己也安然；
请众公判两情愿，你也无怨，他也无怨；
听人唆讼到衙前，告也要钱，诉也要钱；
差人奉票又奉签，拘也要钱，传也要钱；
约邻干证日三餐，茶也要钱，酒也要钱；
投到州县细盘旋，走也要钱，坐也要钱；
一般胥吏最难言，审也要钱，和也要钱；
自古道：'官清吏不廉'，押也要钱，保也要钱。
唆讼本来是奸贪，赢也要钱，输也要钱。
争强角胜官司缠，田也卖完，屋也卖完；
食不充口衣不全，妻也可怜，子也可怜；
才知唆讼被人陷，怨也枉然，悔也枉然。

---

① 乡村息讼问题[J]. 华北合作, 1935, (23): 12.
② 定县息讼歌[J]. 河北月刊, 1933, (8): 10.
③ 陈刚, 邓继好. 中国民事诉讼法制百年进程（民国初期第1卷）[M]. 北京: 中国法制出版社, 2009: 178-179.
④ 息讼说并附损失方[J]. 申报, 光绪乙亥年八月初九日.
⑤ 小窃息讼[J]. 申报, 光绪丁丑年正月二十九日.
⑥ 钟干丞. 息讼引[J]. 东路, 1934, (1): 3.

唆人争讼罪弥天，神也憎嫌，鬼也憎嫌！
善人自有天眷顾，害也突然，告也突然。
况且人心是一般，你也求安，他也求安，
何不人人息讼端，此也休缠，彼也休缠？
正供国课拖欠难，赋也造完，税也造完。
天地亲师德无边，时也念然，刻也念然；
酒色财气祸非凡，老也戒然，少也戒然；
教子读书与耕田，名也有然，利也有然；
不犯律条不作奸，事也无然，讼也无然；
有事全要自己宽，屈也受然，辱也受然；
看破胜负总无关，心也平然，气也平然；
解事纷争不要钱，福也无边，寿也无边；
用无是非到官前，官也喜欢，民也喜欢；
各安本分乐天年，田也保全，屋也保全；
世人依得此篇言，行也安然，坐也安然。
吾本为官爱民贤，愿子同然，愿民同然！
虽是几句闲歌谈，衣得身安，行得身安。
有人抄写递相传，富也绵绵，贵也绵绵！"

该息讼歌为前代人所撰写，时人于残碑断碣之中发现之。虽然时代不同，但"足使天下后世之人读其歌者，正如暮鼓晨钟，发人深省"，因此"经将旧印重翻，为民警告"[①]。这首息讼歌重在教民安分守己，不要兴讼，但前几句确实也道出了诉讼成本之高。

一些家族在制定家法族规时，也把息讼作为重要内容之一。例如，湖南《上湘龚氏族规》中，就把"息争讼"作为一项内容："子姓原出一脉，自应相友相助。毋因细故微嫌，兴讼伤和。"[②]《九江岳氏家规》也专列一条"争讼宜息也"："人有不平之气，斯有争讼之兴。惟凡事平心，可让者让之，不可让者鸣公正族邻，总无不可之事，何必逞忿告状，费钱结怨哉！顾吾家子孙，常以我祖太师隋国公和祖侵地甘割之心为心，则气不平而自平，心不服而自服矣。"[③]《武陵郭氏公定规约》为了"弭息一姓内部之争端，图谋减轻双方损失起见"，特立"弭纷争"一章，详细规定了族内纷争的解决办法。[④]

普通百姓也普遍存在着惧讼、厌讼心理。20世纪40年代，一些关于惧讼、厌讼的谚语依然流行于民间，如"堂上一点朱，阶下千滴血""衙门朝南开，无钱莫进来"等等，甚至还有些地方刻石立碑，告诫人们不要兴讼，例如四川巴县的蔡家场的场口"矗立着一个竖立不倒的石碑，刻有'请君抬头望，气死莫告状'十个大字，警惕乡人"[⑤]。

可见，无讼观念在近代依然盛行，这也是近代调解制度存在的观念基础，正如中国共产党领导的陕甘宁边区关中分区专员张鹏图所言："群众说'夜饭少吃，赢官司少打'

---

① 钟干丞. 息讼引 [J]. 东路, 1934, (1): 3.
② 费成康. 中国的家法族规 [M]. 上海: 上海社会科学院出版社: 2016: 307.
③ 费成康. 中国的家法族规 [M]. 上海: 上海社会科学院出版社: 2016: 315.
④ 费成康. 中国的家法族规 [M]. 上海: 上海社会科学院出版社: 2016: 349.
⑤ 陈盛清. 我国调解制度 [J]. 东方杂志, 1943, (20): 31.

'遇婚姻说和，遇官司说散'。可见，群众有纠纷是不愿打官司的，是盼望人从中说和的，群众这种认识，是我们提出调解工作的依据与条件。"① 这虽然是在讲述边区调解工作的依据，却也道出了近代国人对于调解的渴望。

第二节 近代调解制度形成的法制因素

近代以来，无论是清末还是民国，无论是立法修律还是司法改革，都以收回领事裁判权为目的，这种功利性目的不仅影响着近代法律的修订，也深深影响着司法制度的建设，从而使近代法律的内容与司法制度的构建都带有明显的西方烙印，忽视中国的国情与民众的需要，导致近代法律与社会生活之间存在着巨大的隔膜。正如南京国民政府参政员在国民参政会第二次会议上的提案中所指责的那样："立法者不求国情之是否适合，但借口为谋收回领事裁判权，故不惜为削足适履之图，滥抄他国法律，以为我之法律，只求貌似，罔顾精神。"② 此外，在司法制度建设过程中，无论是法院的设置、司法人员的选任，抑或其他相关制度的构建，都呈现出明显的不平衡状态。无论是近代法律与社会生活的隔膜，还是司法资源配置的不合理，都为近代调解制度的形成和发展提供了广阔空间。

一、法律与社会生活的隔膜

近代法律与社会生活的隔阂，一方面表现为模仿西法制定的法律内容与普通民众存在隔阂，无法得到民众的理解；另一方面表现为模仿西方制定的司法制度与民众的日常生活格格不入，难以得到民众的认可。

（一）法律内容无法得到民众理解

中国法律近代化开始于清末修律。20世纪初，清廷"庚子"新政和预备立宪中，修律成为一项重要内容。从1902年清廷委任沈家本、吴廷芳为修律大臣主持修律事宜始，至1911年清朝灭亡止，修律历经10年，模仿西法初步形成包括宪法、刑法、民法、商法、诉讼法、法院编制法在内的"六法"基干，这意味着传统中华法系时代结束，中国法律近代化正式启动。1911年清王朝被辛亥革命所推翻，其立法修律活动不了了之。但是，中国法律近代化事业并未停顿。南京临时政府建立后，通过制定资产阶级性质的宪法、颁布革命性法令来推动法律近代化进程。北洋政府时期，虽然在政治方面实行军阀专制，甚至出现两次帝制复辟，思想方面也曾出现复古倒退，但在法制方面却通过对宪政体制的探索和变革、制定富有特色的商事法律、修正刑事法律、否定传统民事法律等措施继续推进法律的近代化。南京国民政府建立后，在总结清末修律以来历届政府法制建设得失成败的基础上，进一步吸收和借鉴西方各国的法学理论和法律制度，在短短几

---

① 调解经验总结 [N]. 解放日报，1943-6-8.
② 改善司法制度方案（1939年1月）[Z]. 南京：中国第二历史档案馆，档号：32—121.

年内，制定并颁布了宪法、民法、刑法、民事诉讼法、刑事诉讼法以及法院编制法等法典及相关单行法规，形成"六法体系"，完成了形式意义上的法律近代化。

然而，在变法修律过程中，从西方移植过来的一些新名词、新原则、新制度，对于中国普通民众来说，几乎是闻所未闻。这样的法律要想被中国民众所认可、所接受，也是比较困难的，尤其是生活在广大农村地区的农民，对于近代的法律变革、近代法典的修订及其内容并不关心，在他们心目中，世代遵行的一些习俗和惯例，才是处理和解决问题的重要依据。

以民法为例，自清末编订《大清民律草案》始，至1931年《中华民国民法》的完成而告终，中国近代在民法编纂上主要采取了西方各国的立法原则，引进了西方民法的相关制度，在民法领域实现了与世界民法的接轨。时人曾如此评论《中华民国民法》："现行民法，采德国立法例者，十之六七，瑞士立法例者十之三四，而法日苏联之成规，亦尝撷取一二，集现代各国民法之精英，而弃其糟粕，诚巨制也。"[①] 然而，吸取西方各国民法精华而完成之民法典，是否能够适应中国社会的需要，尤其是能否适应中国基层社会的需要，这就另当别论了。例如，《中华民国民法》虽然规定了女儿的继承权，但实践中，家庭财产仍然实行自汉代以来的诸子均分原则，女儿基本上不享有继承权；新民法规定了男女在婚姻方面的平等权，但女子在结婚和离婚方面仍然没有什么权利可言。又如，平等主义虽然是近代法律的基本原则，是立法进步的一大表现，但对于民间社会来说，也往往很难接受，因为"在中国传统的差序格局中，原本不承认有可以施行于一切人的统一规则，而现行法却是采用个人平等主义的。这一套已经使普通老百姓不明白，在司法制度的程序上又是隔膜到不知怎样利用"[②]。

关于刑事法律中的一些规定，也因为与传统法律相差太大，致使民众无法理解和接受。例如，关于和奸问题。中国传统社会中，和奸是奸非罪的一种，是一种严重犯罪，清末修律过程中，法理派和礼教派尚围绕这一罪名展开争论，民国法律中却不再把和奸行为作为一种犯罪，但广大民众对于和奸行为非常厌恶和痛恨，仍视其为犯罪行为。费孝通先生在《乡土中国》中曾讲到这样的一件事情："有个人因妻子偷了汉子打伤了奸夫。在乡间这是理直气壮的，但是和奸没有罪，何况又没有证据，殴伤却有罪。"[③] 这一点不但民间百姓很难理解，即便兼任司法官的县长也感觉很为难。直接依据法律判决，显而易见是很容易的事情，但却难以服众。

商事法律也是如此。近代以来，《公司律》《破产律》《公司注册试办章程》《商标注册试办章程》《试办银行章程》等纷纷出台，但这些法律法规是在西方法学家的参与下模仿西法而成，与中国商情存在较大的隔阂，难以得到中国商人的认同。上海商务总会曾对此表达了强烈的不满："政府颁布商事法令，每不与商人协议，致多拂逆商情之处，是非徒不足以资保护，而且转多窒碍。"[④]

可见，上层立法工作搞得有声有色，甚至可以说是轰轰烈烈，先是清末大规模的立

---

① 梅仲协. 民法要义 [M]. 北京：中国政法大学出版社，2004：初版序.
② 费孝通. 乡土中国 生育制度 乡土重建 [M]. 北京：商务印书馆，2011：60-61.
③ 费孝通. 乡土中国 生育制度 乡土重建 [M]. 北京：商务印书馆，2011：61.
④ 天津档案馆，等. 天津商会档案汇编（1903—1911）：上册 [G]. 天津：天津人民出版社，1989：284.

法修律，后是民国时期《六法全书》的制定，可谓成果颇丰。然而，由于近代在立法上盲目模仿西法，以求得与西方改同一律，对于本土资源重视不够，导致新式法律与广大民众之间存在较大的隔膜，正如费孝通先生所言："现行法里的原则是从西洋搬过来的，和旧有的伦理观念相差很大。"① 因此，新式法律很难适应中国民众的真正需要，立法上的成效难以在实践中显现出来。对于这种情况，近代的一些学者就曾提出批评。民国时期法学家杨幼炯说："我国近二十余年以来，国人企慕法治之心，随时代而切。每当一次世变之后，'法治'之呼声，必风传一时；但其结果，虽或表面上制定法律之形体，而其内容恒未能适合一般民众之需要。"② 新式法律与社会的脱节也受到当代学者的诟病。吴泽勇在《动荡与发展：民国时期民事诉讼制度建设述略》一文谈道："民国政府虽然建立了一种在当时世界范围内都堪称先进的法律体系，但这些法律能在多大程度上深入人民生活，为人民所接受和使用，却是另一回事。"③

正是因为近代法律与社会生活脱节，无法得到民众的理解和接受，一旦遇到矛盾和纠纷，民众更希望通过法外途径予以解决，这就预示着近代调解制度有着广阔的发展前景。

（二）新式司法制度不为民众认可

司法制度的近代化是通过司法改革完成的。中国近代司法改革的内容非常广泛，包括设立各级审检厅、改良监狱、实行律师制度、改革诉讼程序，等等。这一切改革无不是以西方国家为参照系。无论是民间学者还是官方人士，对于盲目模仿西法造成新式司法制度与中国国情的不一致、与中国传统的割裂、与民间习惯的背离都有深刻认识。梅仲协在《改进吾国司法现状的几点意见》中谈道："吾国古代，治权不分，牧民之官，兼理狱讼。清季变法，号称维新，行政与司法，始具门户。其司法制度，都是摹仿日本。民国肇建，以迄今兹。其间数十年来，司法制度，虽迭经变革，可是立法者都喜采用外国法治，未能顾及本国国情，削足适履，甚不便民。"④ 吴学义在《法院之阐明职权》中也谈道："我国现行司法制度，仿诸德日，施行以来，虽历二十二余年，然人民之法律智识，尚未普及，尤其诉讼法之规定，与固有习惯，相差甚远，苟非运用得宜，每易引起误解。"⑤ 郑天赐在《视察闽浙两省司法后对于司法改良之意见》中指出："我国现行民事诉讼法采诸西洋，其条文规定无几，无一不有外国最近立法例之根据，学理上自属完密。惟诉讼法与实体法不同，诉讼法与地方交通经济人民知识程度均有关系，在一国行之或甚妥善，行之他国未必有同一效果。"⑥ 司法院长居正对于清末以来盲目模仿西法也有看法："试就制度而言，吾国司法革新运动，肇自清末，当时改革动机，在于收回法权。故立法建制，每偏重于抄袭西洋之法制，冀以满足在华拥有领事裁判权国家之希望。

---

① 费孝通. 乡土中国 生育制度 乡土重建 [M]. 北京：商务印书馆，2011：60.
② 杨幼炯. 近代中国立法史 [M]. 北京：商务印书馆，1953：自序3.
③ 吴泽勇. 动荡与发展：民国时期民事诉讼制度建设述略 [M]. 现代法学，2002，（2）.
④ 胡玉鸿，庞凌. 东吴法学先贤文录（司法制度、法学教育卷）[G]. 北京：中国政法大学出版社，2015：71.
⑤ 吴学义. 法院之阐明职权 [J]. 法律评论，1934（20）：7.
⑥ 胡玉鸿，庞凌. 东吴法学先贤文录（司法制度、法学教育卷）[G]. 北京：中国政法大学出版社，2015：55.

实体法之规定，固不厌其详，程序法之规定，亦复同其繁密，已违吾国政简刑轻之古训。"① 其他的诸如审级制度、独立审判制度、审判管辖制度等无不来自西方诸国。模仿西法而构建的近代司法制度，由于与国情不符，难免出现"水土不服"，因而在实践中产生了种种弊端。

近代司法的诸多弊端中，程序的繁琐是最受时人诟病之处，"现在的法院虽不像旧日的衙门，但现行的民刑诉讼程序确实太复杂了，不仅一般老百姓不明其究竟，就是乡下的讼师也摸不着头绪，而在贫苦的农村中，请得起律师的人到底不多，所以因诉讼程序的不合法而被裁定驳回的有之，因诉讼的无理由而被判决驳回的也有之。"② 在国民政府参政会第二次会议上，一些参政员的提案也指出了近代司法的种种弊端，其中"诉讼程序繁琐与人民知识不相应，人民不能运用"是近代司法上存在的问题之一："我国教育未曾普及，老年学子狃于旧闻，不解法律为何物，束身自爱，以不问讼事为敦品。青年学子非其所习，对于法律格格不相入。至于普通人民，文盲居多，对于诉讼繁琐之手续，尤为莫名其妙。富者尚可委托律师办理，贫者则一筹莫展。纵有律师代为解释，仍难使之了解透彻，运用自如。"③ 南京国民政府司法行政部1949年度施政计划及有关文书中同样认为："现行司法程序，仿自他邦，其内容之繁复，往往为一般人民所不能了解。重以主其事者学养不足，运用适当，流弊百出，徒增人民之讼累。"④ 可见，诉讼程序之繁琐给民众带来了极大的危害。

与民众关系密切的民事诉讼程序，在司法实践中产生的问题更为明显。一件普通的民事纠纷，一旦进入繁琐的诉讼程序，当事人则往往要历经磨难，耗费巨大的时间成本和金钱成本，最终才能换来一纸判决，对此，时人也有明确的认识："现在我国内地交通尚未便利，经济尚未发达，人民知识也尚幼稚，与西洋各国相差尚远，若以最近适用于外国之程序，尽使之适用于我国，不无研究之余地，此次视察所得内地之司法情形，颇觉现行诉讼法除上诉第三审及抗告程序曾经述及外，其他程序亦不免过于繁复，每事不论大小，均须经过多次手续，而现行记录、抄录及油印各方法均须多费时间，加以内地交通不便，于人工及时间均不经济。例如此次视察浙江诸暨县法院，偶然抽阅卷宗，发现一案（二十一年初字四号三四号何仁勇与何炳荣等因债务涉讼案），其诉讼标的不过四百五十元，而经过之程序异常繁复以致卷宗盈尺，其所费时间固不经济，其所费人工在国家方面亦恐超过该诉讼标之价值也。"⑤ 由此看来，对于普通民事案件，由于诉讼程序的复杂，一场官司旷日持久，耗费大量人力物力，即使最终获胜，也往往得不偿失。这样的制度必然难以得到民众的信服和认可。

诉讼程序的繁琐和迟缓使民众对近代司法望而却步，判决得不到执行更使民众失掉对司法的信任，"上海各法院里确定判决的案件，单就民事来说，可以执行成功的竟不到

---

① 范忠信，尤陈俊，龚先砦. 为什么要重建中国法系——居正法政文集 [G]. 北京：中国政法大学出版社，2009：200.
② 刘霭凌. 乡镇调解与地方自治 [J]. 中华法学杂志，1947，(1)：14.
③ 改善司法制度案（1939年1月）[Z]. 南京：中国第二历史档案馆，档号：32-121.
④ 司法行政部1949年度施政计划及有关文书（1949年）[Z]. 南京：中国第二历史档案馆藏，档号：7-6995.
⑤ 视察闽浙两省司法后对于司法改良之意见（一）[J]. 法律评论，1933，(24)：37-38.

半数"。① 判决得不到执行，不但不能解决诉讼当事人之间的矛盾和纠纷，反而有可能激化他们之间的矛盾，甚至会将一件普通的民事纠纷或轻微刑事案件演变为重大刑事案件。这种情况的出现不但会影响到当事人的利益，更为严重的后果是严重损害到司法权威，危及当事人及广大民众对司法的信任。

此外，近代司法制度中的审级制度、时效制度，甚至证据制度，也难以得到民众的接受和理解，这主要是因为中西法律文化不同所致。中国传统法律文化看重实质公正，而西方法律文化重视形式正义，"习惯了实质公正的普通民众，对于强调形式公正的现代审判制度，特别是诸如时效、审级、证据规则等，对于坐堂办案、不告不理的中立态度，有着一种本能的反对，很容易被认为是在推诿和应付"②。

综上可见，近代司法无法得到民众的理解、接受和认可，因而难以彻底地推行，"中国正处在从乡土社会蜕变的过程中，原有对诉讼的观念还是很坚固地存留在广大的民间，也因之使现代的司法不能彻底推行"③。既然近代司法在实践中无法彻底地推行，民间发生纠纷后，寻找一种令双方当事人信服的合适的解决方式就变得非常必要了。于是，有着悠久历史传统的调解制度自然成为首要选择。

二、司法资源配置的不合理

近代司法资源配置的不合理，从纵向角度看，主要表现为上级法院建设成效显著，基层法院建设成效较低；上级法院法官数量充足、素质较高，而基层司法审判人员数量少，素质较低；从横向角度看，主要表现为经济发达地区法院建设步伐较快，而经济欠发达地区法院建设迟缓；经济发达地区法官数量较多，素质较高，而经济欠发达地区法官数量较少，素质较低。

（一）中央与地方司法资源配置上的失衡

在全国各地普设法院以及各级法院平衡发展，是近代以来司法当局努力的目标。然而，受经费、人才以及时局政局等因素的影响，近代以来多次拟定的普设法院计划大多未能有效实施，法院建设始终局限于在省会和重要城市设置高等法院和地方法院，对于与人民关系最为密切的县级层面，一直未能顾及。因此，近代审判机关的设置上，高等法院和地方法院呈现出逐渐递增的趋势。清末新式审判厅的建立，启动了中国近代法院建设的序幕，终北洋政府时代，全国法院数量为114所，包括大理院1所、高等审判厅21所，高等审判厅分厅26所，地方厅67所。南京政府时期法院建设步伐逐渐加大，至1948年，全国法院数量达到900多所，包括最高法院1所，高等法院37所，高等法院分院119所，地方法院782所。④ 然而，由于财力有限，基层审判机关建设速度异常迟缓，尤其是自1914年裁撤初级审判厅以后，县级层面长期实行兼理司法制度，由县知事（县

---

① 孙晓楼. 法律教育 [M]. 北京：中国政法大学出版社，1997：46.
② 侯欣一. 从司法为民到人民司法：陕甘宁边区大众化司法制度研究 [M]. 北京：中国政法大学出版社，2007：268.
③ 费孝通. 乡土中国 生育制度 乡土重建 [M]. 北京：商务印书馆，2011：60.
④ 汪楫宝. 民国司法志 [M]. 北京：商务印书馆，2013：弁言8-11.

长）兼理司法审判事务，这种做法颇受时人的诟病："国内自清末叶倡改革司法以来，忽忽二十余稔，立法家腐心条文之修正，法曹建议都埠法院之改良，司法界之进步，似不难凌驾东邻，步武欧美，而独对于占全国最大多数自治单位之县之司法……仍不脱贪官污吏土豪劣绅包办把持朋比宰割之故态。"①

与审判机关的设置相适应，作为新式司法审判人力资源的法官，也集中于最高审判机关以及高等和地方审判机关，考试出身的法官在基层自然也如凤毛麟角，更何况在近代中国很长时段内，全国多数县份实行县知事（县长）兼理司法制度。县知事（县长）本为县级行政官，行政事务繁多，对于司法并不热衷，因此，基层司法人力资源更显得奇缺。

对于审判机关设置和人员配置上呈现出的这一特点，时人也有所指责："我国凡百政务，多注重上层，而忽视下层工作，司法亦其一端；此犹筑屋于一团散沙之上，其倾圮可立而待。初审法院为一切诉讼所必经之阶级，果其办理得当，即可泯争于无形，防患于未然，使诉讼人隐受其福；故从事第一审工作之下级法官，其所膺之使命，实较上级法官为重；必也严其人选，优其待遇，任官惟贤，位事惟能，期有以促成忠勤尽职之风；狱讼即平，讴歌斯起，安内定倾之道，未始不由于此。"② 1935年全国司法会议宣言中也指出："现有法院组织，以纵的言，往往人才集中于上级，而下级反不充实，……似此畸形发展，殊非所宜。"③ 司法机关设置上的这种上下不协调的局面必然会引起严重后果："现在各省兼理司法之县长，受理民刑案件，往往多不照法律审判，刑事案件，竟有不据法条，而依己意判决者，亦有逾当事人之请求，而为审判者，种种违法事实，不胜枚举，即或有少数案件，差中绳墨，但律一严格程式，亦多疵累，第一审初基既谬，第二审补救即难，盖因时机已过（如人证死亡，物证湮没），二审亦不易求得真相也，是以县兼司法之弊害，殆无可否认，现时吾国尚有千余县之人民，在此不良制度下，换言之，即全国尚有三千万余众，未受新式法院之保护，此种县兼司法制度，如不加以改良，则现时高等以上法院，殆同大厦建筑于沙地之上，早迟终有崩溃之一日。"④

为了解决基层司法审判机关和人员配置薄弱的问题，近代司法当局也曾做过一番探讨与努力，先后筹办过审检所、司法公署、司法处等，甚至增设地方分庭，设置县法院，希图实现对基层司法审判的改良，正如有学者所言："自民三裁撤初级审检厅后，由县政府兼理司法，审检萃于一身，行政干涉审判，遂为世所诟病，二十年来，朝野上下，无日不再谋改善之中，初则设置县司法公署，继则设置地方分庭，后更添设县法院，在在可为进步之明证。"⑤ 但是这些地方分庭也好，县法院也好，在数量上极为有限，远远没有普及，县政府兼理司法在全国仍占较大比例。直至1936年底，"吾国目前没有正式法院之县或同等区域，仅合十分之一有奇。其无正式法院者，尚达一千四百左右。此类县或区域内之司法事务，大都由县政府或其他同等地方行政官署兼理。"⑥ 可见，对于司法

---

① 彭时. 论县司法改革之要点 [J]. 法律评论, 1929, (34): 8.
② 翁赞平. 培养司法元气论 [J]. 法律评论, 1932, (18): 3.
③ 全国司法会议宣言 [J]. 法律评论, 1935, (51): 14.
④ 杨鹏. 我国司法现况及展望 [J]. 法学杂志, 1936, (3): 2.
⑤ 俞承修. 关于改良司法之我见 [J]. 法学杂志, 1935, (5): 126.
⑥ 胡玉鸿，庞凌. 东吴法学先贤文录（司法制度、法学教育卷）[G]. 北京：中国政法大学出版社, 2015: 115.

审判建设中存在的这个"顾上不顾下"的问题，近代的司法当局非不为也，实不能也。南京国民政府司法行政部长王用宾坦言："从来主持司法行政者，皆在第二三审着眼，而忘却第一审之重要与普遍，本人虽注意及此，而一时筹设各县地方法院，势必不可能。"①

近代司法常常受人指摘的原因，与司法审判制度建设中只注重上层、而忽略基层的做法有着直接的关系。基层法院与人民关系最为密切，大多数案件是通过基层法院审理的，"县公署所审判之案件，多于新式法院所审判者凡若干倍"②，法院形象、司法权威也多是通过基层法院呈现在民众面前，加强基层法院建设是司法当局的明智之举，然而，近代社会中，受诸多因素的影响，基层法院建设未能受到足够的重视。在基层司法资源短缺、矛盾和纠纷日益增多的条件下，如何减轻地方司法的压力，适时化解基层矛盾和纠纷，便成为近代各届政府急需考虑的一个现实问题。调解制度因其古老的传统与自身的优势，成为各届政府和民众的一个必然选择。

（二）司法资源配置上的区域不平衡

1. 法院设置的不平衡

由于地区间经济、政治发展的不平衡，导致中国近代司法资源配置上也呈现出明显的区域不平衡的特征。区域不平衡在法院设置上表现得最为明显。一般而言，在经济不太发达、文化比较落后、交通不便、地理位置比较偏僻的区域，新式法院数量较少，且内部组织较为简单。例如，青海僻处西北，土地辽阔，人口系汉、回、蒙古、藏等族，不下六百余万之众，而法院仅设高等法院及地方法院各一处，且其组织均极简单，除检察处不计外，仅设民、刑各一庭，地方法院所管辖者，只西宁与互助两县，县司法公署仅乐都一处，其余各县均由县长兼理，且无承审员之设置，而县长人选又因人才缺乏，不甚请求，故就各县而论，真可谓无司法之可言。③ 又如，陕西也因为地处西北，交通不便，文化落后，司法审判制度建设相对迟缓，表现在法院建设方面，到30年代末40年代初，"全省九十二县中，除有高等法院及其三分院外，仅有地方法院四处，其余则都是县政府兼理司法，由承审员审理民刑案件"。④ 与上述情况相反，经济发达的广东省法院建设卓有成效。截至30年代中期（1935年），有最高法院西南分院1所，高等法院1所，高等法院分院3所，地方法院24所，地方分院67所。除了赤溪、南澳、佛冈等极少数小县外，全省94个县均设有独立的司法机关。"旧时以行政机关操纵兼操职权之现象，几乎一扫而空矣。" 1935年的全国司法会议上，司法行政部长谓各省司法组织中，广东为最完备。⑤ 此外，江苏、山东等地法院建设步伐也比较快。1936年山东高等法院院长到司法当局报告工作时称，民国二十四年司法行政部施行三级三审，第二审法院有增设之必要，复于是年增设青岛高二分院、烟台高三分院、泰安高四分院、德州高五分院、临沂高六分院，同时改设全省各地地方法院，改设成立者有威海、济南等地方法院27处。⑥ 1937

---

① 王用宾. 过去一年之司法行政概要［J］. 法律评论，1936，（13、14期合刊）：80.
② 调查治外法权委员会报告书（英汉对照版）［R］. 上海：上海商务局，1926：107.
③ 青海司法近况［J］. 法律评论，1933，（25）：22.
④ 胡玉鸿，庞凌. 东吴法学先贤文录（司法制度、法学教育卷）［G］. 北京：中国政法大学出版社，2015：33.
⑤ 胡玉鸿，庞凌. 东吴法学先贤文录（司法制度、法学教育卷）［G］. 北京：中国政法大学出版社，2015：37.
⑥ 山东司法近况［J］. 法律评论，1936，（42）：18.

年，江苏高等法院院长向省政府报告近半年法院设置情况时称，江苏高等分院除上海两特区分院外，已有镇江、淮阴、铜山3处，原有10个地方法院，前半年又增设6个，共计16个地方法院。①

作为基层司法审判机关改革成果的县司法处建设，各地也有明显的不同。30年代中期，在司法行政部通令各县改设司法处的问题上，各省由于经济发展水平不同，筹建速度也有很大差别。有些省份经费、人才充裕，几乎全部将未设法院之县改为司法处，如山东、安徽等省；有些省份则是分期筹设，在一年半时间内完成了县知事兼理司法到司法处的转变，如江西等省；还有些省份因经费不足、人才缺乏，短时间内无法完成筹设司法处的任务，只好展期办理，甚至有的省份一直到1947年，尚未完成该项任务，如新疆。

对于法院建设中存在的这一问题，司法当局有着清醒的认识，1935年全国司法会议宣言中指出：现有法院组织，内地组织较为完备，而边远省份，辄多因陋就简，似此畸形发展，殊非所宜，并表达出要"谋全国法院之平均进展"的决心。②事实上，因为各地实际情况的不同，司法当局的这一目标并未实现。

从总体上看，法院建设上区域不平衡的特征一直贯穿于近代社会。清末民初法院设置上侧重于京师及各省通商大埠，而广大内地和边疆地区则较少顾及。在南京国民政府初期，高等法院和分院的设置，"唯偏重东南各省，西南西北各省则形落后"③。截至1937年上半年，广东、广西、河北、湖北高等法院和分院数量分别为9所、8所、9所、7所，而地处西北的青海、宁夏和新疆每省只设有高等法院1所。④地方法院的设置也基本如此。法院设置上呈现出的东南偏多、西北偏少的特点，一部分原因是西北地区经济比较落后，缺乏足够的创办经费，另一部分原因则是西北地区案件本身较少，不需要设置过多的法院。南京国民政府后期，这种不平衡状态略有改变，法院设置开始向内地和边疆地区辐射，但与东南各省仍然无法相提并论。

2. 司法人才分布的不均衡

与法院设置上的不平衡相适应，司法人才在区域分布上也是不平衡的。地处西北的甘肃，因为经济落后，条件艰苦，司法人才多不愿前去任职，"甘省的司法情形，既如此困苦，所有优秀之士皆望而却步。非特南中人士，不愿远道跋涉；即本地较好的人才，亦多弃而他就，不愿忍受这种清苦的生活"⑤。而上海、江苏、广东等省则是司法人才就职的理想之地。这种状况很大程度上是由于司法经费由地方负担、各地司法人员待遇不同而造成的。在司法经费由省库负担的时代，各省司法人员的待遇，往往因各省财政状况而有较大的差异。

江浙一带属于比较富庶的区域，经济发展水平较高，司法经费也相对充裕，因此法官待遇也比较优厚。例如江苏高等法院第二分院和第三分院，院长月薪达1000元，上海

---

① 江苏司法近况[J]. 法律评论, 1937, (37): 27-28.
② 全国司法会议宣言[J]. 法律评论, 1935, (51): 14.
③ 司法行政部向司法院秘书处函送'抗战以来的司法'一文之参考资料的文书[Z]. 南京：中国第二历史档案馆藏，档号：7-3091.
④ 南京国民政府司法行政部. 全国司法区域表[Z]. 南京：南京国民政府司法行政部, 1937: 1-2.
⑤ 胡玉鸿, 庞凌. 东吴法学先贤文录（司法制度、法学教育卷）[G]. 北京：中国政法大学出版社, 2015: 31.

第一特区和第二特区地方法院院长月薪也可达 800 元，庭长和正缺推事的月薪也有五六百之多，连一个候补推事的月薪也有二三百之多。由于待遇优厚，大家都把上海的法院当肥缺，想方设法调到上海来。①

由上可见，司法资源区域不平衡主要体现在经济发达地区司法资源相对充足，而经济欠发达地区司法资源严重不足，这种情况必然导致司法资源严重不足的地区除了依靠有限的正规司法资源解决矛盾和纠纷外，大多数案件只能采取法外解决的方式。另外，在诸如西北一带的地区，经济发展水平相对迟缓，人们的传统观念比较浓厚，调解制度在这些地区仍然有着顽强的生命力。

三、诉讼迟延与案件积压问题严重

在司法近代化过程中，由于司法资源有限，中央与地方司法资源配置严重失衡，加之模仿西法所构建的诉讼程序过于繁琐，导致了诉讼迟延、案件大量积压，从而造成讼累。

（一）诉讼之迟延

模仿大陆法系而构建的近代诉讼审判制度，因诉讼手续繁杂、程序复杂、审级繁多而屡受国人诟病。从当时报刊探讨改进司法的有关文章中可以看出，法院办案迟滞、诉讼迟延是司法中存在的主要问题，也是近代司法受人攻击之焦点。郑天锡在《视察闽浙两省司法后对于改良司法之意见》中指出，"诉讼的迟延，是中国司法上最大的缺点"②。阮毅成于《东方杂志》上发表《所期望于全国司法会议》一文中有一段文字专门讲到诉讼迟延问题："现在中国各级法院，拖延讼累，已成为普遍现象。凡案件不入法院则已，一入法院，便不知要拖延多少时候，才能结案。往往案甚轻微，但因须经种种程序，以至犯数月之罪，积压经年，处十元之罚，开庭十次。如某地方法院有一件侵占白米九十余石的案件，自二十年三月三十提起自诉，迄二十二年二月二日方始三审终结。在三次判决中，最高只判了十个月的徒刑，终局判决只为徒刑五月，但全案却延展了将近二年。又有一件土劣侵占保卫团经费的案件，自十九年一月二十日告发，二月十四日开始侦察，迄二十二年十月二十五日终局判决，其中曾于第一审时判过徒刑一年，而结果是宣告无罪，但全案却拖长到二年零九个月。"③还有学者指出，"民事诉讼经年未决者有之，数年未决者有之，判决后不能予以执行者有之。刑事诉讼较为迅速，然而竟有拖延一二年以上者"。④

除了民间学者在报刊撰文批评当时司法中存在严重的诉讼迟延问题外，国家的司法行政部门也对诉讼迟延及其造成的严重危害有明确的认识。武汉国民政府司法部部长徐谦在 1927 年的《司法改良近况》中指出："以往的司法，都抄袭欧洲大陆之制度，或三

---

① 上海市政协文史资料委员会. 上海文史资料存稿汇编（社会 法制）第 12 册 [G]. 上海：上海古籍出版社，2001：2.
② 胡玉鸿，庞凌. 东吴法学先贤文录（司法制度、法学教育卷）[G]. 北京：中国政法大学出版社，2015：106.
③ 阮毅成. 所期望于全国司法会议 [J]. 东方杂志，1935，(10)：24-25.
④ 方茂松. 大学法科应附设民刑案件调解处之建议 [J]. 法政半月刊，1935，(5)：31.

第三章　中国近代调解制度形成的背景

级审或四级审，再加上第二审发回第一审，第三审发回第二审，一发回就不止三审，而变成五审六审了。而三审只是解释法律，发回更多，还有控告，再控告审，故一案每十审八审，这样，手续繁多，讼费亦多，并且荒废职业，人民已受到无限的痛苦，故非打破此制不可。"① 南京国民政府司法院院长居正也指出，四级三审制实行以来，狡黠者挟其财力，一再上诉抗告，致使一起小案也要经年累月，法律保护人民之宗旨反而为其程序繁杂而破坏。长此以往，人民不仅视司法为弊政，进而要对政府失其信仰。②

(二) 案件之积压

与诉讼迟延直接相关的一个问题，即是大量案件的积压。从某种意义上讲，案件积压是诉讼迟延的结果。对于近代中国各级法院来说，案件积压是常态，这一问题一直未能得到有效解决。由于案件的增多以及诉讼的迟延，往往是旧案未消，新案又至，从而造成大量案件堆积如山。司法当局虽然采取诸多措施，却不见成效。

北洋政府时期，因为案件积压严重，以至于大总统不得不颁发迅速清理积压民事诉讼案件令，"京外法庭审判迟延，几成痼习，迭经严审告诫，近来京师各级审判厅尚知振作，而各省法庭则仍多疲玩，于民事诉讼积压尤甚"③。

南京国民政府时期的积案问题仍然相当普遍，几乎存在于各个时期的各个省份。1934年9月，国民党执监委视察河北监狱后指出："河北司法积压案件，已成普遍现象，过法定期而不为判决之刑事诉案几于无县无之。"④ 1935年，四川巴县地方法院在报告中说："往年院绌于费，人懒于事，遂至积压民刑重大案件亦在千起以上。"⑤ 区区一个县，积压案件竟在千起以上，可见案件积压已经成为当时各级法院面临的一个严重问题。四川高等法院的二审也面临着同样的问题："观察川省司法，讼民苦于拖延者久矣。仅就第二审民事案件言之，数年不结习以为常，尚有十余年未结者。"⑥ 二审案件积压的状况一直到南京国民政府后期也没有得到有效的解决，1947年云南省高等法院检察处在报告中仍然强调积案问题："本省第二审积案极多，竟有悬搁十年以上者。"⑦ 作为第三审的最高审判机关也未能幸免。自清末大理院成立以来，直至南京国民政府设立最高法院，一直面临"旧案未清，新案又复堆积"的窘境。以北洋政府时期的大理院为例，尽管大理院的法官们尽心尽力，仍不免有大量案件积压，"吾国大理院民事各庭，平时积压在二千余案，以月结二百案为率，须一年方能判结"⑧。20世纪30年代，居正任职司法院之初，"最高法院以前所未结案件及前东北西北两分院停办后解来之案件，积累多至六千多件"⑨。虽然北洋政府和南京国民政府多次抽调地方法官到最高法院帮助清理积案，但清

---

① 张国福. 中华民国法制简史 [M]. 北京：北京大学出版社，1986：227.
② 李光灿，张国华. 中国法律思想史 [M]. 太原：山西人民出版社，1996：599.
③ 天津市档案馆，等. 天津商会档案汇编 (1912—1928)：第2册 [G]. 天津：天津人民出版社，1992：2029.
④ 国民党执监委桂崇基等视察河北及安徽监狱意见 (1931年、1934年) [Z]. 南京：中国第二历史档案馆藏，档号：1-4498.
⑤ 南京国民政府司法院秘书处. 各省司法概况报告汇编 [G]. 南京：南京国民政府司法院秘书处，1935：51.
⑥ 刘春溥等关于改进四川省司法的意见 (1939年) [Z]. 南京：中国第二历史档案馆藏，档号：7-4835.
⑦ 云南高等法院检察处工作报告 (1947年10月) [Z]. 南京：中国第二历史档案馆藏，档号：7-3116.
⑧ 胡玉鸿，庞凌. 东吴法学先贤文录 (司法制度、法学教育卷) [G]. 北京：中国政法大学出版社，2015：7.
⑨ 最高法院清理积案 [J]. 中华法学杂志，1932 (9)：136-138.

理的速度却赶不上案件增长的速度。

中国共产党领导的根据地存在着同样的问题。由于民间纠纷比较多，而司法人员有限，根据地也存在积案问题也。1943年陕甘宁边区绥德分区专员向边区高等法院反映本地的积案情况："据查，本分区各县讼案累累，每月有多至数十件者，尤以绥西、绥德、米脂、葭县为最，既违农时，又耗钱财，人力财力两耗，殊多不便。"① 1942年延安市地方法院的报告中也谈道："案件不能按月清结，诉讼当事人大为不满，计超过审限者有65件。"② 1949年5月21日，华北人民政府关于贯彻清理积案并研究减少积案办法的训令中指出：据本部检查获鹿、平山二县司法工作：获鹿押犯118人，未决者92人，内有奸特犯40名，扣押时间一、二年不等。平山押犯120人，未决者107人，扣押时间半年至二年上下不等。内有40余人，入所后，根本未谈过一次话；有土改时期石头案22起（土改时搬石头押的），长期搁置没人管；有因久押不结，家庭破产者；有只有嫌疑，没有证据，长期搁置不管者；有些轻微案犯，如小偷、通奸等，亦久押不结……犯人普遍反映："扣起来，不声不响"，要求早日解决问题。民事案获鹿存58起，平山存162起。据太行行署报告：二月份民刑案件全区共3131件，已结1400件，未结1731件，未结占总案55%。又据各县二月份报告：安阳刑事未结95件，元氏刑事未结81件，安新刑事未结104件，深泽民事未结163件，饶阳民事未结125件。依据各地司法工作报告，积压案件已成为不少地区存在的现象。③ 该训令还指出，为了减少积案，对于新受理的案件，能调解者，即进行调解，调解不成或非调解事件，然后定期处理。④

（三）诉讼迟延与案件积压之危害

1. 给诉讼当事人造成的危害

诉讼迟延和案件积压对于当事人的危害甚大。诉讼迟延不但使当事人整天忙于应对，造成其心理上的疲惫，而且还要付出高昂的时间和金钱成本，"盖迁诉讼缓，则当事人疲于奔走，费时失业而丧财，动辄白金数千金"⑤。南京国民政府时期河北省教育厅厅长何基鸿在演讲中也谈道："一旦成了官司，就绝非极短时间可能解决，自递上呈文的一天算起，能一月内了结的就不多，呈文上去，数日后才能分到推事，发出传票，传集原告被告，侦查证据，第一次开庭，若原告或被告不到，又须延期开审，经过以上种种手续，最快亦须一月以上，才能宣判解决，若去高等法院上诉，那就非有半年不得了结，再上告到最高法院，则非有三年五年，不能了结，经此长久时间，不但个人事业停顿，其金钱损失更不知多少了。"⑥ 1935年四川巴县地方法院在司法概括报告中指出："人民诉讼由一审至三审，往往经年累月，难告结束。而刁狡者更得利用诉讼法之种种声请展限方法，以为拖累对方之工具。由是小康之家，一案未终而产已荡矣。"⑦ 司法行政部民事司

---

① 绥德分区、高等法院分庭请示信［Z］. 西安：陕西省档案馆馆藏，全宗号15.
② 1942年至1944年两年半来工作报告（1944年9月30日）［Z］. 西安：陕西省档案馆馆藏，档号：15-193.
③ 韩延龙，常兆儒. 革命根据地法制文献选编（中卷）［G］. 北京：中国社会科学出版社，2013：938.
④ 韩延龙，常兆儒. 革命根据地法制文献选编（中卷）［G］. 北京：中国社会科学出版社，2013：939.
⑤ 胡玉鸿，庞凌. 东吴法学先贤文录（司法制度、法学教育卷）［G］. 北京：中国政法大学出版社，2015：120.
⑥ 乡村息讼问题［J］. 华北合作，1935，（23）：12.
⑦ 南京国民政府司法院秘书处. 各省司法概况报告汇编［G］. 南京：南京国民政府司法院秘书处，1935：51.

司长吴与新在1947年全国司法行政检讨会上指出:"我国交通未尽便利,而诉讼案件即在穷乡僻壤亦所不免。现在各省市虽设有高等法院或分院,但每一法院管辖数十县市或十余县市,事所恒有。诉讼当事人对于第一审判决提起上诉,有须往返数百里始得投审者。其所受劳力、时间、经济等损失,何可胜记。"[1]

案件久悬未决,当事人欲罢不能,最后搞得两败俱伤,胜诉者也可能倾家荡产,得不偿失,败诉者除了付出时间和金钱的成本外,还会受到法律的制裁。北洋政府司法部曾指出,许多民事诉讼当事人"因负气相持或由彼此误会不肯相让,致非穷历审级经年累月不得终结,甚者因此荡产破家,小者亦至失时废业,其中证人等无端受累者,更属不少"[2]。"时间花了,精力花了,金钱更花了,败诉的一方固然抱恨终身,认为是家仇,谆告子孙,此仇必报;就是胜诉的一方,纵使可以高兴一时,但因经年累月的涉讼,倾家荡产,结果还不是'赢了官司折了本'。"[3]

案件积压造成当事人身心俱疲,费时耗力损财,若加上不胜负担的诉讼费用,则更是苦不堪言:"诉讼费用,原为司法机关唯一之收入。唯立法者只知站在法院本身之立场而订收入之标准,间或抄袭外国所采之标准以为用,罔顾国民经济力量,以致民众视涉讼为无妄之灾。宁气死不涉讼,见官吏为不详,出入衙门之羞耻,万事出之于忍,默求神明保佑而作慰藉。因是养成无抵抗任人宰割之阿Q人生观。什么'恶贯满盈',什么'天网恢恢'的口头禅,都可代表一般民众变态之国民心理。如诉追目的金额微少,纵获胜诉,而所耗讼费暨律师报酬等,恐反倍于所求之数。夫既有损无利矣,孰愿多此一举,自贻伊戚耶?至上诉案件,在平寒无力之家,十之八九,莫敢尝试,有时明知理由正当,因重重费用担荷之不给,不得意唯有忍气吞声,自甘败北,将正当之权利,以供强有力者,肆其蹂躏而已。总之因诉讼而败家荡产者有之,因涉讼而债台高筑者有之,因涉讼而自杀者有之,此均为彰彰之事实。虽然有诉讼救济条文之设立,然而受其实惠者,能有几人?"[4]

2. 对法院造成的危害

诉讼迟延以及高居不下的积案无形中给法院和法官带来巨大的压力。法官们每天面对堆积如山的案卷,劳形费神,疲于应付,还要面临民众的不满和外界人士的指摘。即便是一些轻微的民事纠纷,因为要遵循复杂的诉讼程序,不只是加重了法院人力与财力方面的负担,甚至可以说是对有限司法资源的极大浪费。民国著名法学家郑天锡在视察闽浙两省司法时,发现一个诉讼标的仅为450元的债务涉讼案件,其"经过之程序异常繁复以致卷宗盈尺,其所费时间固不经济,其所费人工在国家方面亦恐超过该诉讼标的之价值也"[5]。

大量案件悬而未决,不但给法院和法官带来巨大压力,也导致了法院威信和司法权威的丧失,"如果人们相信司法机关能够公正、高效处理案件,维护社会公平正义,那么

---

[1] 全国司法行政检讨会秘书处. 全国司法行政检讨会议汇编 [G]. 南京:全国司法行政检讨会秘书处,1947:议案第1页.
[2] 民事案件有毋庸兴讼等情者务多方劝告以息争端令 [J]. 司法公报,1921,(142):11.
[3] 刘露凌. 乡镇调解与地方自治 [J]. 中华法学杂志,1947,(1):14.
[4] 方茂松. 大学法科应附设民刑案件调解处之建议 [J]. 法政半月刊,1935,(5):30.
[5] 胡玉鸿,庞凌. 东吴法学先贤文录(司法制度、法学教育卷)[G]. 北京:中国政法大学出版社,2015:55.

社会公众对司法、司法程序、司法裁判以及司法制度的表示充分认同与遵从的程度就会提高，其就越趋向于利用司法解决纠纷。反之，人们将不期望寻求司法途径解决纠纷，而将目光转向司法外的途径"①。近代社会中，司法低效，诉讼程序复杂，案件久系不决，当事人苦不堪言。在这种情况下，司法公信力的下降是必然的。司法公信力下降，必然导致司法权威的逐渐丧失，动摇民众依靠法院解决纠纷的信心。在司法失去民众信任的情况下，人们遇到纠纷，不会再寻求司法解决的途径，而是把目光转向司法之外的方式，即寻求诉讼外的方式解决，而调解因为有省时省力的优势，遂成为民众解纷的一个首要选择。

可见，新型诉讼审判制度在如山的积案和人民日益加深的讼累面前显得无能为力，这是促使调解制度产生和发展的背景因素。诉讼迟延造成人们的讼累，使人民惧讼、畏讼，不愿进入法院解决纠纷，正如民国学者阮毅成所言："一般人民对政府机关，最感切身利害关系的，要算是法院。而近来人民对于法院的印象，实在恶劣不堪。"② 面对诉讼迟延导致的积案现象，司法当局也非常苦恼，如何解决积案问题以减轻法院的压力，成为迫切需要解决的问题。可见，民间因为畏惧诉讼导致的讼累而不愿入法院，官方希望案件少入法院以减轻法院压力，这样官民之间有了一个契合点，即都希望找到一种行之有效的法外解决矛盾和纠纷的途径和方法，这就为调解制度的介入提供了机会，正如有学者所言："调解在普通法国家的出现和发展，是政治家和政府迫于压力去回应一个低效、拖延的并且对大多数市民而言是昂贵、怨声载道的诉讼程序的结果……只有当一国的政治表达出改造和弥补现有司法体制的不足，如过多的费用支出和诉讼迟延的时候，调解才可作为一个运动与制度开始发展。"③ 近代中国即是如此。人民遇到纠纷，希望通过调解方式来解决，国家也开始积极谋划，以期通过调解来消除纷争。1921年北洋政府司法部提出："查民事诉讼受诉审判衙门，不问诉讼程度如何，本得以职权试行和解，诚以讼争事项依和解而终结，于时日劳力及费用均可节省，匪特利益于两造当事人，实亦国家之利益"④，并在该年颁行的《民事诉讼条例》第446条专门规定了和解制度，即后来的法院民事调解制度。1929年胡汉民在《民事调解条例原则》的提议中称，在全国推行调解制度后，"庶几闾阎无缠累之苦，讼庭有清简之观"⑤。1930年实施的《民事调解法》第一条明确指出，该法的施行是为了"杜息争端，减少讼累"⑥。谢冠生在法官训练班讲授《最近司法行政概况》时，也把"厉行调解"作为减轻人民讼累之重要办法之一："公证之旨，在预防纠纷，调解则于纠纷既起之后，设法息事宁人，使其不致涉讼。当此非常时期，能减少不必要之诉讼对于人力物力及时间方面的节约，实不在少。"⑦ 中国共产党领导的革命根据地也先后多方发布指示和条例，以实行调解、减少人民讼累为宗旨。从某种程度上讲，调解制度的实施可以有效减轻法院的压力，减少当事人的讼累，"民事

---

① 徐胜萍. 人民调解制度研究［M］. 北京：北京师范大学出版社，2016：138.
② 阮毅成. 司法所予人民的痛苦［J］. 法学丛刊，1934，(12).
③ 娜嘉·亚历山大. 全球调解趋势［M］. 北京：中国法制出版社，2011：18、20.
④ 民事事件有毋庸兴讼等情者务多方劝告以息争端令［J］. 司法公报，1921，(142)：11.
⑤ 民事调解条例原则［J］. 立法专刊，1930，(3)：4.
⑥ 民事调解法［J］. 行政院公报，1930，(119)：9.
⑦ 谢冠生，王建今. 司法工作之理论与实际［M］. 大东书局，1946：140.

案件多一件之调解，即法院方面少一案之审理，亦即诉讼当事人减一分之讼累"①。

总之，随着近代国家权力下沉导致的地方治理方式的变化、城乡经济结构的变化、无讼观念的盛行，加之新式法律制度与民间百姓存在隔阂产生的一系列问题，使得调解制度在近代中国仍然具有强大的生命力。晚清政府、民国政府以及根据地政府，在处理社会矛盾和纠纷方面，仍把调解作为纠纷解决机制的重要组成部分，并颁布了诸多有关调解的法律法规，使近代调解开始步入制度化和规范化的轨道。下面三章将分别介绍作为近代调解制度重要组成部分的法院调解制度、行政调解制度和民间调解制度。

---

① 南京国民政府司法行政部统计室. 司法统计 [G]. 南京：南京国民政府司法行政部统计室，1934：195.

第四章 近代法院调解制度

近代法院调解制度是近代调解制度的重要组成部分。该制度是伴随着中国法律近代化而产生和发展的，是中国司法近代化过程中为了解纷止争、减少诉讼而形成的一项具体制度。作为一项制度，它不仅仅是简单的解纷活动或方式，而是包括有关法院调解的制度依据、制度设计、制度运行以及制度成效等一系列因素在内的一种制度体系。

第一节 近代法院调解的概念界定及制度依据

法院调解是调解类型之一，是在法院主持之下的一种解纷活动。法院调解又有司法调解、诉讼调解等不同的称呼。近代法院调解产生于近代社会这个特定的环境之中，它与当代法院调解在诸多方面并不一致，而是有着特定的内涵和外延。

一、近代法院调解的概念界定

由于中国近代法院组织不健全，尤其是基层法院迟迟未能设立，使得近代法院调解与当代法院调解的主体并不完全一样。因此，有必要对两者的概念做出区分。当代的法院调解是指"在人民法院审判人员的主持下，由双方当事人通过自愿协商，达成协议，解决纠纷的一种诉讼活动"[①]。相比之下，近代的法院调解主体具有多样化特征，不仅包括法院，还包括未设法院地区代行法院职能的司法公署和司法处，因此，近代法院调解是指在法院以及代行法院功能的县级层面的司法公署、司法处等主体主持之下，对纠纷当事人进行劝说开导，以解决矛盾和纠纷的一种解纷活动。

从某种意义上讲，近代法院调解来源于中国古代的官府调解，属于官方调解的一种调解形式，但与古代官府调解又存在着诸多不同。（1）目的不同。古代官府调解主要是在地方官府主持下进行的一种以息讼为目的的解纷活动；而近代法院调解则主要是为了减轻法院的审判压力以及减轻人民的讼累而实行的一种解纷方式。（2）依据不同。古代官府调解是其推行教化的一种手段，没有明确的法律依据；而近代法院调解则是由国家法律法规明文规定的一种制度，有着明确的法律依据。（3）主体不同。古代官府调解是

---

① 常怡. 中国调解制度 [M]. 北京：法律出版社，2013：258.

以州县等基层行政机关作为调解主体，而近代法院调解则是以基层法院为主的职掌审判职责的机关作为调解主体。（4）程序不同。古代官府调解缺乏明确的程序依据，具有较大的随意性；而近代法院调解则有程序上的严格要求。由上观之，中国近代法院调解是在继承传统官府调解基础上的一种具有明显创新性的调解类型。

为了更好地理解近代法院调解的含义，还需要将其与近代诉讼程序的"和解"做出区分。虽然民间甚至官方有时候把调解与和解混同使用，但诉讼程序中的和解却有着自己特定的内涵。近代学者对诉讼中的和解也多有阐释。石志泉认为，诉讼中的和解，"系于诉讼系属中为之，而以终结诉讼或其某争点为目的"[①]。吴学义认为，"诉讼上之和解，谓起诉后，于言词辩论，或受命推事受托推事之前，当事人双方，就诉讼标的，或诉讼上之争点全部或一部，互相让步，以终结诉讼之合意"[②]。两人对诉讼中的和解有着共同的看法，即和解发生在起诉之后，是诉讼活动进行过程中，对于诉讼上之全部或部分争执达成一致的一项活动。可见，诉讼和解是在诉讼程序进行过程中当事人双方自主解决争端的一项活动，而法院调解则是在法官主持之下，通过对纠纷双方劝说开导，使其互谅互让，从而和平解决纠纷的活动。与和解不同的是，法院调解可以发生在诉讼之前，也可以发生在诉讼活动进行过程中，只要由作为第三方的法官介入，即可构成法院调解。

与诉讼相比，近代法院调解以减轻讼累为目的，程序简单易行，且不收取任何费用，从而使其具有快速、便捷、省时省力省钱的特点。近代以来，在模仿西法构建近代法律体系的同时，也创建了一套新的诉讼程序和审判制度。然而，烦琐的诉讼程序却给民众诉讼带来莫大的不便，一个普通民事案件往往经年累月得不到解决，不但给诉讼当事人造成人力物力等方面的巨大浪费，而且也造成大量案件积压在各级法院之中。本着"杜息争端，减轻讼累"的初衷，南京国民政府创设了法院调解制度。法院调解与普通诉讼相比，程序简单，无须缴纳费用，具有诉讼无法比拟的优势，"这就是虽没有打官司的本钱也可以有一种救济的希望。又譬如诉讼滞延往往使诉讼当事人有延颈仰望而消息杳然的痛苦，声请调解至少也可有比较迅速了结的希望"[③]。还有学者指出，调解的优点，"简单说一句话，就是'杜息争端，减少讼累'，可以包括尽致，譬如甲对于乙负有债务，若甲到期不履行，乙就可用申请书一纸，请求民事调解处调解，调解一经成立，乙对于甲就可声请强制执行，既可不用诉讼状纸，又无须缴纳讼费，有了这种制度，非但有钱的人，有保护权利的机会，即无钱的人，也有保护权利之可能。又调解一经成立，就有确定判决之效力，既无诉讼程序之烦，又可免诉讼滞延之弊，因为打官司的当事人，大都很盼望诉讼案件从速结束，换句话说，亦即早一日结束，就省一日的损失，这就是它的优点"[④]。

[①] 石志泉. 民事诉讼条例释义 [M]. 北京：中国方正出版社，2006：309.
[②] 何勤华，李秀清. 民国法学论文精萃：第5卷 "诉讼法律篇" [M]. 北京：法律出版社，2004：34.
[③] 仓圣. 民事调解法的利弊 [J]. 人言周刊，1934，(1)：281.
[④] 陈义章. 民事调解处应否存在之商榷 [J]. 法政半月刊，1935，(5)：39.

二、近代法院调解的制度依据

（一）清末民国的法院调解法规

为了解决诉讼迟延给当事人造成的讼累以及给法院造成的压力等问题，近代各届政府在吸收传统调解文化并借鉴西方各国调解制度的基础上，开始构建法院调解制度。

1906年5月，清政府制定的《大清刑事民事诉讼法草案》专门规定"和解"一节。该节规定：凡两造争讼如有可以和平解释之处，承审官宜尽力劝谕使两造和解；如两造情甘和解，俱应出具切结，听明愿遵守公正人决讯，在公堂由承审官将案内已讯及未讯各项事宜，委派公正人公议持平决断；两造所举之公正人必须彼此同数，若公正人对于该案意见未能金同，则从多数定议，意见各执者则另举一中人以定从违；中人由两造或公正人合举，如两造或公正人均不能妥议合举，即由承审官派一与案无涉之殷实人充之；① 等等。这些关于和解的规定与1930年《民事调解法》以及1935年《民事诉讼法》简易程序中规定的法庭调解基本上是一致的。从《大清刑事民事诉讼法草案》的规定来看，不但民事案件可以和解，刑事案件"应处轻罪刑者，原告于宣告刑名以前自愿呈请和解时，亦可照本节办理"②。1911年1月完成的《大清民事诉讼律草案》中，删除了"和解"一节，但在"言词辩论""初级审判厅之程序"等章节中涉及了和解的部分内容。与《大清刑事民事诉讼法草案》相比，《大清民事诉讼律草案》虽然仍规定了"受命推事或受托推事，得以受诉审判衙门之命令或嘱托，或因依职权试行和解"③，但却没有规定和解的详细程序。综上可见，清末没有制定专门的调解法规，只是在诉讼法中规定了法官在诉讼程序进行过程中得试行和解。这里的和解与后来的法院调解并无本质上的不同。然而，由于这些草案均未颁行，法院调解也就仅仅停留在纸面上，而未能真正施行。

1921年，北洋政府公布的《民事诉讼条例》在清末的基础上又增加了一些关于"和解"的规定：第一，增加了对于和解成立的尊重。其第449条规定："和解成立者，诉讼或该争点即时终结。"第450条规定："关于诉讼标的之和解成立者，当事人不得就法律关系更行起诉。"第二，明确了离婚之诉及夫妻同居之诉得适用和解的规定。该条例第677条规定："离婚之诉及夫妻同居之诉，法院应于言词辩论随时劝谕和解"，因为"夫妻提起离婚及同居之诉，往往激起于一时之愤，法院若能劝谕和解未必绝无和谐之望，故应于言词辩论随时为之"。④ 从该条例关于和解的具体内容看，这一时期的和解制度实即后来的法院调解制度。

1922年1月25日，北洋政府又公布《民事简易程序暂行条例》，其中第14条规定："推事应于言词辩论日期随时劝谕和解。"⑤

---

① 康黎. 思想与法典：沈家本所期许的大清刑事诉讼图景 [M]. 北京：中国政法大学出版社，2013：113.
② 大清新法律汇编 [G]. 麟章书局，1910：339-340.
③ 大清民事诉讼律草案 [S]. 出版者不详，1915：54-55.
④ 黄荣昌. 现行民事诉讼法释例汇纂 [G]. 上海：上海法政学社，1930：684.
⑤ 徐百齐. 中华民国法规大全 [G]. 北京：商务印书馆，1936：3469-3472.

广州武汉国民政府《民事诉讼律》基本继承了清末以来关于调解的规定：当事人于起诉前得向初级法院声请传唤他造当事人试行和解。①

1930年1月21日，南京国民政府司法院颁行《民事调解法》16条，对法院民事调解制度做出专门规定。为了实施《民事调解法》，又分别于1930年6月、1931年1月先后颁行《民事调解施行规则》和《处理民事调解应行注意事项》作为配套法规。

1935年，在修订新的《民事诉讼法》过程中，立法部门将民事调解法及其施行规则各条文，酌予修改，纳入《民事诉讼法》"简易程序"中。

1935年8月28日，司法行政部颁发的《办理民事诉讼应行注意事项》又对调解程序进行特别的强调，尤其是进一步明确了调解形式、调解人选、调解人数、调解笔录、调解争执、调解费用等情况。②

1937年初，最高法院给司法院的呈文中称，"查民事争执，本无不可解之纠纷，只因居中乏人，遂致兴讼，倘能调处完案，既非如裁判须受法条之拘束，易于协谐，且有时并执行程序亦同终结，不特可以减少上诉，其利便人民尤难枚举，所赖法院督促其成，无论审判上或审判外和解，果能多方设法，示以方针，晓以利害，非甚顽梗之徒，当易就范。惟体察情形，和解一案，尤见烦劳。拟请饬下司法行政部通饬高等地方各法院，切实厉行。于一般考成外，另悬一格，即以和解案件之多少，课其殿最，行之日久，必当著效"③。司法院第22次会议议决，同意最高法院的提议，遂于2月6日训令司法行政部，要求各级法院厉行民事调解。④

抗战开始后，社会各界人士群策群力，献言献计。在抗战的社会背景下，有些学者主张加强战时调解，以节省人力物力，"我们觉得一般轻微刑事案件和民事案件，都有息讼止争的必要。要减少力的分化，增强力的总和，便应充分利用'调解'的方法，使'大事化小，小事化无事'。关于民事调解，《民事诉讼法》的规定似嫌累赘，而效果又不大，关于刑事案件，除掉乡镇调解委员会在法定范围内可以设法调处外，更无授权法院检察官或司法警察官出任调解的明文。我们希望司法当局应速建议颁订《战时民刑事调解法》规定在维持衡平的原则下，尽量保留我们仅有的民间人力心力物力财力"。⑤余觉也表达了类似的观点："似应将与抗战有关案件，明定标准，划由各省地方法院会同当地各机关团体，组织调解处，强制调解，调解成立，即与确定判决有同一之效力，其调解不成立而起诉者，只限一审终结，不许上诉，此亦快刀斩乱麻，减少拖累之一法也。"⑥由于抗战初期各方力量都集中在如何应对战争问题上，对于国家内政方面的事情暂时无暇顾及，这一呼吁并未马上引起司法当局的重视。直到1941年出台的《非常时期民事诉讼补充条例》，才对抗战时期的调解做出一些新的规定。抗战结束后，该条例于1945年12月被宣布废止。

在《非常时期民事诉讼补充条例》颁行后不久，司法部训令高等法院院长指出："抗

---

① 郭晓光. 民事诉讼调解新论 [M]. 北京：中国政法大学出版社，2013：44.
② 新增订国民政府司法例规：第1册 [G]. 国民政府司法院参事处1940：887-888.
③ 新增订国民政府司法例规：第1册 [G]. 国民政府司法院参事处1940：950.
④ 新增订国民政府司法例规：第1册 [G]. 国民政府司法院参事处1940：950.
⑤ 陈盛清. 抗战期内的司法 [J]. 东方杂志，1938，(8)：19.
⑥ 余觉. 如何处理抗战时期之民事轇轕 [J]. 中华法学杂志，1939，(1)：43.

战以来，社会经济变动甚剧，私人间法律关系往往因情事变更非所预料，而依原有关系发生效力显失公平，故非常时期民事诉讼补充条例规定，法院遇有此种事情，得斟酌社会经济情形、当事人生活状况，及因战事所受损失程度，作出增减给付、延期或分期给付之裁判，藉资救济。惟此项规定必须是依照补充条例规定，经过调解程序者，始能适用，但人民又多不知为此声请，也即不能适用前项规定办理，以致同样事件，因经过调解程序与否，而裁决结果迥异，易引起人民误会。司法人员职司听断，贵在平亭，自应体念时艰，遇有当事人不明法律者，务须详细晓谕。各司法机关长官，并应随时与当地公正人士预为接洽，以便当事人不推举调解人时，得选任其为调解人从事调解，充分发挥其效用。调解成立，固足以息事宁人，即须加以裁判，也不难使其理得心安。"①

由上可见，清末民国时期关于法院调解经历了一个从无到有、从轻视到重视、从纸面规定到贯彻落实的过程。清末民初的民事诉讼法规中虽有和解之规定，但由于这一时期侧重于对传统的批判和对西方的盲目照搬和仿效，司法实践中并不注重对传统社会行之有效的调解制度的运用，甚至有些地方严禁法官做调解人，例如广东司法司要求法官"只宜根据法理，直下判决；不应采调和手段，为两造强作调人"②。有学者对于个中缘由如此解说："客观地说，清末和民国初年正值现代审判制度初创之时，新任人员没有实务经验，不习惯于依法断案。就此而言，当时对调解制度的漠视乃至人为地排斥法庭调解，有督促依法裁判的矫枉过正之考量。"③ 到了民国后期，盲目模仿西法导致诉讼日益增多，法院诉讼压力日渐增大，法院调解开始受到司法当局的重视，并成为诉讼的前置程序，尤其是对于民事案件，非经过调解不得进入诉讼程序，法院调解遂具有了强制性特征。

(二) 革命根据地的法院调解法规

共产党领导的根据地政权，虽然非常重视调解工作，但由于长期处于比较艰苦的战争环境中，根据地又都处于农村地区，其调解工作主要侧重于民间自行调解和区乡村政府调解，对于法院调解并未给予足够的重视，也没有颁行专门的法院调解法规，只是在某些调解条例或法规中提及法院调解的一些内容。例如1940年，陕甘宁边区政府提出，要在各乡组成人民法庭，调解乡村民众的一切纠纷。④ 1941年4月18日，山东省颁行的《山东各级司法办理诉讼补充条例》第3条规定，除了危害抗战以及危害广大群众利益的民刑重大案件外，其他民刑案件尽量采取调解方式。⑤ 为了使司法工作进一步为群众服务，强化司法干部的群众观，1944年5月31日，晋察冀边区政府公布的《晋察冀边区行政委员会关于改进司法制度的决定》赋予县司法处调解民事纠纷的职责，"各县司法处建立巡回就审制度与协助区村调处与调解"⑥。1944年6月6日，陕甘宁边区政府在普及调解、总结判例、清理监所指示信中，还谈到一种审判与调解相结合的办法，"审判与调解

---

① 河北省地方志编纂委员会. 河北省志（第73卷"审判志"）[M]. 石家庄：河北人民出版社，1994：237.
② 司法公报 [J]. 1921 (146)：15-16.
③ 欧阳湘. 漠视、排斥到认同、提倡——清末民初调解政策的大逆转 [J]. 历史档案，2011，(2)：100.
④ 雷经天. 关于新民主主义的司法制度的报告提纲（1940年）[Z]. 西安：陕西省档案馆档案，卷宗号：15-89.
⑤ 韩延龙，常兆儒. 革命根据地法制文献选编（中卷）[G]. 北京：中国社会科学出版社，2013：886.
⑥ 韩延龙，常兆儒. 革命根据地法制文献选编（中卷）[G]. 北京：中国社会科学出版社，2013：849.

结合，即马锡五同志的审判方式……都是负审判责任的人亲自到争讼地点，召集群众大家评理，定出双方都愿意接受也不能不接受的法子。是审判也是调解"[①]。1946年2月20日公布的《冀南区民刑事调解条例》第6条规定：区公所进行之调解如不成立时，或调解后10日内当事人之一方又对调解方案不同意时，得由当事人双方或一方，向县政府正式起诉；县政府接受状报后，认为仍有调解之必要时，仍须进行法庭调解。此外，《晋冀鲁豫边区太岳区暂行司法制度》第28条规定，民事案件的解决以调解为最好方式，某些刑事案件也可以通过法庭调解结案。[②]

由于革命根据地政权始终处于残酷的战争环境中，法制建设相对迟缓，法院数量有限，在司法资源有限的情况下，共产党领导下的各级政权都希望把民间纠纷化解于基层，由群众自行解决，或者由根据地的基层政权协助调解，以节省司法资源。因此，法院调解在根据地调解工作中所占比重不大。

第二节　近代法院调解的制度设计

自清末以来，各届政府制定的诉讼法规中，或多或少涉及法院调解的内容。在南京国民政府成立之前，法院调解制度尚处于摸索阶段，完整的法院调解制度的模型设计尚未完成。南京国民政府建立后，在吸收传统调解文化并借鉴西方各国调解制度的基础上，构建了专门的法院调解制度。在此，以南京国民政府时期颁发的《民事调解法》和《民事诉讼法》中的相关内容为例，来了解近代法院调解的制度设计。

一、法院调解组织及调解人

（一）调解组织

按照《民事调解法》以及《民事调解法施行规则》的规定，在第一审法院内，附设民事调解处作为专门掌管调解事务之机关。民事调解处设置调解主任，由法院长官于法院推事中遴选派充。至于制作调解通知书以及调解笔录、编卷保管等事宜，由书记官办理，此项书记官在法院书记官中派充。

民事调解处成立后，有人对其提出质疑，"民事调解处的设立，实有增加司法经费负担的可能，依照民事调解施行法之规定，调解处的调解主任及办理调解事务之书记，均由法院中推事及书记官充任，就表面观之，似与司法经费，无甚影响，其实不然，因法院推事及书记官，各有他的职责，假使法院中抽出推事及书记官一员或二员以上，办理调解事件，法院本身，就减少该推事或书记官的办案效能，倘该法院本身所办案件，人数已不敷分配时，就不能不因此有添设推事及书记官之要求，此即积极增加司法经费的负担，退一步说，倘该法院本身受理案件，本极简单，推事及书记官，原有裁撤的可能，

[①] 韩延龙，常兆儒. 革命根据地法制文献选编（中卷）[G]. 北京：中国社会科学出版社，2013：1004.
[②] 韩延龙，常兆儒. 革命根据地法制文献选编（中卷）[G]. 北京：中国社会科学出版社，2013：874.

因此就不能不予以维持,此即消极增加司法经费之负担,固无论其积极的或消极的增加司法经费之负担,均有使经费拮据之司法当局陷于荆棘丛中之叹。"① 对于上述弊端,1935年的《民事诉讼法》做出了修正:调解皆由通常办理诉讼之推事行之,不在法院内专设民事调解处。

(二) 调解人

《民事调解法》规定,施行调解时,除了由调解主任主持调解事宜外,两造当事人各得推举一人为调解人,协同调解。调解人应具有如下资格:(1) 中华民国国民年在30岁以上者;(2) 有正当职业者;(3) 识中国文义者。② 虽具备上述条件,但现任司法官及律师、褫夺公权者、禁治产者以及受破产之宣告尚未复权者不得担任调解人。调解人推定后,除已偕同到场者外,当事人应将调解人之姓名、年龄、住址、职业等情况,以书面报告于民事调解处,但声请调解时已推定者得于声请调解之书面内,附带报告之。

事实上,当事人推举调解人的情况并不普遍,即使当事人推举了调解人,该调解人也往往是帮着自己的推举人主张利益,如同律师帮着自己当事人主张利益一样,这对于调解本身并无太大的帮助。因此,1935年的《民事诉讼法》中增设了一项内容:不问当事人有无推举调解人,如法院认有第三人适于协调调解时,得选任为调解人。③ 这种由法院选任调解人的做法较之当事人各自推选当事人的做法,对于调解结果应该是有益的。

二、法院调解的类型及适用范围

南京国民政府时期的法院调解有强制调解和任意调解两种类型。强制调解是法律规定必须先予以调解、调解不成方可起诉的事件,主要适用于人事诉讼事件④及初级管辖事件。对于这种强制调解,时人普遍认为其适用范围"未免过于广泛"。1935年的《民事诉讼法》缩小了强制调解的适用范围,一方面将人事诉讼案件中的离婚之诉、夫妻同居之诉以及终止收养关系之诉限定为必须经法院调解方得起诉之案件,另一方面将初级管辖案件限定为:(1) 关于财产权之诉讼,其标的之金额或价额在800元以下者;(2) 下列诉讼不问其标的之金额或价额,一律适用强制调解:出租人与承租人间因接受房屋或迁护、使用、修缮,或因留置承租人之家具物品涉讼者;雇佣人与受雇人之间因雇佣契约涉讼;旅客与旅馆主人、饮食店主人或运送人之间因食宿运送费或因寄存行李财务涉讼者。⑤ 南京国民政府将某些案件列为强制调解的对象,显然是希望通过简易程序,采用调解的手段尽快化解矛盾纠纷,以减轻法院面临的巨大诉讼压力,减轻民众的讼累,用心可谓良苦,但将过多的案件划归强制调解的范围,在某种程度上限制了人们的诉讼之权,也违背了调解自愿原则。

---

① 陈义章. 民事调解处应否存在之商榷 [J]. 法政半月刊, 1935, (5): 40.
② 民事调解法 [J]. 行政院公报, 1930, (119): 10.
③ 蔡鸿源. 民国法规集成: 第65册 [G]. 合肥: 黄山书社, 1999: 199.
④ 人事诉讼事件主要包括婚姻事件、嗣续事件、亲子关系事件、禁治产事件及准禁治产事件、宣示亡故事件。见金绶:《民事诉讼条例详解》,载陈刚总主编:《中国民事诉讼法制百年进程》(民国初期第一卷),中国法制出版社2009年版,第508页。
⑤ 蔡鸿源. 民国法规集成: 第65册 [G]. 合肥: 黄山书社, 1999: 199.

任意调解是法院基于当事人的声请而进行的调解，适用于强制调解之外的其他民事诉讼事件。这种调解体现了当事人自愿的原则，无论是在立法上还是在实践中并无不妥之处。

此外，根据《民事诉讼法》之规定，下列事件不能进行调解：第一，经由法令所规定的其他调解机关调解成立的案件；第二，因票据涉讼的案件；第三，提起反诉的案件；第四，送达于被告之传票应于外国送达或为公示送达的案件；第五，根据法律关系的性质、当事人的状况或其他情事，认为调解无望的案件。[①] 对于上述不能调解之事件声请调解者，法院得以裁定驳回其声请，当事人对于这种裁定不得声明不服。

三、法院调解的程序及效力

（一）调解程序

从南京国民政府时期颁行的调解法规来看，调解程序包括如下几个步骤：

1. 当事人声请。一般情况下，调解程序因当事人声请而启动。《民事调解法》规定，当事人声请调解必须以书状为之，书状内须载明声请调解之事由。[②] 这一规定与普通诉讼中起诉须提交诉讼状无异，手续烦琐，且书状须记载声请调解事由之要求，用语规范也不够明晰。1935年的《民事诉讼法》将上述问题予以解决。按照新法的规定，声请调解以书面或言词为之均可，声请应表明为调解标的之法律关系及争议之情形。[③]

2. 法院审查。法院审查是调解程序必不可少的一环。接受当事人声请后，法院对于调解事由进行审查，对不符合调解适用范围的事件，法院得以裁定驳回之；符合调解规定的，法院应速定期日，将声请书状与期日传票一并送达于另一方当事人。同时须通知当事人自选之调解人或法院选任之调解人按时到场。

3. 法院主持调解。法院推事主持下的调解活动是调解程序中最关键的一个步骤。当事人两造得约同于法院调解日期自行到场，接受调解。调解应在特殊之调解室进行，如房屋不敷使用，得借用法庭，调解法院如认为适当，也可在法院外进行调解。法院主持调解时，应先审究事件关系及两造争议之所在，于必要时得调查证据。另外，调解法官应询问调解人之意见，就该调解事件酌拟平允办法，劝喻两造，互相让步，以便达成调解协议。

4. 调解结果的确定。调解结果的确定意味着调解程序的终结。调解结果有两种情况：一为调解成立，一为调解不成立。一般情况下，双方当事人按照规定的期日到场接受调解，并能在法院推事和调解人的调解下，互相让步，达成一致意见，视为调解成立。如果双方当事人在调解期日均不到场，或虽然到场，但不能就调解事项达成一致意见，则视为调解不成立。

（二）调解效力

无论是调解成立抑或是不成立，法院书记官应制作调解笔录。凡是调解成立者，调

---

① 蔡鸿源. 民国法规集成：第65册[G]. 合肥：黄山书社，1999：199.
② 民事调解法[J]. 行政院公报，1930，(119)：10.
③ 蔡鸿源. 民国法规集成：第65册[G]. 合肥：黄山书社，1999：199.

解笔录与法院判决具有同等法律效力,一造若不履行,其他一造应以送达之调解笔录正本为执行名义,依照普通程序声请实施执行。调解不成立者,当事人之一造得于调解日期以言辞起诉,并声请即行言辞辩论,案件遂开始进入诉讼程序。

第三节 近代法院调解的实践及成效

瞿同祖先生说:"研究法律自离不开条文的分析,这是研究的根据,但仅仅研究条文是不够的,我们也应注意法律的实效问题。条文的规定是一回事,法律的实施又是一回事。某一法律不一定能执行,成为具文。社会现实与法律条文之间,往往存在着一定的差距。如果只注重条文,而不注意实施情况,只能说是条文的、形式的、表面的研究,而不是活动的、功能的研究。我们应该知道法律在社会上的实施情况,是否有效,推行的程度如何,对人民的生活有什么影响等。"① 因此,探讨近代法院调解制度,不仅仅要分析制度的构建,更应当探究制度的实践及成效,这样才能对近代法院调解制度有个全面而深刻的认识。

一、法院调解的实践

(一) 初审法院的调解

法院调解大多集中于一审法院。无论是清末还是民国时期,从调解案件范围来看,主要限于民事案件,而民事案件的管辖法院主要是基层的第一审法院。1930 年的《民事调解法》第 1 条规定,于第一审法院内附设民事调解处,专门负责民事案件之调解。② 这里的第一审法院仅指地方法院及分院、地方庭及分庭、县法院。从一审法院调解的具体案例来看,大多数仍属于民间比较普遍的户婚钱土之类的矛盾和纠纷。

1. 婚姻纠纷

随着婚姻制度由传统到近代的转变以及妇女自主意识的提高,婚姻纠纷尤其是离婚纠纷在近代中国逐渐增多,现略举几例加以说明。

其一,1931 年的"皇妃离婚案"。1931 年 10 月 15 日,溥仪的"妃子"文绣向天津地方法院提出调解离婚的声请:"为声请调解事,声请人前于民国十一年经清逊帝溥浩然(即溥仪)纳为侧室,九年以来不与同居,平素不准见面,私禁一室不准外出,且时派差役横加辱骂。盖以声请人生性戆直,不工狐媚,而侍役群小遂来为进谗之机。溥浩然虽系废帝,而颐指拿使惟我独尊之概,仍未稍减于昔日。声请人备受虐待,痛不欲生,姑念溥浩然具有特别身份,为保全其人格名誉计,不忍依照刑事程序起诉,理合声请钧院俯予调解,令溥浩然酌给抚养费,异后各度以保家庭而弭隐,实为德便。谨呈天津地方

---

① 瞿同祖. 中国法律与中国社会 [M]. 商务印书馆,2010:导论第 2 页.
② 民事调解法 [J]. 行政院公报,1930,(119):10.

法院。"[1] 20日，天津地方法院给溥仪发来"调解传票"。曾经的帝王接到法院传票，而向法院提出离婚调解申请的还是往日的妃子，这使他感到"龙颜受损"。于是要求律师私下解决与文绣的离婚事宜，不要上法庭。22日，溥仪与文绣私下达成离婚协议。文绣与溥仪的离婚事件因文绣的声请而进入调解程序，只是因为溥仪感觉龙颜受损不愿意进入法院，才使得该案私下解决，而未走完法院调解程序。

其二，1932年蔡根芝与吴荣福因离婚涉讼案。1932年12月10日，蔡根芝以吴荣福生性凶暴、不务正业、与其婚后生活悲惨等情为由，向龙泉县法院提起民事诉讼，请求判决离婚。12月23日，吴荣福具状辩诉请求驳回原告之诉并令原告负担讼费。双方经多次言词辩论，于1933年1月10日在推事主持下达成调解协议：吴荣福情愿与蔡根芝离婚，蔡根芝须贴给吴荣福洋240元。[2]

2. 钱债纠纷

钱债纠纷自古以来就是民间普遍存在的一种纠纷类型，随着近代买卖、借贷关系的发展，钱债纠纷也呈现日益增多的趋势。

其一，1934年陈黄氏与吴显护等债务纠葛案。1934年4月30日，陈黄氏向龙泉县法院呈递民事诉状称，吴显护等先父吴月试先后两次向原告借款而未清偿，吴月试病故，陈黄氏遂向吴月试之子吴显护等理追，经龙泉县法院调解不成请饬传判追，并因无力缴纳审判费声请救助。龙泉县法院裁定准予诉讼救助。吴显护随后具状辩诉称，其由店业抵偿，然陈黄氏翻异不受，且二弟吴福松、三弟吴显荣也应尽偿还之义务。5月25日，两造经龙泉县法院试行和解成立，由被告吴显护于本年7月底之前给付原告陈黄氏大洋110元，陈黄氏将凭票及票内所载契据交还吴显护，其余利息部分陈黄氏自愿让免，讼费两造各自承担。同年8月28日，陈黄氏具状声请执行。吴显护则称其已经缴纳债额1/3，其余应向其二弟和三弟追缴。二弟吴福松于1935年4月1日向龙泉县法院缴纳1/3部分债款。6月11日，陈黄氏与吴显荣、吴显护经龙泉县法院试行和解，吴显荣、吴显护承认以轮值言诗公之祭产收益年份所有田租及房租共计16元先归陈黄氏收，抵父债净欠洋36.6元，至收清为止，借款还清后将来轮值吴显荣值年收益时准吴显护、吴福松扣抵，吴显荣不得异言。[3]

其二，1931年蔡宏良与刘廷献债务纠葛案。1930年1月29日，蔡宏良以刘廷献拖欠54元债款未还，向龙泉县法院民事调解处声请调解。1月30日，经调解处调解成立，刘廷献偿还债款15元。同日，蔡宏良以刘廷献还款数额太少向龙泉县法院提起告诉，请求刘廷献迅速偿还全部债款。次日，龙泉县法院以该案已经调解成立为由，判决驳回原告蔡宏良之诉。刘廷献于4月1日偿还债款15元。[4] 这个案件中，在法院调解已经成立的情况下，债权人因债务人还款太少而提起诉讼，而法院以调解已经成立驳回债权人请求，这主要是因为法院调解协议具有与判决一样的效力，一旦调解成立，当事人就不得以原事由再次起诉。

---

[1] 长春市政协文史委员会. 长春文史资料：第4辑 [G]. 1986：149.
[2] 包伟民. 龙泉司法档案选编：第三辑（1928—1937）之1932年（三）[G]. 北京：中华书局，2018：917.
[3] 包伟民. 龙泉司法档案选编：第三辑（1928—1937）之1934年（一）[G]. 北京：中华书局，2018：1.
[4] 包伟民. 龙泉司法档案选编：第三辑（1928—1937）之1931年（一）[G]. 北京：中华书局，2018：1.

其三，1931年叶作霖与叶李生货款纠葛案。叶作霖因与叶李生发生货款纠葛于1931年4月20日向龙泉县法院申请调解，请求叶李生返还所占店款。因叶李生未按照调解日期到场调解，叶作霖遂提起民事诉讼。1933年10月25日，经龙泉县法院民事庭调解，叶李生愿返还叶作霖洋170元，叶作霖自愿让免其余请求。①

3. 土地房产纠纷

土地房产是农村社会主要的生产和生活资料，也是农民赖以生存的根本，因此土地租佃、转租以及房产的出典、买卖等纠纷历来是民间纠纷中的重头戏。

其一，1930年陈子彬与周敏功因典屋涉讼案。1930年7月7日，陈子彬向龙泉县法院提起民事诉讼，声称周敏功于去年11月16日立契将半堂房屋典于陈子彬，并限周敏功于1930年3月底前迁出，因周敏功不能履行契约如期迁出，遂请求法院令周敏功克日迁移并赔偿利息。龙泉县法院票传两造，并经两次言词辩论，于8月20日达成和解协议：周敏功同意在10月底前迁出，逾期不迁将赔偿陈子彬洋54元并接受法院强制执行。然而，周敏功逾期仍未迁出房屋。同年11月1日，周敏功次弟周家动之妻周翁氏呈递民事状，称周敏功典与陈子彬之房屋系周氏祖遗房产，非周敏功个人所有，请求倍价取赎。陈子彬也以周敏功抗不迁移，具状请求法院强制执行。两造经多次言词辩论后，于11月21日和解，周翁氏、周敏功赎回房产，周翁氏代周敏功归还陈子彬所付款项并赔偿损失总计洋827.6元，典屋契约及周敏功所立担保字据存案作废。②

其二，1933年于少卿诉黄茂卿转租案。1933年发生在四川新繁县的于少卿诉黄茂卿转租案，是在经过保甲、联保等调解失败后，诉之于法院，由法院调解成功的一个案例。1933年，余少卿将自己的5亩8分田佃给黄茂卿耕种，并签订了租佃契约。然而，黄茂卿在没有得到余少卿许可的情况下，将土地转佃给他人，对佃居的房屋不进行修缮以致房屋墙壁倾倒，而且经常无缘无故地拖延交租。余少卿遂决定收回田地自己耕种，黄茂卿却不愿意退佃，且态度蛮横。余少卿找到保甲、联保进行调解，但黄不愿意和解，致使调解失败。于是，余少卿将黄茂卿告上法庭。最后，经过法官的调解，余、黄之间达成和解。③

4. 其他纠纷

一般来说，法院无权调解刑事案件，但对于某些涉及家庭内部关系的比较特殊的刑事案件，法院也会尽力调解，以维护家庭关系的稳定。1935年3月8日，陈存诚以吴采英和李月娥伤害侄女陈忠园、侄媳蒋可娇为由，向龙泉县法院检察处提起刑事告诉。第二天，检察官对被害人陈忠园和蒋可娇开展侦查并验伤，验得陈忠园双臂有捏伤，双腿有竹器伤，蒋可娇额头及小腹等处并无受伤行迹。3月11日，陈忠园之父陈存信具状请求对其儿媳蒋可娇之伤进行复验。同日，检察官率同书记官等前往路加医院复验，医师王仁认为蒋可娇入院时腹部系被重物压着，肠胃稍有移动。此后经审讯，检察官于3月19日以伤害罪对吴采英、李月娥提起公诉。3月27日，推事以两造彼此系儿女至亲为由试行调解，告诉人同意撤回告诉，本案当庭和解，被告吴采英愿赔偿原告医药费等18元。④ 该案是在检察官

---

① 包伟民. 龙泉司法档案选编：第三辑（1928—1937）之1931年（一）[G]. 北京：中华书局，2018：33.
② 包伟民. 龙泉司法档案选编：第三辑（1928—1937）之1930年（三）[G]. 北京：中华书局，2018：749.
③ 里赞，刘昕杰，等. 民国基层社会纠纷及其裁断——以新繁档案为依据[M]. 成都：四川大学出版社，2009：102.
④ 包伟民. 龙泉司法档案选编：第三辑（1928—1937）之1935年（一）[G]. 北京：中华书局，2018：131.

已经提起公诉的情况下，法官以两造系儿女至亲为由，对轻微刑事案件进行调解的案例。翻阅近代相关的档案、报刊等资料，法院调解刑事案件的事例为数甚少。

本来法院调解主体并不包括兼理司法之县政府以及设于县政府之下专司审判的司法处等部门，1935年新民事诉讼法规定，兼理司法之县政府也适用民事调解程序，于是，兼理司法之县政府也被纳入法院调解的范畴之内。自从20世纪30年代中期开始，司法处作为县级层面专理司法审判的机构纷纷成立，自此，司法处开始受理辖区内第一审民刑事诉讼案件，同时，也担负着协助调解纠纷之责。抗日战争时期，由于国共统一战线的形成，各抗日根据地的司法处也遵循调解原则，明确要求各县司法处须"协助区村调处与调解"。① 例如，1943年年底，陕西省绥德县沙滩坪区一乡的穆家楼村，发生了二名佃户争租一窑的纠纷。该纠纷经区、乡政府屡次调解，都未能达成一致意见。次年3月，纠纷双方告到县司法处。县长霍祝三见二人为此小事涉讼多日，影响生产，遂派推事白炳明到纠纷当事人所在地进行实地调查。3月24日，白炳明到穆家楼村后，首先召集村、乡干部以及本地有威望的老人聊天、拉话，了解二人争执的缘由。然后又到争窑地点进行查看，并与众人研究调解方案，最后找来纠纷双方当事人进行调解。由于有了一系列前期准备工作，该纠纷前后仅费三四个小时，即达成和解协议。②

（二）上诉审法院的调解

法院调解不仅仅限于初审法院之中，有些案件是当事人对一审判决不服，上诉于二审法院后，经过二审法院法官的调解，找到了解决矛盾和纠纷的办法，从而收到调解息讼之效果。现略举几例加以说明。

1926年4月，叶日根等以黄思武毁坏其太祖墓碑、圈占地权为由，向龙泉县公署提起诉讼。县公署传案审理，黄思武称并未敲毁叶姓先祖墓碑，涉案坟山为其太祖契买，历管无异，叶日根等借无权废据混争。龙泉县公署经勘查、讯问后，判决系争山场归黄思武照契管业，讼费由叶日根等负担。叶日根等不服，提起上诉。后来在浙江永嘉地方审判厅推事调解下达成和解。③

1931年5月13日，张永贵、张锡能以张永进、张永庭狡串钟俊鸣不法处分背卖背买共有祭田为由，向龙泉县法院提起民事诉讼。张永进等于6月17日委任律师聂象贤代理诉讼，具状辩诉称所争祭田系清偿修缮并涉讼两项费用而出卖，众无异议，请求驳斥原告之诉并责令负担讼费。第一次传审讯问后，张永贵等因契载受买人为方振卿，补具诉状，请求撤销被告与方振卿缔结之买卖契约并令其负担讼费。8月4日，龙泉县法院经讯问后认定方振卿受买祭田契约有效，判决系争祭田本年归由张永贵轮值一载，驳回原告其余之诉，诉讼费用由原告和被告各自承担。张永贵等不服判决，向永嘉地方法院提起上诉。经永嘉地方法院当庭调解，两造以张永庭族众给张锡能大洋50元、方振卿给张锡能大洋120元为条件达成和解。④

---

① 韩延龙，常兆儒. 革命根据地法制文献选编（中卷）[G]. 北京：中国社会科学出版社，2013：849.
② 侯欣一. 从司法为民到人民司法：陕甘宁边区大众化司法制度研究 [M]. 北京：中国政法大学出版社，2007：287.
③ 包伟民. 龙泉司法档案选编：第二辑（1912—1927）之1926年（中）[G]. 北京：中华书局，2018：341.
④ 包伟民. 龙泉司法档案选编：第三辑（1928—1937）之1931年（二）[G]. 北京：中华书局，2018：331.

张家口市卫生池（澡堂）为33家合股经营，1942年春，经理陈家麟在未经全体股东同意的情况下，将该澡堂私兑于三义堂丁为业，股东胡清泉与刘魏氏当即登报声明无效，然三义堂丁所派经理孔昭森置若罔闻，接过该澡堂后即开始营业，胡、刘遂起诉于南京国民政府地方法院、高等法院，涉讼四年，未得解决。1945年，胡清泉、刘魏氏上诉于晋察冀边区高等法院，在院长王雯然、推事孔昭章的调解下，双方达成和解协议：第一，胡清泉、刘魏氏对陈家麟请求偿还股本关系，当由陈家麟将胡、刘两家股本各900元依目前之布价增长做比，各偿还3万6千元，为顾全陈家麟之生计，免去利率，无现金时可以抵押物代之，交付方法双方自定；第二，胡、刘对孔昭森请求入股合营之关系，孔昭森即允许，唯须双方彻底调查目下卫生池全部家具及建筑物价值后，胡、刘入全股本三分之一，孔昭森加入全股本的三分之二。①

1943年，湖北浠水县陈桂芳与蔡九皋的婚约纠纷中，蔡九皋对县政府判其败诉的结果不服，由其代理人蔡成绍代为上诉。随后的二审中，推事通过调解达到息讼的目的。②

综上可见，近代法院调解不仅仅局限在起诉之前，也可发生于诉讼进行之中。有些争讼案件在诉讼进行过程中长时间没有得到一个明确的解决办法，最后在法官的调解下达到双方满意的结果。例如：湖北黄梅县李振华和蒋贵喜因为欠稞事件从1941年就发生了诉讼，迟迟没有结果。直到1944年底才经过巡回审判第三区的法官当庭调解，达成和解协议："所有欠谷无论多少蒋贵喜兄弟只交十担即为清结，限本年底交齐。"③ 另外，法院调解也不仅仅局限于初审法院，也存在于上诉审法院。一般来说，上诉审法院是以纠正初审法院的判决为目的，大多是通过改判或发回重审为主要方式，但对于矛盾和争议不甚严重的民事纠纷，有时也会采取调解的方式，以尽快化解矛盾，平息纷争。从一些文献资料来看，有些纠纷当事人经过彼此之间的一番较量，已筋疲力尽，在初审法院调解未果，甚至不服一审判决的情况下，却能够接受上诉审法院的调解，从而化干戈为玉帛，使争端得以和平解决。

二、法院调解的成效

在诉讼拖延、人民深受讼累之苦的情况下，南京国民政府司法行政部推出法院调解制度，以减轻人民的讼累和法院处理诉讼压力。在推行该制度的过程中，司法行政部也相当重视，多次颁发训令，督促各级法院厉行调解，以收息事宁人之功效，"民事事件，厉行调解，为本部一贯之政策"，并要求基层法院，"对于调解事件，务须恪遵法令，切实办理。该管长官亦应随时督察，务使调解之成效得以充分表现"。④ 然而，法院调解制度的实施效果却不尽如人意。司法界要人在视察各地法院调解制度施行状况后指出，"经调解成立而不起诉者，为数甚少，平均不过十之一二；经调解不成立亦不起诉者，其数

---

① 河北省地方志编纂委员会. 河北省志：第73卷"审判志"[M]. 石家庄：河北人民出版社，1994：260.
② 付海晏. 变动社会中的法律秩序——1929—1949鄂东诉民事讼案例研究[M]. 武汉：华中师范大学出版社，2010：121.
③ 付海晏. 变动社会中的法律秩序——1929—1949鄂东诉民事讼案例研究[M]. 武汉：华中师范大学出版社，2010：121.
④ 司法行政部通令（1945年5月）[Z]. 南京：中国第二历史档案馆藏，档号：7-6399。

反较多"。① 司法行政部在废止《民事调解法》时也承认法院调解成效不彰："嗣因民事调解法施行四年余之经验，缺乏显著之成绩，故废止之而合并规定于民诉法四〇九以下，五七三条及五八三条。"② 直至20世纪40年代，法院调解仍未达到令人满意的效果，司法行政部对此也很无奈："十载以还，本部虽三令五申，督促各司法机关厉行调解，亦未达到预期目的。"③ 1947年，司法行政部部长谢冠生在讲授《最近司法行政概况》时也对该制度的实际效果表示不满意："现行民事诉讼法关于调解办法，规定甚详，但检讨过去成绩，实难满意。"④ 从上述言论可以看出，近代法院调解制度确实收效不大，这也可以从当时调解成立的数据中得到印证。

1931年至1947年法院调解案件数量及成功率

年度	受理调解案件总数	调解成立案件数	调解不成立案件数	调解成功率	调解不成功率
1931年	66 252	17 859	48 393	26.96%	73.04%
1932年	81 527	17 347	64 180	21.27%	78.73%
1933年	96 685	20 153	76 532	20.84%	79.16%
1934年	113 894	18 643	95 251	16.37%	83.63%
1935年	—	—	—	—	—
1936年	80 435	12 419	68 016	15.44%	84.56%
1937年	26 524	3868	22 656	14.58%	85.42%
1938年	9907	1621	8286	16.36%	83.64%
1939年	25 714	3543	22 171	13.78%	86.22%
1940年	32 263	4152	28 111	12.87%	87.13%
1941年	32 110	4153	27 957	12.93%	87.07%
1942年	32 298	5160	27 138	15.98%	84.02
1943年	20 591	4857	15 734	23.59%	76.41
1944年	20 281	4 869	15 412	24.01%	75.99%
1945年	23 265	5 948	17 317	25.57%	74.43%
1946年	44 319	10 286	34 033	23.21%	76.79%
1947年	36 803	9 306	27 497	25.28%	74.72%

资料来源：1931—1936年统计数字来源于各年度《司法统计》（司法行政部统计室编）；1937—1946年统计数字来源于1946年度《司法统计年报底稿》，中国第二历史档案馆藏，档号：7-7082；1947年数字来源于1947年度《司法统计年报底稿》，中国第二历史档案馆藏，档号：7-7082。转引自蒋秋明《南京国民政府审判制度研究》，光明日报出版社2011年版，第205-206页。

---

① 玉斯. 民事调解法及应废止之我见 [J]. 法治周报, 1933, (31): 2.
② 吴学义. 事情变更原则与货币价值之变动（战时民事立法）[M]. 上海：商务印书馆, 1946: 130.
③ 司法行政部1942年各种训令 [Z]. 南京：中国第二历史档案馆藏，档号：7-9398.
④ 谢冠生, 王建今. 司法工作之理论与实际 [G]. 上海：大东书局, 1947: 140.

从上述统计数字可以看出，自从南京国民政府法院调解制度施行以来，调解成功率徘徊在20%上下，而且呈现出先降后升的"V"字形状态，这种状态的形成与抗日战争有着密切的关系。

1931年调解成功率达26.96%，相较以后各年来说，调解成功的比例是最高的，这或许是因为法院调解制度刚刚开始，调解法庭及调解法官对于案件的调解比较认真，再加之民众苦讼累已久，比较乐于接受法庭调解的缘故所致。随后调解成功的比例开始逐年降低，尤其是抗日战争爆发后，调解成功的比例逐渐降至1941年的12.93%。抗战前调解比例降低有可能是因为乡镇调解制度的推行，使得部分案件已经在乡镇调解成功，诉至法院的案件当事人已经不愿意再接受调解，故而影响到了调解成功的比例。当然，抗日战争的爆发对法院调解的影响也是不容忽视的。从1942年开始，调解成功率又开始逐渐增加，至1947年，调解成功率上升至25.28%，已经接近1931年的水平。这个时期调解成功率的上升，一方面是抗日战争进入相持阶段后，社会形势渐趋稳定，先期被破坏的法院组织得到恢复，法院调解也渐趋走上正轨；另一方面，为了节省全国的人力物力进行抗日，民间一些学者志士呼吁加强战时调解，"要减少力的分化，增强力的总和，便应充分利用'调解'的方法，使'大事化小，小事化无事'"。[①] 司法行政部也多次颁发训令，对于调解法官不厌其烦，谆谆教导。1943年司法行政部下发训令，教导法官在调解方面要讲究方法，尽心尽力："办理调解事项首须离开裁判官立场，俨然以调人自居，并于视听言动之中处处表示息事宁人之意，务使当事人心悦诚服，乐于调解。复就其争议发生之原因及经过情形与夫当事人之性行境遇、彼此平日往来关系，悉心考察体会，以求其症结之所在，公平处理。且审时度势，因事制宜，随时晓以利害，示以方针。遇有争执渐趋激烈者，不妨命一造暂出，隔别开导。其偕有亲友同来者，亦可许其到场或在外旁听劝解。至以调解人先行调解为宜者，并得暂时退席，命其先为调解。总之，不惮烦劳，不惜辞费，以期于事有济。至诚所感，金石为开，自能多收调解成立之效果。"[②]

从上表还可以看出，全国受理调解案件的总量在各个年份也存在着较大的不同。从总的趋势上看，1931年至1936年调解案件总数较多，大约维持在八九万件上下，1937年调解案件总数则有了显著的下降，几乎不及1936年的三分之一，1938年又只有1937年的三分之一。这种状况的出现，与抗日战争爆发关系密切。抗战爆发后，人民生命财产受到日本侵略势力的严重威胁，家破人亡、背井离乡成为民众生活的常态，至于彼此之间的矛盾与纠纷反倒显得无足轻重，因此，除非不得已，一般不至于发生争执。另外，在日本侵略者大肆杀戮、攻城略地之际，一些法院组织也受到严重破坏，这无疑也会影响到诉讼和调解的正常进行。从1939年开始至1947年，调解案件数量又有一定数量的增加，大致维持在两三万件上下。然而，直至抗战结束后的1946年、1947年，调解案件总量也没有达到战前水平，这或许与其他调解组织的大量出现有关。1947年全国司法行政检讨会议的一份提案颇能说明这一现象："现在各县之区乡镇坊均设调解委员会，调解机关实已遍胡全国，其效力又远胜于法院之调解也。揆之现势，法院调解之件，顿形减少，

---

① 陈盛清. 抗战期内的司法 [J]. 东方杂志, 1938, (8): 19.
② 司法行政部1943年各种训令（四）[Z]. 南京：中国第二历史档案馆藏，档号：7-9402.

为数无几。"①

从全国历年法院调解成功的比例来看，基本维持在20%左右，至于各省各地区的调解情况，往往存在较大的差异。因为各地经济发展状况的不平衡、人们诉讼观念的差异，以及新式法院设置数量的不同，必然导致各地区调解案件的数量和调解成功的比例存在较大的差异。以1946年为例，调解案件数量较多的省份有：浙江6267件，河南5184件，湖北3969件，四川3052件，河北2788件，广东2231件，安徽2213件，湖南2165件，上述八个省份的调解案件占全国总数（44 319件）的62.88%。调解案件数量较少的省份有：台湾31件，绥远91件，宁夏104件，辽北143件，云南155件，吉林159件，山西257件，西康319件，上述八省调解案件占全国总数的2.84%。② 从上述对比可见，地理位置比较偏僻、经济发展水平较低的省份收受调解案件的数量较少，而地理位置较好、经济发展水平较高的省份收受调解案件数量相对较多。当然这也不是绝对的现象，各省收受调解案件与各地新式法院设置的数量、民间调解组织的作用、人们的诉讼观念等因素也有一定的关系，例如山西与河南地理位置、经济发展水平相差不大，但山西收受调解案件数量却不及河南的5%，这与山西地方息讼会、调解委员会等调解组织的存在有较大的关系，大多数纠纷已经在这些组织中得以解决，因而诉之于法院的调解案件数量相对来说就少了许多。从调解成功率来，调解成功率较高的省份有：宁夏88.64%，西康79.44%，四川46.42%。调解成功率较低的省份有：江苏7.33%，上海8.26%，湖南9.00%，南京10.86%。③ 这或许也与各省的经济状况、文化水平、思想观念等因素有关，但也并非绝对的事情，它是多种因素综合作用的结果。再者，各省每年调解成功率也不完全一样。受资料缺失的限制，这里仅就1946年这一年的情况进行了分析，当然，基于这样的分析只能了解全国调解的大致概况，而无法得出一个绝对结论。

总之，从全国范围来看，除了少数几个省份调解成功率较高以外，绝大多数地区、绝大多数年份法院调解成功率不高是一个不争的事实。因此，自该制度施行以来，指责与批评之声从未间断，批评的理由主要在于法院民事调解制度施行后，讼累问题不但没有解决，反而有日益加深的趋势，"人民与法院，均为调解法所限制，明知无济于事，亦必奉行故事。在法院则事务日繁，人民则不徒无益，反因增加调解程序，而更受拖累"。因此，"自调解法施行以来，争端未必能息，讼累较前益深"④。还有人认为，法院调解，"无非多此一举，对于人民并没有得到利益，而多一种手续上之麻烦，健讼者，借以滞延诉讼而已"⑤。正是因为法院调解制度并未达到预期目的和立法本意，以至于当时司法界和法学界的一些人士发出废除法院调解制度的呼声："现时一般人民，对于法院之观感，除别有原因者外，莫不以法院办案程序过于繁复、需时过久为苦。故无益之调解程序，尤有废止之必要。"⑥ 郑天锡在视察闽浙两省司法后也认为法院调解成效不佳，实有废除之必要，"民事调解乃我国试创之程序，既不注重形式，复不须缴纳讼费，不独于人民有

---

① 全国司法行政检讨会议提案（316-588号）（1947年）[Z]. 南京：中国第二历史档案馆藏，档号：7-9327.
② 司法统计年报底稿（1947年）[Z]. 南京：中国第二历史档案馆藏，档号：7-7084.
③ 司法统计年报底稿（1947年）[Z]. 南京：中国第二历史档案馆藏，档号：7-7084.
④ 玉斯. 民事调解法及应废止之我见 [J]. 法治周报，1933，(31)：1-2.
⑤ 陈义章. 民事调解处应否存在之商榷 [J]. 法政半月刊，1935，(5)：40.
⑥ 玉斯. 民事调解法及应废止之我见 [J]. 法治周报，1933，(31)：2.

利,且因我国人民素爱和平,此项程序亦合国情。故立法之本意甚善,惟实际上在当事人未涉讼以前,多经亲友设法调停,涉讼后审判上亦常实行和解。是于起诉之前准备讼争之后,期间挟以一种法定之调解程序,未免多费一番手续,延长若干时日。就经视察各省区而言,除福建龙溪地院办理调解成立者尚属多数外,其他法院无一不有上述之感觉。且调解成绩殊不佳,如能将此项程序酌量免除不独涉讼上可减少延迟,且可裁减人员而节省经费也"。①

三、法院调解成效不彰的原因

(一) 制度设计本身存在问题

一方面,法院调解中的强制调解直接影响到调解的成功率。按照正常原则,调解应该是当事人自主选择的结果。如果当事人主观上希望通过调解方式解决争端,在调解过程中就会做出适当的让步,主动配合法官,以求调解的成功。但是,如果当事人主观上不希望通过调解方式解决纷争,那么当事人必然会对法院强制调解采取消极应对的策略。例如,把法院调解看作走过场,对调解结果不抱成功希望,"人民之争端一至对簿公堂,其目的似偏重于法官之判断,即对于强制调解之事件,亦多不存调解可得结果之心理。在法官虽不惮烦劳,剀切晓谕,而当事人竟若充耳不闻"②。又如,故意在调解时无故缺席,以便使案件尽快转入诉讼程序,而当时的调解法规对于无故不到场接受调解的当事人也仅仅是罚锾了事,并没有规定太重的处罚,当事人也不会因此而失去诉讼上的任何权利,这无疑导致了当事人对调解的不重视,进而影响到调解的成功率。有的学者已经对此作出解说:"采取强制调解,一方面是必须经过调解的案件数量多,另一方面是采取消极应对策略的当事人的比例高,其结果反映在统计数据上,自然是调解的成功率很低,调解制度成效不彰。"③

另一方面,调解时不得征收调解费用,虽然有利于减轻当事人的负担,但却影响到初级法院的积极性。在财政拨款存在困难的南京国民政府时期,司法经费主要依靠司法收入。对于调解事务不得征收调解费用的规定,无疑会影响到司法收入,影响法院对于调解事件的积极程度。正如当时学者所言:"我旧法定明调解不得征收费用,除声请费或调解费外,即状纸送达等费,亦概予免除,既足长当事人滥行声请调解之风,增法院之事务,而又影响于国家之司法收入,现时各省法院经费,半仰给于法收,乃有以调解成立太多,至收入减少为患者,若是,则对于调解事件,将不免敷衍了事,而与国家采此制度之本旨背道而驰矣。"④时任民事庭庭长的林鼎章和民事庭推事蒋福琨根据自己亲身体会,在提交全国司法会议议案中谈道:"惟按诸事实,从前施行民事调解法,所以未著成效者,似在法院方面,因该法规定调解不征费用,有恐影响于司法收入,推行固不甚努力。"⑤

---

① 胡玉鸿,庞凌.东吴法学先贤文录(司法制度、法学教育卷)[G].北京:中国政法大学出版社,2015:56-57.
② 司法行政部1942年各种训令[Z].南京:中国第二历史档案馆藏,档号:7-9398.
③ 蒋秋明.南京国民政府审判制度研究[M].北京:光明日报出版社,2011:211.
④ 石志泉.民事调解制度[J].法学专刊,1936,(6):35.
⑤ 全国司法会议议案选载[J].广西司法半月刊,1936,(51):1.

此外，根据《民事调解法》的规定，民事调解处附设于第一审法院。《民事调解法施行规则》对第一审法院的界定是：地方法院及分院、地方庭及分庭、县法院。也就是说，只有这些法院才能设置民事调解处，行使民事调解职能。事实上，地方法院和县法院数量有限，且并未遍及全国各地，普通民事纠纷大多是由广泛存在的、与民众生活联系更为密切的兼理司法之县政府直接处理，而上述法规却把兼理司法之县政府排除在外，这直接影响到调解制度的实效。

（二）制度执行过程中的敷衍应对

除了制度设计本身存在问题外，制度执行过程中的敷衍应对，也是导致该制度实效差的重要原因。法院调解制度施行后六七年时间内，有相当数量的法院根本就没有设置调解机构，难怪1937年司法行政部训令中再次强调："惟征诸实际，各地方法院中竟有未设调解处者，即经调解，其成立件数，甚为稀少，影响所及直使调解制度等于具文。"[①] 还有不少法院"每因案件太多，故于民事调解法第七条科罚之规定，不愿严厉施行；两造当事人到场与否，亦任其自由。如经第二次指定调解日期后，仍不同时到场、亦不委任特别授权之代理人到场者，即以民事调解法第九条规定之无正当理由而不到场论，视为调解不成立，许其正式起诉"[②]。各法院的不作为现象也很普遍，"乃现在各第一审法院对于调解之声请，漠然视之，循例开庭，而不问其有无调解之望，即谕知调解不成立，甚至有在外调解已有端倪，而请其制作和解笔录，以杜日后争执者，法院亦予拒绝，致使法律徒为具文"[③]。法院对调解事务的应付心态于此可见。尽管司法行政部三令五申，要求法院对于调解要慎重从事，认真对待，但这种情况并无太大改观。1948年司法行政部民事司司长在全国司法行政检讨会议的提案内，仍把法院对于调解的敷衍了事作为一项弊政："又民事调解，原所以息争端而减讼累，推行以来，各处认真办理者，固不乏其人，而视同具文，敷衍从事者，亦所在多有。"[④]

要想使调解取得较好效果，调解法官起着至关重要的作用，如果调解法官能够对纠纷进行调查研究，在搞清楚事实的基础上对当事人双方殷切劝导，晓之以理，动之以情，示以方针，晓以利害，调解则易于成立；如果调解法官高坐法庭，潦草塞责，漠不关心当事人的利害，调解则难有成效。事实证明确实如此。1924—1931年河北省顺义县调解处调解成功的案件只有3件，占所有民事案件（15件）的20%。根据1936年的司法统计，调解成功的案件12 409宗，仅占调解收案总数的15%。[⑤] 南京国民政府司法行政部多次告诫调解法官要尽职尽责："盖调解能否成立，于受理法官能否尽其职责，实有重大关系。若受理法官，能上体国家立法之至意，下念人民讼累之痛苦，克尽厥职，不辞劳苦，对当事人晓以利害，责以大义，则调解之结果，除案情重大或当事人顽固异常者，当能

---

① 高等法院训令（训令第六八五号）[J]. 察哈尔省政府公报, 1937, (1063): 26.
② 玉斯. 民事调解法及应废止之我见 [J]. 法治周报, 1933, (31): 1-2.
③ 请司法行政部通令各第一审法院嗣后对于调解之声请务必切实调解俾收成效案 [J]. 法学丛刊, 1936, (第2、3期合刊): 109-110.
④ 民刑诉讼案件迅速进行调解案件认真办理 [J]. 法令周刊, 1948, (11): 5.
⑤ 黄宗智. 清代以来民事法律的表达与实践：历史、理论与现实（卷三）[M]. 北京：法律出版社, 2014: 179.

一一成立。"① 然而，调解法官对于调解事件"大都不能尽责，而且因办案太烦的原因，往往限定几分钟，调解一件案子，以愤愤不平的当事人，在这几分钟内，如何能使他心平气服而听调解，甚至有许多调解主任，性情刚愎，反有激成调解当事人欲罢不能的境地，这种情形，也数见不鲜"②，甚至有些调解法官"每有不胜其烦之苦，因是三言两语即行开庭，用'不和那你起诉去'一语即行完结"③。1938 年 6 月，上海一名律师在司法行政部举办的一次研讨会议上指出："法院承办调解人员多抱调解无足轻重之念。对于调解案件，鲜有力求症结以谋解决者，大都数语问讯即谓于职已尽，而遂宣告调解不成立。"④ 龙泉司法档案所载的多起调解案例也显示出法官的漫不经心。例如，在调解"毛先燾诉毛裕爓等人房产纠纷案"时，法官在对当事人进行寥寥数语的询问后，并没有进行任何劝说与开导，就对当事人说"本件调解不好的，你缴纳审判费正式起诉是了"⑤。又如，在调解"吴世麟诉吴绍金请求赎田"一案中，法官也显示出极大的不耐心，最后对当事人说"这案你们在外面和解好了"⑥。从有关法院调解的案例中，法官诸如此类马虎草率的做法数不胜数。1948 年全国司法行政检讨会议上，司法行政部针对调解法官的敷衍从事，特别提出要慎选调解推事，以使调解制度顺利推行，"须知调解事件之处理，非明白双方之是非，洞悉彼此之利害，不足以其调解之成立，而欲收此功效，又非有能力坚强之推事为之，不足以达其目的，嗣后各法院对于调解事件，应慎选推事主办，俾此良制，得以顺利推行"⑦。

（三）民间调解及其他调解组织的广泛存在

中国自古以来，对于民间的一般纠纷，往往由宗亲、乡邻主持调解，近代以来这种调解纠纷的方式仍然广泛存在，尤其是民国年间，在地方自治的倡导中，各乡镇设立调解委员会，专司民间调解事宜。20 世纪三四十年代，全国各地乡镇调解委员会已经普遍建立，在调解民事纠纷中起到至关重要的作用。这些调解组织的存在，直接影响到法院调解的成效。因为一般的民事纠纷发生后，当事人如果愿意通过调解解决，早已由亲友乡邻进行调解，即使亲友乡邻调解不成，也可由乡镇坊调解委员会调解结案。既然当事人已经把矛盾纠纷提交到法院，则说明当事人已经有了诉讼之心，在这种情况下，再由法院进行调解，那么成功的可能性微乎其微。时人对于这一点已经有所认识："况纠葛发生、在未起诉以前，无不经过戚友之调解。自治法颁布，乡公所区公所亦有调解之权限。"⑧ "各县乡镇坊委员会及乡镇坊调解委员会，均已成立，乡镇坊调解规则，早已颁行，如当事人愿意调解的话，尽可于乡镇坊调解委员会中。"⑨

1938 年，司法行政部举办法律问题研讨会，有代表也指出了在民间调解基础上法院

---

① 厉行调解制度令 [J]. 法令周刊, 1936, (305): 12-13.
② 陈义章. 民事调解处应否存在之商榷 [J]. 法政半月刊, 1935, (5): 40-41.
③ 方茂松. 大学法科应附设民刑案件调解处之建议 [J]. 法政半月刊, 1935, (5): 31.
④ 各种法律问题研究报告（1938 年 5 月至 12 月）[Z]. 南京: 中国第二历史档案馆藏, 档号: 7-9784.
⑤ 毛先燾诉毛裕爓等人房产纠纷案 [Z]. 龙泉: 龙泉市档案馆藏, 档号: M003-01-00009-0013.
⑥ 吴世麟诉吴绍金请求赎田 [Z]. 龙泉: 龙泉市档案馆藏, 档号: M003-01-000536-0057.
⑦ 民刑诉讼案件迅速进行调解案件认真办理 [J]. 法令周刊, 1948, (11): 5.
⑧ 玉斯. 民事调解法及应废止之我见 [J]. 法治周报, 1933, (31): 2.
⑨ 陈义章. 民事调解处应否存在之商榷 [J]. 法政半月刊, 1935, (5): 41.

所进行的重复调解是难以取得成效的："夫民间每一民事事件发生，无论其大小，假若互相争执不能自决，势将兴讼之际，辄有邻里乡党或亲戚朋友不忍讼累，先行出而调解。如果万一调停不成，始向法院起诉，请求裁判。此实不得已而为之行为。而我国各地方之人情风俗亦大抵如斯也。是此种案件在事实上已经一度之调解而未能成立，法院……复行实施调解程序，其结果非特调解仍未成立，反令当事人耗费时日，荒废事业，受无穷之累。"①

1947年，在全国司法行政检讨会议上，青海高等法院院长的提案中也曾谈道："现在各县之区乡镇坊均设调解委员会，调解机关实已遍乎全国，其效力又远胜于法院之调解也。"②

可见，大量民事案件已经过亲友乡邻或调解委员会的调解，当事人既然已经诉之于法院，必然是希望通过法律来解决纠纷，得到一个明确的结论，在这种情况下，再经法院调解，必然不易成立和解。

（四）当事人的不重视和不配合

除了上述因素外，当事人的不重视也是法院民事调解实效不彰的因素之一。正如有学者所言："良以吾国习惯，一事之生，每投明地邻，请其公断，苟非各趋极端，决不起诉公庭。徒以有此强制规定，故各当事人常怀观望，视调解为具文，鲜有两造同时到场，接受法院之调解者。"③ 司法部也持该看法："良以人民之争端，一至对簿公堂，其目的似偏重于法官之判断，即对于强制调解之案件，亦多不存调解可得结果之心理，法官虽不惮烦劳，剀切晓谕，而当事人竟若充耳不闻。"④ 这种无视调解人主观意志的强制调解，必然遭到当事人的极力规避，从而影响到调解的成效。

法院调解中，当事人的主动配合是调解成功的关键。按照《民事调解法》的规定，当事人无正当理由，于调解日期不到场者，视为调解不成立。也就是说，调解案件，非两造同时到庭，调解无由进行。这就给不愿意调解者留下逃避调解的空间，他们在调解日期到来之际，不闻不问，不到调解现场。没有当事人的主动配合，调解是无法取得成功的。1931年丁李氏向顺义新设的调解法庭提交了一份"民事调解申请书"，缘由是她的丈夫企图逼她为娼，她希望法庭能够制止她丈夫的行为。然而，由于她丈夫没有出席听讼，调解未能获得成功。⑤ 1946年，住在吴江县镇上的一个女子卢阿凤起诉离婚，理由是她的丈夫虐待她，把她赶出家门，并毒打她以至于流产。按照惯例，法院首先把这起案件移交调解庭。由于丈夫没有出庭，调解未能成功。⑥ 1948年，吴江的陈顺宝起诉，要求与丈夫离婚。原因是丈夫经常打她且不供养她，并且有媒婆作证人，其丈夫的叔叔也证实自己侄儿是个无赖，还吸食鸦片。吴江法院再次把案件移交调解庭。同样因为丈夫没

---

① 各种法律问题研究报告（1938年5月至12月）[Z]. 南京：中国第二历史档案馆藏，档号：7-9784.
② 全国司法行政检讨会议提案（1947年）[Z]. 南京：中国第二历史档案馆藏，档号：7-9327.
③ 余和顺. 评民诉法中关于调解之规定 [J]. 中华法学杂志，1935，（第11、12号合刊）：49.
④ 甘肃省政府训令 [J]. 甘肃省政府公报，1942，(537)：26.
⑤ 黄宗智. 清代以来民事法律的表达与实践（卷二）[M]. 北京：法律出版社，2014：152.
⑥ 黄宗智. 清代以来民事法律的表达与实践（卷二）[M]. 北京：法律出版社，2014：160.

有出庭，调解宣告失败。① 上述三个案件有着共同的特征：都是由妻子提起诉讼，法院无一例外地移交给调解庭进行调解，都是因为丈夫没有出席，调解宣告失败。上述案例说明，纠纷当事人如果不主动配合，拒绝出席调解，那么法院就会因为当事人缺席而宣告调解失败。可见，纠纷双方当事人主动配合是调解成功的关键因素。

综上所述，近代法院调解制度是在传统官府调解制度基础上，为了减轻法院负担和人民的讼累而设计的一项具有创新性的制度。该制度虽未达到司法当局的预期目的，制度设计本身与制度实践过程也存在诸多问题，但在社会转型与法制变迁过程中，该制度的出现是必然的，制度本身是具有一定正当性和合理性的。近代以来，西方法律文化开始在中国传播，并在国家立法和司法层面产生了较大的影响，但中国传统礼治思想在民间社会仍然具有广泛的影响，西方法治与传统礼治的矛盾与冲突不可避免地影响着新式法律的实施，影响着人们的日常生活，而法院调解在某种程度上可以说是法治与礼治冲突的产物，也为解决两者的冲突提供了一种解决办法，正如有学者所言，近代法院调解制度的设立，"对于缓解社会矛盾，疏解传统礼治与西方法治之间的差异具有一定的正面作用"②。

---

① 黄宗智. 清代以来民事法律的表达与实践（卷二）[M]. 北京：法律出版社，2014：160.
② 侯欣一. 民国时期法院民事调解制度实施状况实证研究 [J]. 华东政法大学学报，2017（5）：167.

第五章 近代政府调解制度

近代政府调解源于传统官府调解和准官府调解。传统社会中,官府在老百姓心目中具有极大的权威性。进入近代以后,人们对官府的迷恋程度有所降低,但受传统观念的影响,民间百姓仍然崇尚权威、相信权威,遇到纠纷,也愿意寻求权威部门解决,从而促使了近代政府调解制度的形成与发展。

第一节 近代政府调解的概念界定及制度依据

政府机关调解矛盾和纠纷在中国由来已久,近代中国继承了古代基层政府调解纠纷的传统,并在此基础上有所发展,使近代政府调解不但具有了新的内涵,而且开始有了法律上的依据。

一、近代政府调解的概念界定

从当代有关调解类型的划分来看,政府调解与行政调解往往作为同一性质的调解形式混同使用。其实,从严格意义上讲,两者并不完全一致。

综观当代学者的论述,对行政调解的界定存在三种情况:其一,行政调解是行政机关对各种类型的纠纷进行的调解;其二,行政调解是行政机关和人民法院对行政纠纷进行的调解;[1] 其三,行政调解是行政主体对行政管理活动中发生的特定纠纷进行的调解[2]。从这三种对行政调解概念的界定来看,学界对行政调解的理解并不完全一致,这种不一致主要表现在如下几个方面:一是调解主体不同。第一种和第三种概念界定将行政调解的主体限定为行政机关或行政主体,第二种概念界定则将行政调解扩展为行政机关和人民法院;二是调解的纠纷范围不同。第一种概念界定中关于调解的纠纷范围最为宽泛,即社会生活中发生的各种纠纷都可以由行政机关调解,第二种和第三种概念界定将纠纷范围限定为行政纠纷。

从目前来看,大多数学者是从第一种含义上来使用行政调解这个概念的,认为"行政调解就是国家行政机关出面主持的,以国家法律和政策为依据,以自愿为原则,通过

---

[1] 邱星美,王秋兰. 调解法学 [M]. 厦门:厦门大学出版社,2010:190.
[2] 常怡. 中国调解制度 [M]. 北京:法律出版社,2013:152.

说服教育等方法,促使双方当事人平等协商、互谅互让、达成协议,消除纠纷的诉讼外活动"①。本书认同第一种观点,但为了避免引起歧义,不使用行政调解这一概念,而使用政府调解的概念。近代政府调解是指由基层政府机关及其职能部门,根据法律法规的授权或约定俗成的规矩,以当事人自愿为原则,依据国家法律法规、法理人情、风俗习惯、行业惯例、村规民约等,对于民间发生的各种类型的纠纷和矛盾进行调解,促使纠纷双方当事人在协商的基础上达成协议,从而解决纠纷的一种调解活动。需要说明的是,近代政府调解的纠纷范围不仅仅局限于行政管理活动中发生的纠纷,更多的属于日常生活中发生的各类民事纠纷和轻微刑事案件。

与法院调解相比,政府调解更加符合中国近代的社会现实。一方面,行政兼理司法是我国数千年的司法传统,在这种兼理制度之下,人民遇到纠纷和矛盾,首先想到的就是地方政府,寻求地方政府中的父母官裁断纠纷是普遍的做法。近代以来,虽然司法从行政中分离出来,专门的司法机构开始设立,但受行政兼理司法传统的影响,人们遇到纠纷仍然习惯于找政府部门去解决;另一方面,基层政府是地方行政管理机关,对于本地社会、经济、文化状况以及风土人情更为熟悉,尤其是区乡政府,与百姓关系更为密切,调解更为便利,正如陕甘宁边区的王子宜院长在边区推事、审判员联席会议上的总结报告中所指出:"在边区分散的农村中,区到县有百把里,乡到区也有数十到百把里,经过区乡政府处理,对于老百姓是方便的,他们宁愿要求区、乡政府解决,而不愿到县司法处。"②

二、近代政府调解的制度依据

(一) 清末民国的政府调解法规

谢冠生曾说:"中国自改革司法以来,各县普设法院,为始终一贯之方针。"③ 然而,普设法院只是司法界的一个美好理想。现实中,由于经费不足、人才短缺,普设法院的理想始终未能实现。在近代社会相当长的时间里,县级层面实行县政府兼理司法制度。受传统调解制度历史惯性的影响,加之近代社会基层司法资源的有限性,县政府调解民刑事纠纷也就成为理所当然的事情,尤其是1935年的《民事诉讼法》规定,兼理司法之县政府也适用民事调解程序,于是,兼理司法之县政府调解民事纠纷有了明确的法律依据。

县级层面以下的区、乡镇、村继承了古代社会基层组织调纷止争的传统,在实践中都把调解民间的纷争作为一项义不容辞的工作。特别需要指出的是,近代以来,还出现了一些依附于区、乡镇、村等基层政权组织的调解团体,如1922年3月20日,山西省省长阎锡山颁布《息讼会条文》,要求每编村设立息讼会,负责调解村民纠纷。随后的河北等省也根据《改进村制条例》第6条之规定,制颁《村息讼会章程》,设立息讼会。这些

---

① 王连昌. 行政法学 [M]. 成都:四川人民出版社,1990:234-236.
② 王子宜院长在边区推事、审判员联席会议上的总结报告(1945年12月29日)[Z]. 西安:陕西省档案馆藏,档号:15—70.
③ 汪楫宝. 民国司法志 [M]. 北京:商务印书馆,2013:弁言第8页.

地方性立法中的相关规定并不具有全国意义。1929年9月,根据本年6月颁行的《县组织法》,南京国民政府颁布《乡镇自治施行法》,其中规定:乡镇公所均应附设调解委员会,办理民事调解事项以及依法得撤回告诉之刑事调解事项。① 1931年4月3日司法行政部颁行《区乡镇坊调解委员会权限规程》,严定调解委员会职责,以免侵越,以杜流弊。从此开始,全国各地先后成立区乡镇坊调解委员会,专司民间纠纷的调解事宜。此外,各省纷纷另行制定规章,为各地区乡镇坊等基层组织的调解行为提供了法律依据。

(二) 根据地的政府调解法规

由于各根据地政权司法资源有限,因此比较重视基层政府调解。早在第二次国内革命战争时期,中华苏维埃政权就注意到政府调解的重要性。1931年11月,中华苏维埃共和国中央执行委员会第一次全体会议通过的《苏维埃地方政府暂行组织条例》第17条规定:乡苏维埃有权解决未涉及犯罪行为的各种争执问题。② 根据这一原则性的指导,有的苏区,如川陕省在实践中明确规定:村苏维埃直接负责"解决群众的纠纷,如借贷关系,各种争执"③。

抗日战争期间,中国共产党领导下的各抗日民主政权为了巩固农村统一战线,减轻人民的诉讼之累,同时也是为了及时解决民间纠纷,加强团结,增加农村和睦,节省劳力,以更好地从事农业生产,更加重视各基层政权的调解工作。1943年6月11日颁行的《陕甘宁边区民刑事案件调解条例》第5条规定:民间自行调解不成立时,"得由当事人双方或一方申请乡(市)政府、区公署或县(市)政府,依法调解之"④。这是陕甘宁边区推行政府调解的基本法律依据。1944年6月1日,晋察冀边区制定并颁行的《晋察冀边区行政委员会关于区公所调处案件的决定(草案)》中规定:为了适应今后艰苦环境,及时与合理地解决民间纠纷,以加强团结,区公所除对村调解工作应注意领导检查,促其开展外,并得对一定范围内的案件进行调处。⑤ 1946年8月1日的《冀南区诉讼简易程序试行法》规定:县政府在调查研究的过程中,对民事案件以及轻微的刑事案件应设法进行调解。关于调解方式,主要有两种:(1)庭外调解成立后,双方向政府呈递和解状,撤销原诉,其双方所立字据,只生一种契约上之效力。(2)当庭调解成立后,应令其具结画押,并制发和解书,此和解书与判决书具有同等效力。调解需要遵循两个原则:(1)不违背政府法令。(2)不许强迫命令。⑥ 由上可知,在抗日根据地加强政权建设过程中,区公所、乡政府、县政府依法承担了部分案件的调解义务。除了陕甘宁边区和冀南区以外,其他各根据地也先后制定了一些适合本区域的具有行政性质的调解法规,如1941年4月18日的《山东省调解委员会暂行组织条例》、1942年4月1日的《晋察冀边区行政村调解工作条例》、1944年4月20日的《渤海区村调解委员会暂行组织条例》,等等。

纵观上述法律法规,近代政府调解包括如下三个组成部分:(1)村长、乡镇长、区

---

① 谢振民. 中华民国立法史(下册) [M]. 北京:中国政法大学出版社,2000:700.
② 厦门大学法律系,福建省档案馆. 中华苏维埃共和国法律文件选编[G]. 南昌:江西人民出版社,1984:26.
③ 徐胜萍. 人民调解制度研究 [M]. 北京:北京师范大学出版社,2016:62.
④ 韩延龙,常兆儒. 革命根据地法制文献选编(中卷)[G]. 北京:中国社会科学出版社,2013:1002-1003.
⑤ 韩延龙,常兆儒. 革命根据地法制文献选编(中卷)[G]. 北京:中国社会科学出版社,2013:1010.
⑥ 韩延龙,常兆儒. 革命根据地法制文献选编(中卷)[G]. 北京:中国社会科学出版社,2013:957.

长、县长等代表各级基层政府主持的调解活动；（2）依附于各级基层政府的调解委员会主持的调解活动；（3）设在县政府之下的各部局主持的调解活动。

第二节　近代基层政府调解

基层政府中的"基层"是指地方行政区域中的区、乡镇、村等层级的政权。从某种意义上讲，区、乡镇政府调解来源于传统社会的准官府调解。明清时期，乡约作为民间半官方组织，"尽管有时是在地方官大力推行下产生的，并由后者授予印谕而获得'合法性'"，但他们的调解活动游离于国家权力的控制之外，带有地方自发性的特征。[①] 近代基层社会治理模式中，乡约已经退出历史舞台，新出现的村正、村长、乡镇长、区长等利用自己对村民事务的熟悉以及自己在村民中的威望，在调解民间纠纷方面发挥着重要作用。

一、基层政府调解概述

传统社会中，"皇权不下县"，国家政权机关设置的最低层级即是县政府机关。县级层面以下虽然还存在乡里组织，但这些组织不属于国家官僚行政系统，而是介于官民之间的一种半官方组织系统。近代以来，虽然晚清与民国政府都倡导地方自治，但国家对地方的控制明显强化，国家权力开始延伸到县以下的乡镇村层级。

在推行地方自治过程中，晚清政府于1908年颁行的《城镇乡地方自治章程》规定："凡府厅州县治城厢地方为城，其余市、镇、村、庄、屯、集等各地方，人口在五万以上者称镇，人口不满五万者称乡。"[②] 可见，出于推行地方自治的需要，晚清政府在县级层面之下，规划出镇乡之类的组织层级。

北洋政府初期，虽然地方自治停办，但这种镇乡制未发生本质上的变化。后来由于军阀割据，有的省份开始实行区村制（市村制），即在县下设区，区下设村，村下设闾，闾下设邻。

南京国民政府1928年公布的《县组织法》规定了县之下的组织层级为区、村里、闾、邻。1929年6月5日，新的《县组织法》将村里改为乡镇。1930年5月20日公布的《市组织法》规定，市划分为区、坊、闾、邻。1939年9月，《县各级组织纲要》颁行后，开始推行"融保甲于自治"的新县制，县之下的基本组织层级为区、乡镇、保甲。

可见，自清末开展地方自治始，"国家在地方政制的设计上，打破了'皇权不下县'的古老传统，在县（或'州'）以下的乡村地方，设置区、乡乃至村一级的正式行政机构"[③]。于是，县级层面以下有了区、乡镇、村等更为详细的行政区域的划分，相应的管

---

① 张勤. 中国近代民事司法变革研究——以奉天省为例 [M]. 北京：商务印书馆，2012：345.
② 谢振民. 中华民国立法史：下册 [M]. 北京：中国政法大学出版社，2000：600.
③ 荆新月. 近代乡里制度转型中的"公权下探"现象解析——兼及乡村自治失败的原因 [J]. 东岳论丛，2016，（1）：174.

理机构也应运而生。这些管理机构即为近代社会中的基层行政组织。

明确了上述基层行政组织的划分后,近代基层政府调解的概念也就明确了。所谓近代基层政府调解,是指区、乡镇、村等基层行政组织及其工作人员,对于民间发生的各类纠纷予以调解的一种活动。具体来说,本书所言的基层政府调解主要是由区乡镇村等基层政府组织及其每一层级政府组织中的区长、乡镇长、村长作为调解主体主持的调解活动,调解主体一般不包括这些基层组织中诸如巡警、班长、保长等。对于区、乡镇、村行政组织主持调解民间纷争,晚清政府和民国政府并未制定专门的法律法规予以规范,而是延续传统的习俗和惯例,任其自行调解。当然,有些省份则对基层行政组织及其工作人员调解民间纷争做出明确的要求,如1930年山东和河北一些乡村选举了村长后,规定村长"必须调停村中的争端"[①],因此,"村领导们的主要精力用于收税、村庄防卫和解决农户间的争端"[②]。

与晚清政府和民国政府对乡村政权的态度有所不同的是,中国共产党领导的革命政权扎根于农村,非常重视乡村政权组织建设。与此相适应,基层乡村政权在乡村事务管理过程中发挥着更大的作用。为了减轻乡村农民的讼累,一些根据地制定了有关村级政权调解的专门法规,对村长(村主任)抑或村公所的调解行为予以规范。《晋冀鲁豫边区政府晋冀鲁豫高等法院关于司法工作在扶植群众运动中及适应战争环境的几点指示》中规定:"区村职权应酌予扩大,一般民事案件,尽量由区村调解,调解不成立,再向县诉讼。"[③]《晋冀鲁豫边区太岳区暂行司法制度》中也有明确要求:"第一审法庭认为应回区村调解者,可以介绍到区村去调解。"[④] 1942年4月1日颁行的《晋察冀边区行政村调解工作条例》规定:调解工作由各村公所之民政委员负责进行,但对外名义是村公所。[⑤] 1946年2月20日公布的《冀南区民刑事调解条例》规定,调解之进行,可以由民间自行调解,也可以"由双方当事人之一方,申请村公所调解,由村长、农会主任(或其他村干部)召集双方当事人之亲友地邻或民众团体,或其他有关人员,开调解会,大家评议曲直,就事件情节之轻重,提出调解方案,劝导双方息争"[⑥]。

二、基层政府调解的范围及程序

(一)调解范围

对于基层政府调解的范围,晚清政府和民国政府并没有以法律形式予以规范。而中国共产党领导下的革命根据地政权在颁发的一些调解法规中,明确了基层政府调解案件的范围。如《晋察冀边区行政村调解工作条例》明确规定:"因债务、物权、亲属、继承

---

① 马若孟. 中国农民经济:河北和山东的农业发展(1890—1949)[M]. 史建云,译. 南京:江苏人民出版社,1999:89.
② 马若孟. 中国农民经济:河北和山东的农业发展(1890—1949)[M]. 史建云,译. 南京:江苏人民出版社,1999:139.
③ 韩延龙,常兆儒. 革命根据地法制文献选编(中卷)[G]. 北京:中国社会科学出版社,2013:864.
④ 韩延龙,常兆儒. 革命根据地法制文献选编(中卷)[G]. 北京:中国社会科学出版社,2013:870.
⑤ 韩延龙,常兆儒. 革命根据地法制文献选编(中卷)[G]. 北京:中国社会科学出版社,2013:1005-1007.
⑥ 韩延龙,常兆儒. 革命根据地法制文献选编(中卷)[G]. 北京:中国社会科学出版社,2013:1015.

发生的民事纠纷，得先请求村公所（民政委员会）调解，已起诉者亦可随时进行调解。"第 5 条规定："一般刑事案件，不能进行调解，惟下列之轻微刑事事件，得应涉讼者之请求，予以调解：（1）刑法之第 231 条至 235 条之妨害风化罪；（2）刑法第 238 条至 239 条及第 240 条第二项之妨害婚姻及家庭罪；（3）刑法第 277 条第 1 项及 284 条、285 条之伤害罪；（4）刑法第 298 条、306 条之妨害自由罪；（5）刑法第 309 条、310 条、312 条及 313 条之妨害名誉及信用罪；（6）刑法第 115 条至 318 条之妨害秘密罪；（7）刑法第 324 条之窃盗罪；（8）刑法第 324 条之人相互间所犯之侵占罪；（9）刑法第 324 条之人相互间所犯之诈欺背信罪；（10）刑法之第 352 条、354 条至 356 条之毁弃损坏罪。"① 1944 年 6 月 1 日，晋察冀边区制定并颁行的《晋察冀边区行政委员会关于区公所调处案件的决定（草案）》中规定："区公所除对村调解工作应注意领导检查，促其开展外，并得对下列案件进行调处：甲、民事案件，但须由仲裁机关处理者不在此限；乙、刑事案件中之普通盗窃、轻微伤害、通奸及赌博案件；丙、特刑案件中之犯破坏坚壁财物惩治办法较轻微之罪，经该办法定明可归区公所调处者；丁、其他法令规定区可调处之案件。前项各款案件中，村可进行调解之案件，应先经村调解，村调解不成立时，区再进行调处。"② 尽管有些根据地规定了区公所和行政村调解案件的范围，事实上，无论是晚清政府、民国政府还是革命根据地的各基层政权组织在调解民间纠纷方面往往是遵循能调则调的原则，无论是民事纠纷还是刑事案件，只要当事人提出申请，一般都会予以调解。从相关资料来看，中国近代基层政府调解主要有以下几个类型：

1. 地产纠纷

土地是百姓赖以存在的基本生活资料，一旦土地被人侵占，或者土地边界不清，或者地产买卖、土地租佃等方面出现问题，则会产生矛盾和纠纷，因此，土地纠纷是民间经常发生的一种纠纷类型。

（1）地界纠纷

地界不清是涉及土地所有权的重大问题，也是民间土地纠纷的一个重要方面。一旦因地界不清产生纠纷后，作为熟悉地方情况的村长或乡镇长等，则成为调解纠纷的首要人选，现举几例加以说明。其一，调解辛延邵等与孙虞秀等地亩纠纷。查大湛山村民辛延邵、孙作茂等，在财政局呈控村长孙虞秀、孙作亮等借地亩登记清理机会，横行割占，所有沙地不准实报，否则不予盖章。同时双方人等也先后至该区办事处申述前情，请求调解。当由该处主任于五月五日，亲往该地勘查，验明地契，均系欲于契外多报地亩，该村长孙虞秀等，于此次办理地亩登记，虽不无偏袒之嫌，而辛延邵等也确系无理要求。嗣经传集双方当事人，就地予以调处，查辛延邵原有地一亩四分，暂准其多报一亩四分；孙作茂原有地二亩六分，暂准其多报三亩四分，此外不得再行要求多报。双方认为满意，均愿服从调解，和平了结。③ 其二，调解王景先与王荣臣因地界不清纠纷。台东区西吴家村人王景先到该区办事处陈述：谓王荣臣宅基，不应写东至胡同。而王荣臣则云业经法院判决，准写东至胡同，共同行走，并将判书呈阅。询明两造情形，当即予以调处。遂

---

① 韩延龙，常兆儒. 革命根据地法制文献选编（中卷）[G]. 北京：中国社会科学出版社，2013：1005-1006.
② 韩延龙，常兆儒. 革命根据地法制文献选编（中卷）[G]. 北京：中国社会科学出版社，2013：1010.
③ 李村调解纠纷案件汇志[J]. 乡村建设月刊，1933，（4）：52.

谕令王景先南至胡同到街,王荣臣东至胡同。双方遵行,和平了结。① 其三,调解李升旭、李升晓与李尚楫因地界纠纷。查李家上流李升旭、李升晓,因与李尚楫地界不清,发生纠纷,到办事处陈述,请求调处。据李升旭云,"宅基原契写明东至墙外,李尚楫南至墙外,现被改为东至墙根"。又据李升晓云:"宅基原契东至墙外,李升塘现被改为东至墙根,原契交于李尚杰。"据云:不知何人所涂改,当时也未细看。而李升旭李升晓李尚楫界限,至易明了,尚有旧墙基可查,自应准李升旭李升晓写东至墙外根,而李尚楫则写明西至李升晓李升旭墙根,北至李升旭墙根,双方认可,纠纷遂解。②

(2) 土地买卖纠纷

基层行政组织及其工作人员,尤其是村级组织中的村政(村长),因为熟悉村庄的土地分配和流转情况,在地产纠纷调解方面具有绝对优势。因此,尽管有些案件已经呈控于县政府或者诉之于法院,但在村长或村政的调解下也可以达成和解。1919年2月24日,于底村乡地刘某,对同村村民谢某提出控诉。他在诉状开篇写道:"村中旧规,买卖房地产业,向系乡长成交立契",但谢某却私自与同村另一村民交易,以75000文的价格将1.5亩的土地出售。据乡地陈词,当双方丈量土地时,他发现了这起私卖行为。因此他指控双方"私买私卖"和逃避契税。县知事做出回应,派一名役警调查这项指控。十天后,村政向县知事报告称,他本人于当事人双方"均系交好",不能"袖手旁观",已调查和解决了此事。谢某已向乡地支付佣金,双方愿意息讼。③

(3) 土地租佃纠纷

租佃关系是近代乡村中一种主要的社会关系,同时也是非常容易产生纠纷的一种社会关系。租佃纠纷发生后,作为一村之长的村政或村长自然成为纠纷的调解人员。在华北地区寺北柴村,作为当地最大地主的王赞周,因为刘永祥没有交租,要撤刘永祥的佃。事实上,刘永祥耕种的土地是他典卖给王赞周后,又向王赞周租种的。双方的租佃纠纷发生后,时任村长的张乐卿调解了这一纠纷。④

(4) 赎地纠纷

随着土地制度的不断调整以及土地流转方式的复杂化,土地纠纷越来越多。这类纠纷因为涉及民众赖以生存的土地问题,稍微不慎,则有可能酿祸端。因此对于这类纠纷的处理,作为基层政府工作人员的乡镇长或村长,往往会比较慎重。1941年王同方诉任多滋赎地纠葛案即是一典型例证:涉县村民王玉山因病将滩里圈村三亩半水田卖给本族堂侄王同方,价洋420元。王同方拿到文约后,交价210元,下欠价210元不予支付已达三年。王玉山病故后,其妻王冯氏遂将该地交给任多滋经营,以补偿任多滋的钱物资助。后来,因为地价上涨10倍有余,王同方便拿原先未曾支付的210元钱向任多滋赎地。任多滋不交换土地。王同方便将任多滋告到县政府。县政府对相关人员进行多次讯问。后来经过涉县南关镇镇长李金榜、周思敬等人从中调解说和,王同方与任多滋达成和解,并制作和解状:"为事经和解恳请准予销案,以免讼累。事缘南关王同方呈控东达村任多

---

① 李村调解纠纷案件汇志 [J]. 乡村建设月刊, 1933, (4): 52.
② 李村调解纠纷案件汇志 [J]. 乡村建设月刊, 1933, (4): 52-53.
③ 李怀印. 华北村治: 晚清和民国时期的国家与乡村 [M]. 岁有生, 王士皓, 译. 北京: 中华书局, 2008: 66.
④ 黄宗智. 清代以来民事法律的表达与实践: 历史、理论与现实 (卷一) [M]. 北京: 法律出版社, 2014: 35.

滋为赎地纠葛一案，刻镇长李金榜、周思敬等与各方均系友好，不忍坐视与讼，致失友谊，向各方多方劝导。任多滋情愿将地归于王同方，王同方按照原典价二百一十元回赎，各方均无异言，永不反复，为此恳请，钧府鉴核准予销案，以息讼端，不胜感德之至。和解人城关镇镇长李金榜、周思敬。当事人王同方、任多滋、王冯氏。中华民国三十年六月二十八日。"①

2. 债务纠纷

债务纠纷是民间常见的又一纠纷类型。这类纠纷可以由中人调解，可以由乡邻亲友调解，也可以诉之于法院。当然，基层政府机关在调解债务纠纷方面也起着重要作用。陕甘宁边区的磨坊主王志斌，靠替人磨面为生。1945年5月，一些机关、商店先后交给他六七石麦子请其磨面。不料他把麦子卖了几石，以此为本钱去做生意，结果生意亏本，负债颇多。6月份麦价狂涨，他更没有办法偿还机关和商店的麦子。遂躲在外边，不敢回来。于是，有的债权人报告乡政府，要拿他的东西抵债。乡政府的王乡长不辞疲劳，对各位债权人耐心劝说解释，劝他们不要乱拿王志斌的东西，并保证由乡政府出面把王志斌找回来。王志斌被找回来后，同王乡长商量解决办法。王乡长首先批评他躲债的不对，并叫他在债权人面前承认错误。此事最终得到各位债权人的谅解，答应帮助王志斌继续生产，限期还债。②

3. 婚姻家庭纠纷

婚姻家庭纠纷一般是由宗族出面调解，在宗族组织不太发达或者宗族观念比较弱化的地方，作为一村之长的村长则成为婚姻家庭纠纷的重要调解人。1944年正月初十，李生荣欺侮伯父李志和，说李志和埋儿的坟地坏了他家的风水，使他只养女子不生男娃，要李志和给他说好话，否则搬坟。李志和无法，告诉了村长郭维德。郭维德找了几个了解李家内情的老人商量，查明李生荣借口迷信，故意欺侮李志和。第二天，郭维德召集双方并会同众亲戚，指出：生男育女与坟地无关，教育李荣生要尊敬长老，不得无理取闹。③ 同年正月十二日，郝如邦的妻子因不满丈夫给哥哥担水，谩骂哥哥，被哥哥用烟管打了一下，遂哭闹不止，满街咒骂；并声言要村主任召开村民大会当众指教哥哥，方肯了结。郝的妻子平日不好生产，虐待公婆，欺负男人，群众都抱不平。村长郭维德一面适当处罚了郝如邦的哥哥（罚他修路），平息被打妇女的气；一面利用群众力量，既清算郝妻平日为非作恶的毛病，批评她好吃懒做，搬弄是非，同时帮助她制订了生产计划。郝妻承认了错误，开始转变，清明节前已纺纱五斤，家庭未再发生问题。④

4. 住房纠纷

在传统乡村社会，一般来说，拥有自己住房的家庭，发生纠纷的可能性不大。如果自家没有住房，而是租住他人的房屋，则会因为房租、续租等问题而产生矛盾。房屋租赁之类的纠纷，往往由区乡公所予以调解。1947年5月，天津市政府颁发的房屋租赁规

---

① 白潮. 乡村法案——1940年代太行地区政府断案63例 [M]. 郑州：大象出版社，2011：135-140.
② 边区高等法院关于延安市南区调解工作概况 [Z]. 西安：陕西省档案馆藏，档号：15-202.
③ 侯欣一. 从司法为民到人民司法——陕甘宁边区大众化司法制度研究 [M]. 北京：中国政法大学出版社，2007：283.
④ 侯欣一. 从司法为民到人民司法——陕甘宁边区大众化司法制度研究 [M]. 北京：中国政法大学出版社，2007：283-284.

则及纠纷调处办法草案特别指出：房屋租赁纠纷事件得申请该管区公所调处。区公所接到当事人申请后，应于3日内定质询期并填发通知书，分别通知双方当事人及关系人依期到场候质，如双方同时到区，则当时调解之。经区调解成立者，应将当事人和解要点填载于调处书内，并当场朗读，经当事人承认无异应饬其于调处书上签署或按指印。如当事人不服区公所所为之调处，应于收受调处书之翌日起，10日内向河北天津地方法院起诉。① 中共领导的各根据地的乡政府，也时常参与房屋租赁纠纷的调解工作。1945年正月十五以后，陕甘宁边区旧城的一些机关和工厂，为了生产的需要，不惜高价租房，于是，房价被抬高，这就使得一些租房户的生活受到了严重影响。如难民王宪保所租住的芦姓房子，比原房租高出了3倍，而且还要付现钱（原租是2升米）。房租抬高后，许多移难民、退伍军人发生住房恐慌，先后10余人来到乡政府诉苦，请乡政府出面帮助解决问题。王乡长遂到各租户家了解实际情况，保证他们会有房子住，还到各房主家进行耐心地说服解释工作。为了彻底解决问题，王乡长在一次乡政府干部扩大会上，重新解释了优待移难民和帮助退伍军人建立家务的意义，并指出一些机关、工厂增高租额赁房子导致房租提高，严重影响到移难民、退伍军人的住房和生活。最后，原先增高租额赁房子的机关、工厂纷纷表示自己的做法不对，并声言高出的房租一律退回。②

5. 劳资纠纷

劳资纠纷一般是由劳资调解委员会或者商会、工会等社会团体进行调解，但有些劳资纠纷是经区乡公所调解而达成和解的。1944年初，吴江县盛泽丝织业工人因为生活成本高涨要求增加工资，产业工会呈请增加五成，而丝织业同业公会不能承认，双方相距甚远，遂由第四区区公所会同党政警暨劳资双方予以调解。2月10日，劳资双方纠纷在第四区区公所进行。在调解过程中，劳方代表请求照54元9角（电力纺一匹）之工价，各再普加工资五成；资方代表认为，去年12月24日曾经临时增加工资，迄今为日无多，物价尚未大涨，劳方所提5成之工价，且以54元9角为标准，似欠理由，各厂多数不能接受。但为顾全个人起见，经折中工价，各再普加3成，以恤工人之生活。经过调解，折中了劳资双方的意见，达成协议：工人工资增加五成，以12月24日协定之新工价额（36元6角零8厘）增加5成计算。新工价开始计算日期以各工厂开工之日计算，如厂方因日断电不开日工需开夜工之时，各厂对于全夜工作之工友每人给以夜粥费10元以示体恤。③

总之，区乡镇村领导调解的纠纷范围非常广泛，既有属于家长里短、鸡毛蒜皮的小事，也有乡村社会中经常发生的土地、债务纠纷，甚至还有涉及人命的重大案件；既有家庭内部成员之间的矛盾，也有邻里之间、租佃之间、买方与买方之间、债权人与债务人之间的纠葛，甚至还有家族与家族之间的矛盾："陈族在村北面的大路上有块石碑，是纪念他们祖先中一名忠贞寡妇的，几十年来石碑一直立在那里，但有一天被发现倒在地上了。陈族发现这是潘族的一些年轻成员干的，他们立即把它看成挑衅，准备提出法律诉讼。幸运的是，潘族成员认识到他们的捣蛋行为在法庭上不可能判为正当或得到原谅，

---

① 宋美云.天津商民房地契约与调判案例选编（1686—1949）[G].天津：天津古籍出版社，2006：126-128.
② 边区高等法院关于延安市南区调解工作概况[Z].西安：陕西省档案馆藏，档号：15-202.
③ 马敏，肖芃.苏州商会档案丛编：第五辑（1938—1945）上册[G].武汉：华中师范大学出版社，2010：558-560.

因此,他们请来村领导仲裁该案。最后潘族提议由他们再把石碑竖起来,并建一个保护性的砖头底座。陈族接受了潘族的建议,这个案子才算了结。"①

(二)调解方式和程序

无论是区乡镇村哪个层级的调解,一般都没有法定的形式和严格的程序可言,而是采用民间约定俗成的一些方式进行。

一种方式是直接在纠纷当事人之间说和。一般来说,区乡镇村长调解纠纷往往是在村民发生纠纷后,在纠纷当事人邀请下或主动介入纠纷调解工作中去。当然,有时候区乡镇村长也会在官府批令下接受某些纠纷的调处。1917年10月24日,张万达控张万恒等胞兄不赡养老母纵子逞凶请究状中,县公署批令村政调解:"该民亦属尔七旬老母之子,虽尔兄分居各度,但所能分者,系家庭问题,非父母亦在分之列也。尔既知兄不孝为尔母觅食,何不将尔母接回奉养,以表尔尽孝之心,较为于事有济,何必以讼为先,反延尔七旬老母之吃用乎?该民其细思之。至尔兄之行为,容候饬知村政秉公告诫,再行核办。"② 无论是主动介入,还是接受当事人邀请,抑或接受官府批令,调解过程中,区乡镇村长需要搞清楚纠纷的起因、经过,必要时还需要实地调查一番,或询问邻居或熟悉情况的其他人员。搞清楚事情原委之后,他们心里会有个初步判断,并提出纠纷解决方案,在纠纷双方当事人之间奔走说和,希望双方互谅互让,达成和解。

另外一种方式是摆宴席。在乡村发生纠纷后,为了和平解决争端,往往要举办宴席,邀请村长、家族首领以及争端双方的家长参加。争执的双方家长或代表出席宴席时,他们相互问候、寒暄,过一会儿便宣告退席,冲突也就解决了。③ 宴席的费用由双方平摊或者一方承担,如果在纠纷解决中双方各自认错,宴席费用平摊,如果调解协议表明一方有错,宴席费用由一方承担。

三、基层政府调解的实效分析

基层政府调解矛盾和纠纷,尤其是村长调解本村村民之间发生的纷争已经是不争的事实,黄宗智先生在对近代河北一些村庄考察后指出:19世纪三四十年代,河北省栾城县的寺北柴村,调解的主要人员有两个:一位是前任村长张乐卿,另一位是现任村长郝国良。④ 他们在寺北柴村做了大量的调解工作,取得了较大的成效。

相比晚清与民国政府统治下的基层政府的调解工作,根据地基层政府组织的调解工作成效更为明显。1944年6月1日颁行的《晋察冀边区行政委员会关于加强村调解工作与建立区调处工作的指示》中谈道:"民间纠纷的大部分是在区村解决,到县以上政府起诉的只是极小部分",并指出村级政权调解"在减少人民讼累与上级政府讼案上,起了不小的作用"⑤。1944年,陕甘宁边区的延安县区乡政府调解纠纷多达1900件,富县区乡政

---

① 杨懋春. 一个中国村庄:山东台头 [M]. 南京:江苏人民出版社,2001:159.
② 张研,孙燕京. 民国史料丛刊(748)(社会·社会调查)[G]. 郑州:大象出版社,2009:228.
③ 杨懋春. 一个中国村庄:山东台头 [M]. 南京:江苏人民出版社,2001:161-162.
④ 黄宗智. 清代以来民事法律的表达与实践:历史、理论与现实(卷三)[M]. 北京:法律出版社,2014:27.
⑤ 韩延龙,常兆儒. 革命根据地法制文献选编(中卷)[G]. 北京:中国社会科学出版社,2013:1008.

府调解纠纷也有1000件之多。1945年1月至8月期间，曲子县天子区发生21起纠纷案件，其中19件是由区政府调解成功的，其他2件移转司法处处理。[①] 曾在延安访问的赵超构对当地乡长调解纠纷做出如此评说："一些轻微的案子，以调解为主，许多纠纷便在乡长那里'吃讲茶了事'，免得劳民伤财，妨碍生产，这不能不算是合乎农村口味。"[②] 当代学者汪世荣等在查阅大量的档案资料后指出："在延安市南区旧城乡，1944年到1945年10月期间发生的各种大小纠纷，计有250余件之多，除十余件因案情较大转至法院、公安局、区署处理外，其余都是由乡长王兆义调解的。"[③] 在调解工作中，还涌现出一些调解工作做得较好的模范村长，甚至被人们称为调解英雄。绥德西直沟村的村主任郭维德是当时非常有名的调解英雄。经他调解的案件有七八十件之多，调解得既公平又合理，没有一件案件是解决不了或事后反复的，因此，多年来，他所在的村子没有一起打官司的。郭维德的威信也愈来愈大，调解纠纷的地区，也逐渐由本村推广到其他的行政村了。[④]

第三节　近代调解委员会调解

如前所述，基层政府调解是由区长、乡镇长或村长主持调解民间纠纷的活动，他们调解纠纷主要依赖于自己对村民事务的熟悉以及自己在村民中的威望。但一人之力毕竟有限，加之容易受主观情绪的影响，纠纷解决中难免出现偏私。随着近代地方自治的倡导，一些区乡镇村设置的诸如息讼会和调解委员会之类的调解组织开始承担起调解基层社会纠纷的重任。与传统的乡约调解以及近代初期的村长、村政调解相比，区乡镇调解委员会行使调解职能，能够发挥团体调解的优势，有利于保障纠纷解决的公正性和合理性。

一、息讼会和调解委员会的设立

（一）息讼会：调解委员会的前身

区乡镇村各级调解委员会的设立，是近代中国推行地方自治的产物，目的是和平解决民众纠纷，以收息事宁人之功效。早在清末地方自治过程中，一些自治局即附设息讼所。较早设立息讼会的省份是山西省。1922年3月20日，山西省省长阎锡山颁布《息讼会条文》，要求每编村设立息讼会，负责调解村民纠纷。随后的河北等省也制颁《村息讼会章程》，开始设立息讼会。

关于息讼会的组成。息讼会附设于村公所，由村民选举公断员若干人组成，公断员

---

① 杨永华，方克勤. 陕甘宁边区法制史稿（诉讼狱政篇）[M]. 北京：法律出版社，1987：217.
② 赵超构. 延安一月 [M]. 上海：上海书店，1992：225.
③ 汪世荣，等. 新中国司法制度的基石 [M]. 北京：商务印书馆 2011：258.
④ 边区高等法院关于传达劳模大会司法模范工作人员的指示信及司法模范工作者党鸿魁、周玉洁、郭维德的材料 [Z]. 西安：陕西省档案馆藏，档号：15-132.

均为无给职。息讼会设首席公断员1人,由公断员互推之,推定后连同公断员姓名报区转县备案。公断员之任期为1年,但可连举连任。

对于公断员的资格,各省息讼会章程或办法中并无明确规定,但有些地方也曾提出要求,公断员须是公正之人,不能有丝毫偏心,"会长及公断人,须平心说理,十分公道,不可有一点偏心。凡断一事,须先问问自己良心上过得去否。万勿祖护大户,欺压小户;偏袒有势力的,欺压没有势力的;偏袒主村,欺压联合村;偏袒土籍,欺压客民;偏袒念书人,欺压平民。公断人总要不怕强的,不欺压弱的,才够公断人的资格。尤须顺人情,善于劝解,使两造心平,事自易了。最忌迫人忿怒,小事坏成大事"。①

关于息讼会的职责。除了人命案之外,其他村民争诉事件,息讼会均可受理。然而,息讼会对于当事人之争执,只有相对之职责,并无绝对之权能,至于息讼以外,更不能干涉他事。②

关于息讼会调解程序及效力。息讼会公断时以公断员多数取决可否,同数取决于首席。公断事件有涉及会长或公断员之本身及同族亲属者,均应回避。回避人员如系首席时,由公断员中临时推举一人代行之。公断结果如果为双方所接受,公断即宣告成功,公断后如有不服者,听其自由起诉。对于息讼会调解的效力,山西省省长阎锡山在对息讼会的评语中如是说:"息讼会只有对的权柄,没有不对的权柄。因为对,则人听;不对,则人不听。何以言之?息讼会主张公道,即能完全有效,否则任人自由起诉,毫无半点拘束。"③

一些地方设立的息讼会在调解民间讼事方面起到较大的作用。以定县息讼会为例,1923年11月成立以后,每村无论什么案件都要先到息讼会,息讼会评议调解后,如果案件解决了,就无须再到县署,解决不了,再到县署起诉。自1925年3月改组之日起,至30年代李景汉到定县调查期间,解决案件约100余件。④

随着南京国民政府时期各级调解委员会的设立,一些地方的息讼会已然改设为调解委员会,未改设者也须改为调解委员会。如1929年11月,浙江省政府民政厅训令各市县政府:查现在中央颁布乡镇自治施行法第32及第33两条内已有调解委员会之规定,按性质系与息讼会相同,各村里自可先行查照前项办理,并参酌各该村里特殊情形改设调解委员会,拟定章程呈候核夺,合行令仰各该政府查照饬遵。⑤ 从浙江省政府民政厅训令可以看出,各村调解委员会与原来的息讼会性质是相同的,也可以说,息讼会是调解委员会的前身。

(二) 调解委员会的设立

息讼会主要是山西、河北等地在推行地方自治时期设立的调解组织,不具有全国意义。随着地方自治的次第开展和深化,调解委员会成为全国各地关注的焦点,并且作为

---

① 陈刚,邓继好. 中国民事诉讼法制百年进程(民国初期第一卷)[M]. 北京:中国法制出版社,2009:179-180.
② 河北省民政厅指令 民字第六九零四号[J]. 河北省政府公报,1929,(457):11.
③ 陈刚,邓继好. 中国民事诉讼法制百年进程(民国初期第一卷)[M]. 北京:中国法制出版社,2009:180.
④ 张研,孙燕京. 民国史料丛刊(752)(社会·社会调查)[M]. 郑州:大象出版社,2009:154-155.
⑤ 浙江省政府民政厅训令刊字第二四六号[J]. 浙江省建设月刊,1929,(25):187.

南京国民政府推行地方自治的产物，开始在全国范围内设立。

1929年6月5日，南京国民政府公布了《县组织法》。根据该法，1929年9月公布的《乡镇自治施行法》规定：乡镇公所均应附设调解委员会，办理民事调解事项以及依法得撤回告诉之刑事调解事项。① 次年5月颁行的《市组织法》规定，市划分为区、坊、闾、邻，其中坊公所应附设调解委员会办理民事调解事项和依法得撤回告诉之刑事调解事项。② 随后颁布的《区自治施行法》明确了区调解委员会的权限：凡乡镇调解委员未曾调解或不能调解之事项，均得由区调解委员会办理。③ 根据上述法规，1931年4月30日，司法部公布了《区乡镇坊调解委员会权限规程》，规定：各县之区乡镇公所及各市之坊公所，附设调解委员会办理调解事项，其中区调解委员会受区公所之监督，乡镇坊调解委员会受乡镇坊公所之监督，处理调解事务。④ 随后，一些区乡镇坊召开公民大会，开始选举调解委员，组织调解委员会，开展调解工作。

20世纪30年代初期的乡村建设运动中，一些乡村为了和平解决争端，也开始设立村调解委员会。例如青岛市仓口乡村建设办事处在《仓口乡村建设纪要》（1935年版）中谈道："查乡区人民知识浅陋，每因细故，酿起争端，缠讼不已，本处为息事宁人起见，呈请社会局拟定调解委员会简章，就户口繁多村庄，各设调解委员会一处，以资调解，现计成立者有十七村之多。"⑤

在中国共产党领导的一些根据地的行政村，也成立了专门负责调解民间纠纷的调解委员会，如晋绥边区的各行政村，纷纷成立调解委员会，专司调解事宜。该调解委员会一般有5至7人组成，调解委员会主任由村主席担任，委员则由农会主任、民兵队长、劳动英雄、妇女干部、公证人士等组成。⑥ 还有一些根据地在村公所设置由村代表会议选举组成的调解委员会，如晋察冀边区的各村即是这种情况。随着抗日根据地的巩固，晋察冀边区建立了以行政村民政委员会为核心的"民事调解委员会"⑦，这就意味着，村调解组织与村政权结合在一起，从而使调解组织具有了行政性质。有些根据地还将调解委员会以法律的形式予以规范。1942年3月1日公布的《晋西北村调解暂行办法》中规定，村民如有民事纠葛，可以以书面或言词向行政村调解委员会申请调解，调解成立与确定判决具有同等效力。⑧

在各根据地的区乡政府内部，也设立了调解委员会。由于各根据地的社会状况不完全相同，调解委员会的组成也有一定的差异。例如，晋察冀边区所属的冀南区的调解委员会是由区长及区抗联各1人和公正人士1人组成，区长为主任委员。冀中区则规定，区调解委员会由区长、公安助理、司法助理、抗联以及雇佃农代表组成。此外，还有一些

---

① 谢振民. 中华民国立法史（下册）[M]. 北京：中国政法大学出版社，2000：700.
② 市组织法 [J]. 河北省政府公报，1930，(835)：18-19.
③ 区自治施行法 [J]. 东方杂志，1929，(19)：123.
④ 区乡镇坊调解委员会权限规程 [J]. 法律评论，1931，(29)：26-27.
⑤ 民国时期文献保护中心，中国社会科学院近代史研究所. 民国文献类编：第4册"社会卷"[M]. 北京：国家图书馆出版社，2015：68.
⑥ 山西省地方志编纂委员会. 山西省志·政法志 [M]. 北京：中华书局，1998：182.
⑦ 河北省地方志编纂委员会. 河北省志·司法行政志 [M]. 石家庄：河北人民出版社，2012：203-204.
⑧ 韩延龙，常兆儒. 革命根据地法制文献选编（中卷）[G]. 北京：中国社会科学出版社，2013：1017.

行署和专署规定，除了区长为区调解委员会的主任委员外，其他委员由区村政府指派或推举。① 值得注意的是，区调解委员会不是一审机关，不另设专人负责，除了主任委员由区长兼任外，所有聘任委员均不脱离生产，遇有调解事宜，微小案件由主任一人出席亦可进行调解，民事重大案件须经过全体委员进行调解，但日常事务主任委员可以主持之。②

一些根据地还明确了调解委员会的职权、受案范围和调解效力。《晋冀鲁豫边区冀鲁豫区区调解委员会组织大纲》规定：为了杜绝争论，减少讼累，并本息事宁人精神，决定区设区调解委员会。区调解委员会有权调解本区民众之间发生的所有民事案件以及应判处 2 年以下有期徒刑的轻微刑事案件。区调解委员会由各该区区长、群众团体各 1 人以及公正士绅 1 人共同组织之，并以区长为主任委员。另外，两造当事人各得推选 1 人参加调解。调解成立与县政府确定判决具有同等效力，当事人一造若不遵守，他造得申请强制执行；调解不成立，调解委员会应将调解之详细经过，呈送县政府，不得限制其起诉。

根据地不但在调解法规中明确了调解委员会的组织、职责、受案范围等，而且非常重视调解委员会的建立。山东省政府在 1945 年 12 月 13 日的《山东省政府关于开展调解工作的指示》中，明确要求"明年三月底，要将已有的区村调解部门整理充实完毕，四月底，各区最低应将所属行政村的调解部门一律建设完成"③。

二、调解委员会调解的制度设计

20 世纪 30 年代初期，随着自治法规及相关调解法规的颁行，南京国民政府初步完成了区乡镇坊调解的制度设计。然而，30 年代中期保甲制度的施行以及抗日战争的爆发，使各地的基层调解委员会流于形式。40 年代初期，在司法部加强调解工作的过程中，于 1943 年 10 月会同内务部颁布了《乡镇调解委员会组织规程》，对乡镇调解组织、调解程序、调解结果等作出了明确的规定，初步完成了乡镇调解委员会调解的制度化设计。在此仅以乡镇调解委员会调解为例，来考察近代基层调解委员会的调解事宜。

（一）乡镇调解委员会的组成

按照规定，乡镇调解的组织为乡镇调解委员会。乡镇调解委员会由乡民大会或镇民大会于乡镇公民中选举乡镇内具有法律知识之公正人员充之。调解委员会初由 3 人至 5 人组织之，后来扩展为 5 人至 9 人。调解委员属于自治人员，根据《区乡镇里邻自治人员选举规则》第 16 条之规定，乡长、副乡长或镇长、副镇长等公务人员非辞去职务，不得被选为调解委员。

调解委员会设主席 1 人，由调解委员推举产生，主席因故于开会不能出席时，得委托其他调解委员代理之。主席及委员概属无给职，任期均为 1 年，任期届满时，可连选连任。当选之乡镇调解委员，由县市政府颁发证书，并在县市政府备案。

乡镇调解委员会附设于乡镇公所内，不另设机关，如所属人民有请求调解时，应申请乡镇公所通知调解委员，依法调解。调解委员会在办理调解事项时，得随时调用乡镇

---

① 河北省地方志编纂委员会. 河北省志·司法行政志 [M]. 石家庄：河北人民出版社，2012：205.
② 韩延龙，常兆儒. 革命根据地法制文献选编（中卷）[G]. 北京：中国社会科学出版社，2013：1011-1012.
③ 韩延龙，常兆儒. 革命根据地法制文献选编（中卷）[G]. 北京：中国社会科学出版社，2013：1019.

公所附属人员，费用由乡镇公所承担。

(二) 受案范围

依照《乡镇调解委员会组织规程》之规定，乡镇调解委员会在乡镇公所监督下办理民刑事调解事项。但并非所有民刑案件乡镇调解委员会都可受理，它的受案范围是有一定限制的。

关于民事案件，乡镇调解委员会受案应受下列限制：第一，已经法院受理之民事案件经调解后须依法定程序向法院申请销案；第二，依民事诉讼法正在法院调解之事项不得同时另行调解。

关于刑事案件，乡镇调解委员会所能受理的案件范围主要有如下十类：第一，妨害风化罪。刑法中所列举的妨害风化罪中，只有以诈术使妇女误信为自己的配偶而听从其奸淫者、直系或三代以内旁系血亲相互和奸者，调解委员会方可受理，其他妨害风化罪，调解委员会不得受理；第二，妨害婚姻及家庭罪。以诈术缔结无效或得撤销之婚姻、因而致婚姻无效之裁判或撤销婚姻之裁判确定者，有配偶而与人通奸者，调解委员会可以受理，其他诸如略诱罪、重婚罪等妨害婚姻及家庭的行为，调解委员会不得受理；第三，伤害罪。伤害他人之身体或健康者，施强暴于直系血亲尊亲属未成伤者，因过失伤害人者，调解委员会均可受理，其他伤害罪，调解委员不得受理；第四，妨害自由罪。意图使妇女与自己或他人结婚而略诱之者，无故侵入他人住宅、建筑物或附连围绕之土地或船舰者，无故隐匿其内或受退去之要求而仍留滞者，调解委员会可以受理，其他妨害自由的行为，调解委员会不得受理；第五，妨害名誉及信用罪。公然侮辱他人者，意图散布于众而指摘或传述足以毁损他人之名誉之事者，散布文字图书损毁他人名誉者，对于已死之人公然侮辱者，对于已死之人犯诽谤罪者，散布流言或以诈术损害他人之信用者，调解委员会均可受理，其他情节较为严重的行为，调解委员会不得受理；第六，妨害秘密罪。无故开拆或隐匿他人之封缄信函或其他封缄文书者，现任或曾任医师、会计师、公证人、律师、辩护人、宗教师等职务之人泄露因业务知悉或持有他人之秘密者，依法有保守因业务或职务知悉或持有他人工商业秘密而无故泄露者，调解委员会均可受理；第七，窃盗罪。直系血亲、配偶或同财共居亲属之间或其他五亲等内血亲或三亲等内姻亲之间犯有窃盗罪者，调解委员会可以受理，超越这个亲属范围的窃盗罪，调解委员会不得受理；第八，侵占罪。直系血亲、配偶或同财共居亲属之间或其他五亲等内血亲或三亲等内姻亲之间犯有侵占罪者，调解委员会可以受理，超越这个亲属范围的侵占罪，调解委员会不得受理；第九，直系血亲、配偶或同财共居亲属之间或其他五亲等内血亲或三亲等内姻亲之间犯有诈欺背信罪者，调解委员会可以受理，超越这个亲属范围的诈欺背信罪，调解委员会不得受理；第十，毁弃损坏罪。毁弃损坏他人文书或致令不堪用足以生损害于公众或他人者，毁弃损坏他人文书、建筑物、矿坑、船舰等以外的他人之物或致令不堪用足以生损害于公众或他人者，意图损害他人以诈术使本人或第三人为财产上之处分致生财产上损害者，债务人于将受强制执行之际意图损害债权人之债权而毁坏处分或隐匿其财产者，调解委员可以受理，其他毁弃损害行为，调解委员会不得受理。① 上述十类案件都属于告诉

---

① 蔡鸿源. 民国法规集成：第65册 [G]. 合肥：黄山书社, 1999: 250-257.

乃论之罪，它们"或者是因其本刑较轻，或者为了'家丑不可外扬'的关系，假如能够由调解委员会公平调解，原用不着闹到法庭里去，现行法令，斟酌情形，许由调解委员会受理调解，也无非是这个缘故"①。

可见，调解委员会调解事项为一般民事案件和调解法规规定的轻微刑事案件，受案范围比法院调解要宽泛一些，但是依民事诉讼法，正在法院调解之事项不得同时另行调解。

（三）调解程序

相对于民间调解而言，南京国民政府时期的《乡镇调解委员会组织规程》中规定了比较严密而规范的调解程序，初步实现了调解程序的规范化。

第一，当事人申请。当事人申请调解，须向乡镇公所陈述其姓名、性别、年龄、住所、调解事由等，并应附送该事由的关系文件。乡镇公所接受申请后，将其移送至调解委员会。当事人申请调解，既可用书面，也可用言词。

第二，开会调解。调解委员会接受申请后，应决定开会调解的日期，经由乡镇公所通知当事人亲到场。开会调解日期，应自接受申请之日起，民事事项不得逾10日，刑事事项不得逾5日，但民事事项当事人自请延期者，得再延长10日。

开会调解时，调解委员会须有半数以上委员之出席，方可开始调解。调解委员会对于调解事项有涉及本身或其同居家属时，应即回避，以保证调解的公平。民事调解事项须得当事人之同意，刑事调解事项须得被害人之同意，始能进行，调解委员会不能有强迫及阻止告诉各行为。办理调解事项除对于民事当事人及刑事被害人得评定赔偿外，不得为财产上或身体上之处罚。也就是说，调解委员会没有处罚权。②

第三，制作调解书

《乡镇调解委员会组织规程》第5条规定："调解委员会，于调解成立后，应本两造之意旨，书立调解字据，以资证明。"③ 这里的调解字据，即为调解书。因此，调解委员会已调解成立之事项，应叙列当事人姓名、性别、年龄、住址及事由概要，并调解成立年月日，制作调解书。调解书的格式，可比照民事调解笔录制定，由全体调解委员签名盖章，加盖乡镇公所图记后，调解书即告完成。

乡镇调解委员会调解成立的案件，具有法律上的拘束力，调解双方当事人不得随便反悔，按照规定，他们不能就原请求继续向法院起诉，也就是说，对于乡镇调解成立的案件，当事人不得再行起诉。然而，对于调解结果，如果一方当事人拒不执行，乡镇调解委员会则无能为力，因为乡镇调解委员会本身没有强制执行的权力，也没有请求法院协助执行的权力。因此，在调解协议达成后，一方反悔，另一方却不能申请强制执行，只能向法院提起确认调解成立并给付之诉，而调解委员会所制作的调解书只能附呈法院作为参考之资料。可见，乡镇调解委员会的调解从效力上看，远远逊色于与判决具有同等效力的法院调解。

---

① 刘霜凌. 乡镇调解与地方自治 [J]. 中华法学杂志, 1947, (1): 16.
② 乡镇调解委员会组织规程 [J]. 中华法学杂志, 1944, (2): 102.
③ 乡镇调解委员会组织规程 [J]. 中华法学杂志, 1944, (2): 102.

三、调解委员会的调解实践及成效

（一）基层调解委员会的调解实践

自从南京国民政府区乡镇坊调解的相关法规颁行后，一些区乡镇坊召开公民大会，开始选举调解委员，组织调解委员会。据《河北省顺义县志》记载，民国二十年（1931年）间，"每一编村设立一处由村民选举公断员五人或七人组织之调解委员会（均为无给职），再由公断员中互推一人为主席处理村中争执事件，范围很广，除命案盗案外，均可请求调解，但不服者可自由起诉"。[①] 为了加强对调解工作的监督，各省民政厅要求各地的调解委员会把调解工作制作月报表，按月报告。对于不能按月报表的县，省民政厅会登报批评，并限期报告。40 年代开始，司法行政部把乡镇调解作为中心工作。在司法部的倡导下，一些地方成立乡镇调解委员会，制定调解委员会办事细则，开展调解工作，并取得了一定的成效。

按照相关调解法规的规定，调解委员会调解事项为一般民事案件和轻微刑事案件。因此，在实践中，对于诸如租典纠纷、买卖纠纷、借贷纠纷、分家析产纠纷等一般民事纠纷，以及调解法规定的妨害风化罪、妨害婚姻家庭罪、伤害罪、妨害自由罪等十类轻微刑事案件都有权进行调解，现举几例予以说明：

1. 租佃纠纷

租佃纠纷是民间非常普遍的纠纷形式，也是调解委员会调解纠纷的主要类型之一。1944 年，大云乡七保顾金成从蒋炳先处转佃了徐庆华的 21 亩水田，租期为 5 年。1947 年 4 月，顾金成在田地耕作时，徐庆华强行将其铁搭抢去。顾金成遂以徐庆华妨害生产为由，向乡调解委员会申请调解，在调解委员会的调解下，双方达成协议：徐庆华豁免 1945—1947 年的田租，由顾金成耕种至 1948 年芒种时收回。[②]

1948 年 2 月，重庆市第二区乡公所内，在调解委员贺洪兴、陈升之等人主持下，对齐元廷与王用候租佃纠纷案进行了调解。在这则纠纷中，申请人齐元廷声明：我租与王用候之铺房二间，现因需要房营业亟待收回，并且我走后院进出不便，亦须收回，故请调解。被申请人王用候声明：我租齐姓之铺房已经换成押佃，由 1000 元换为 5 万元，并且房屋是我修建的，佃齐姓的地皮，现尚须继续租佃营业。经过调解委员会的调解，最后达成调解意见：该被申请人王用候要求续租，自认照原租金加 7 倍连原租共为 8 倍，每月合计 128 万元，4 个月为一季，每季租金 512 万元，先交租金一季，并换新租约，但租金以两季调整一次，并照随后市面增减。这个调解意见取得双方同意，续租有效，照新约纳租，调解获得成功。[③]

2. 分家析产

分家析产纠纷多由家族中的族长、房长予以调解，但在调解委员会成立后，有些家

[①] 顺义县志 [M]. 成文出版社，1933：303-304.
[②] 嘉善：嘉善县档案馆藏，档号：285-1-70.
[③] 重庆市第二区调解委员会齐元廷与王用候租佃纠纷事调解笔录（1948 年 2 月 28 日）[Z]. 重庆：重庆市档案馆藏，档号：0110-0004-00519.

庭内部出现分家析产的纠纷，也会向调解委员会声请调解。例如，《上海民友》杂志上登载的一则"为要求析产调解声请书"颇能说明问题：声请人先父修齐公，先母李氏，俱于10年前相继过世。当时声请人年幼，不能自立，依靠长兄孟良度日，所有先父遗下全部产业，计良田80亩，房屋12间，均归孟良执管。现声请人年已成长，并娶有妻室，本不须脱离兄长，另立门户，顾世间无不散之宴，天上无常圆之月，且长兄孟良，近来浪费无度，因之负债累累，长此以往，恐有破产之虞，将陷声请人夫妇生活于困顿之途，为此迫不得已，请求"钧会迅予传集双方调解，责令孟良将全部房屋，分拨三分之一，与声请人管业，俾得自立门户，力耕度日，不胜感戴之至"。① 这一则兄弟分家析产纠纷在调解委员会主持下得以和平解决。

3. 打架斗殴纠纷

打架斗殴在民间纠纷中颇为常见，这种行为发生后，往往视伤情而定。如果伤势严重，受害方会提起诉讼，请求法院解决。如果伤势不甚严重，则往往找人说和，私下解决。按照调解法规的相关规定，调解委员会有权对轻微伤害行为的施害者和受害者进行调解，以便化解双方的矛盾，修复双方受损的关系。下面是《上海民友》杂志上刊登的一则"为被殴受伤请求调解书"：声请人于昨日往前村杨九家索取欠款，适杨本人不在，伊妻陆氏，出而接洽，声请人即将来意告知，请伊待丈夫回来，说明原委，正谈话间，不料杨九自外突如其来，声势汹汹，强指声请人调戏其妻，不问情由，将声请人肆意凶殴，致遍体创痕累累，幸经邻右前来相劝，杨九始行放手。复查声请人平素束身自爱，从未有越轨行动，且向不接近女色，焉有调戏他人妇女之理，有村右邻居可资质证，该杨九显系借端侮辱，希图赖债，声请人本欲向法院自诉，既念彼此原属乡邻，仇恨不易深结，为此投请"钧会验明伤痕，迅传杨九到案，勒令负责为声请人医治，并予以相当慰藉，赔偿名誉损失，再杨九所欠洋三十元六角，亦祈一并责令偿还，合并请求"。② 该殴伤案发生后，受害人鉴于与施害人是乡邻关系，不愿因此结下仇怨，便未向法院起诉，而是向区调解委员会申请调解，以平息纷争，化解矛盾。此举反映了生活于乡土社会中的民众不愿意涉讼，希望大事化小、小事化了，尽快解决纠纷的愿望。

由上可见，调解委员会调解的纠纷类型中，既有对民事案件的调解，也有对轻微刑事案件的调解。当然，有些纠纷相对复杂一些，既涉及民事侵权，也涉及刑事伤害。重庆市璧山区档案馆藏的一则陈广全与刘华廷纠纷案即属于这种类型。刘华廷是陈广全的佃农，两者产生纠纷的起因是陈广全之子被刘华廷在屋檐下放置的一条长懒凳打伤，在当地保甲的调解下，刘华廷须支付陈广全儿子5万元医药费，但刘华廷并未支付。陈广全为筹措医药费，随后将田地转佃给王席中，陈广全与刘华廷之间除了上述伤害纠纷外，又产生了租佃纠纷。③ 临江乡调解委员会在陈广全的申请下，对此纠纷进行了调解。最后提出调解意见：刑事部分由陈广全医好后再行调解，民事部分则按原约投佃。④

---

① 本达. 向区调解会声请调解的几种书状格式 [J]. 上海民友，1934，(76)：18.
② 本达. 向区调解会声请调解的几种书状格式 [J]. 上海民友，1934，(76)：19.
③ 为故意伤害估耕欺主恳乞传案理究以儆刁顽而重主权由（1945年7月13日）[Z]. 重庆：璧山区档案馆藏，档号：14-01-220.
④ 调解记录（1945年7月15日）[Z]. 重庆：璧山区档案馆藏，档号：14-01-220.

(二) 基层调解委员会调解实践中暴露的问题

由于各地调解委员会未备置簿册，依章对调解事件进行登记，所以无法对调解成效做出数字上的统计。然而，从当时报刊所登载的有关调解委员会的情况来看，各地对于办理调解事宜并不热心，有些地方根本没有设立调解委员会，有些地方虽然设立了调解委员会，但对调解事项往往敷衍了事。还有些调解委员会违反调解规定，做出种种有损调解人利益的事端。

第一，一些区乡镇并未设立调解委员会。

设立调解委员会是推行地方自治的一项内容。近代各届政府尤其是南京国民政府推行地方自治的过程中，在地方自治法规中特别强调要设立基层调解委员会，司法行政部也三令五申，要求各乡镇公所成立调解委员会，但有些地方根本就没有设立调解委员会，直到1946年广东省政府代电中仍然督促各乡镇要尽快成立调解委员会："查各乡镇调解委员会组织规程自公布施行以来，迄已数载，各省市县政府已按照规定督促各区乡镇公所成立调解委员会者固多，而以民智未开及种种困难，迄未成立或徒具虚名者亦不少。"①

第二，调解委员会办理调解事宜敷衍了事，形同虚设。

20年代末30年代初，根据《县自治法》《市自治法》以及《乡镇自治施行法》等规定，在司法行政部等有关机关的督促下，一些地方设立了基层调解委员会。但相当多的地方设立调解委员会纯属应付公事，致使调解委员会大多有名无实，形同虚设。根据山西省政府村政处的训令，各村调解委员会多不认真调解，也未备置调解簿册，如山西中阳县、石楼县、宁武县、方山县等即是如此。② 1937年，察哈尔省政府公报中记载："本省自区长取消、乡镇改组后，监察、调解委员会，大半无形停顿，即尚未停顿者，率皆敷衍从事，徒具虚名。"③ 其他各省区类似情况也不少见。对于这种状况，各省也发布训令，督促各区乡镇尽快成立调解委员会，认真办理调解事项，如山西省政府村政处多次发布训令，要求每个县要经常派稽查员下乡，对于调解委员会认真查勘指导，以免各村再行敷衍，但这种情况并无好转。

第三，调解委员会违反调解法规的现象比比皆是。

按照规定，调解委员会调解民刑案件需要依据调解法规的规定，而在调解实践中，调解人员违反规定、自行其是的现象大量存在。例如，南京国民政府时期有关区乡镇调解法规中都规定了调解不得征收任何费用，但在很多地方，调解人员却违反规定，随意征收调解费用，如山西省晋城周村调解委员会沿用旧时的习惯，遇有人请求调解事件，先由申请人到镇公所缴纳打钟钱5000文，方为受理，无论申请人有理与否，打钟钱必须缴纳。其他各村也均有缴纳打钟钱之陋规，以至于一般贫苦百姓往往无钱打钟，即含冤了事，不再请求调解。④ 另外，山西还有一些地方存在要求申请调解人缴纳灯油若干斤之陋规。有的省份自行制定的调解规则中，就明确要求缴纳调解费，如《湖南省乡镇调解

---

① 电饬普遍成立乡镇调解委员会并召集各委员举行短期讲习会 [J]. 广东省政府公报，1946，(27)：13.
② 山西省政府公报 [J]. 山西公报，1936，(45)：87.
③ 民政厅通令 [J]. 察哈尔省政府公报，1937，(1062)：28.
④ 山西省政府村政处训令 [J]. 山西公报，1935，(38).

委员会调解规则》第 14 条规定：乡镇调解委员会调解案件，除当事人确系赤贫应免收费用外，得斟酌案情及当事人财力，决定收取调解费金元 5 角至 1 元，此外不得收取任何费用或报酬。①

按照规定，调解委员会不能对当事人做出财产上或身体上之处罚，否则，即属违法。事实上，各地调解委员会在进行调解时，常常超越权限，做出类似于判决的一些处罚。例如，湖南省桃源县第三区调解熊花生与熊会臣等一案中，调解结果由熊会臣等酌给药资洋 5 元外，并交由该族人拘押 5 日。② 又如，湖南省桃源县第九区调解聂益记与黎大儿一案，将黎大儿拘留 3 日。③ 再如，湖南攸县第四区调解陈善才等与陈明仔一案，处罚陈罗仔做苦工 5 日。④ 拘押或拘留属于刑事处分之一，非依法判决，决不能任意拟处。这些无视禁令、非法越权的行为在各地的调解委员会中并不少见。

（三）调解委员会调解成效不彰的原因

由于调解委员会在调解中存在诸多问题，区乡镇调解委员会制度的推行并没有实现司法行政部弭讼息争、便利人民的立法本意，换言之，区乡镇调解制度在执行过程中大打折扣，没有收到预期效果。主要原因如下：

第一，地方自治制度的推行差强人意。

如前所述，区乡镇村调解委员会依托于近代地方自治制度，换言之，近代区乡镇村调解委员会的出现是推行地方自治的一项内容。近代地方自治虽然从清末就开始倡导，直至南京国民政府时期仍然明文推行。但是，考诸实际，近代地方自治制度的成效并不能尽如人意，正如有学者所言："中国之乡村，素来缺乏组织，一切乡村事务，多为土豪劣绅操纵，以致乡村之居民，上受统治之压迫，下受封建之鱼肉，恹恹垂毙，无自治可言，即民意亦不敢宣泄。迨至革命以后，山西、云南、江苏、浙江、江西诸省，虽有厉行村自治之明文，惟仍未实现。"⑤ 事实上确实如此。不但清末民初在地方自治推行方面缺乏力度，即使将地方自治明载于宪法的南京国民政府时期也是如此。由于地方自治效果不佳，尤其是在维持地方秩序方面作用不大，1934 年，南京国民政府开始将保甲制度纳入地方自治制度之中，以自治之名行保甲之实，以实现对地方的有效控制。随着保甲制度的推行，一些地方的自治运动无形中停顿下来，作为地方自治组成部分的基层调解委员会虽然没有明令废止，却难以有效开展工作。例如，1935 年江苏省民政厅根据嘉定县县长许次玄呈请解释保甲制度、自治法规疑义等情事，解释如下：该县正在举办保甲，区乡镇调解委员会，应一律暂缓设立，将来应否设立，应候另令通案办理。⑥ 可见，基层调解委员会的设立随着保甲制度的推行被无限期推迟，而那些已经设立的调解委员会的工作也受严重影响。难怪时人撰文指出："惟民国肇造以来，垂二十余年，政局倜扰，

---

① 湖南省乡镇调解委员会调解规则第十四条 [J]. 湖南省政府公报，1948，(4)：7.
② 湖南省政府指令 [J]. 湖南省政府公报，1937，(773)：3.
③ 湖南省政府指令 [J]. 湖南省政府公报，1936，(545)：3.
④ 湖南省政府指令 [J]. 湖南省政府公报，1937，(697)：4.
⑤ 张研，孙燕京. 民国史料丛刊（政治·政权结构）第 79 册 [G]. 郑州：大象出版社，2009：68.
⑥ 调解会应暂缓设立 [J]. 江苏月报，1935，(5)：5.

外患交乘，内讧靡已。地方自治之制度，存废靡常，良可浩叹！"①

第二，调解制度设计的粗浅。

南京国民政府颁行的几部有关区乡镇坊调解的法规，都规定了调解不得征收任何费用，立法本意虽好，但实际执行过程中却因为缺乏必要的调解经费影响到制度的成效。如果调解委员属于乡镇公所的公职人，有基本的俸禄维持生活，情况或许会好一些，问题是调解委员均为无给职，在旷日费时的调解工作中，调解委员如果没有足够的奉献精神，难免会觉得厌倦，调解热情不高，积极性欠缺，调解成效自然会大打折扣。当时也曾有多人提出这个问题，希望能予以解决，如南海县县长李海云曾向广东省民政厅呈文称：查区乡镇坊调解委员会规程，对于各级调解委员会经费，并无明文规定，所有各级调解委员，似应酌量支给夫马费，兹拟区调解委员每员月支夫马费不得过 8 元，乡镇坊调解委员每员月支不得过 4 元，均由各该区乡镇坊公所筹拨。② 这一建议，未得到明文批复，最后不了了之。由于缺乏必要的合理的调解经费，导致一些地方的调解委员往往违反规定，擅自收受调解费用。

对调解委员的任职资格要求不够明确，无疑会直接影响到调解效果。无论是 20 世纪 30 年代颁行的《区乡镇坊调解委员会权限章程》，还是 40 年代颁行的《乡镇调解委员会组织规程》，都没有明确规定调解委员的资格条件，这必然导致大量素质较低的人员混杂于调解委员队伍之中。按照规定，调解委员系由乡镇公民大会选举产生，在一定程度上能够代表民意。但被选举人没有资格限制，未免存在纰漏。如果被选举为调解委员的人员不具备必要的调解素质，如公正的品质、良好的操行以及必备的人文和法律素养等，那么调解结果可想而知。河北省临榆县县长代本县公民请求司法院解释调解委员"如有不通文理目不识丁者，是否有应选资格"，即反映了时人对于不具备一定素质的人当选为调解委员的一种担心。这种担心不无道理。试想一些不通文理甚至目不识丁的调解委员，对于调解双方的法律诉求以及国家的法律条文能否真正领会并予以很好地理解，答案可想而知。当时的内政部对于不通文理、目不识丁者处理自治事项也心存疑虑，然而，司法院却因自治施行法对此并无限制，而认为这些人具备候选资格。③ 这不能不说是将来调解问题上存在的一大隐患。有学者也曾撰文指出，如果让没有丝毫法律知识的调解委员，担负起调解纠纷的重任，无异"盲人骑瞎马，夜半临深池"，其危险将不堪设想！④ 此外，由于"中国国民教育之不普及，充任调解之职者，类皆目不识丁之徒，欲其有良好调解成绩，岂非缘木求鱼。上者若为土劣所担任，则颠倒是非，混乱黑白，徒为鱼肉乡民之工具耳"。⑤

乡镇调解效力不高也是制度难以取得实效的原因之一。按照规定，乡镇调解委员会对于所办理之调解事项，不得为财产上或身体上之处罚，也就是说，乡镇调解委员会没有处罚权，这样做出的调解结果对当事人没有明显的拘束力，即使结果是合理的，如果有一方不愿意履行，乡镇调解委员会也无能为力。因此，人民发生纠纷后，要么请乡邻

---

① 张研，孙燕京. 民国史料丛刊（79 册）（政治·政权结构）[G]. 郑州：大象出版社，2009：123.
② 规定区乡镇坊调解委员会经费 [J]. 广东省政府公报，1934，（260）：46.
③ 司法院咨（院字第一四四零号）[J]. 司法公报，1936，（102）：33-34.
④ 陈盛清. 我国调解制度 [J]. 东方杂志，1943，（20）：33.
⑤ 方茂松. 大学法科应附设民刑案件调解处之建议 [J]. 法政半月刊，1935，（5）：31.

主持调解，要么到法院起诉，而不愿意赴乡镇调解。为了提高乡镇调解的效力，时人曾提出解决办法：第一要规定民刑事轻微案件，在提起诉讼之前，必须经过区乡镇调解委员会的调解，未经调解而起诉者，法院得批令调解；第二要承认区乡镇调解委员会之调解，经过向法院备案之手续后，有与法院判决同一之效力，而执行之责，亦可由区乡镇公所负之。① 然而，这样的建议未得到司法部门的认可。

第四节 近代县政府及其职能部门调解

县级层面的政府机构调解民间纠纷是自古以来的一种传统，无论是秦汉隋唐时期的县令，还是宋元明清时期的知县，都曾代表县级层面的政府衙门对民间的纠葛进行调解。近代以来，尽管法院建设步伐不断加快，但县政府在很长的时段内仍然担负着处理民间纠纷的任务。此外，由于县政府内部存在职能上的划分，一些职能部门在自己权限范围内也负有调解职责。

一、县政府调解

县政府对民间纠纷的处理，一方面采取法律手段，通过正常诉讼程序进行审理和判决，另一方面则采取调解的手段，通过法外途径解纷止争。从一些地方的司法档案材料来看，大量的民事纠纷和案件是由县政府之县知事或县长主持调解结案的。县知事或县长调解纠纷并没有固定的范围，可以是普通老百姓之间发生的争端，也可以是工人与厂方之间发生的劳资纠纷，也可以是商人之间发生的商业纠葛。无论属于哪一类型，县知事或县长调解的纠纷主要集中在一些历时较长的、争议较大的、涉及面较为广泛的纠纷，或者是民间调解或调解委员会调解未能获得成功的纠纷。

（一）普通民事纠纷

民间发生纠纷是不可避免的，尤其是户婚钱土之类的纠纷更是普遍。这类纠纷发生后，受传统父母官观念的影响，人们习惯性地寻求地方政府来解决。作为县政府主管长官的县知事或县长，因为具有一定的权威性，且对本地风俗习惯比较熟悉，往往在其他调解机关或个人调解不成的情况下，通过对当事人的劝说诱导，促使纠纷尽快解决。现略举几例加以说明：1912年西龙贵村乡地起诉邻村南龙贵村一买家坚持用自身的杖尺（比西龙贵村的短）丈量土地。这起纠纷先是由村政和区警调解，未能成功，后来县官派衙役用该县官方杖尺丈量这块土地，解决了这起纠纷。② 1944年，在湖北浠水县陈金枝与丈夫徐为生的婚姻撤销案中，陈金枝以被徐"带入胁迫成婚"为由，于本年9月向县司法处提起解除婚约之诉。1946年5月，浠水县司法处以"不能谓非已表示追认"为理由驳回陈金枝的诉求。陈金枝不服一审判决，随即提起上诉。徐为生"自知与声请人难以

---

① 陈盛清. 我国调解制度 [J]. 东方杂志, 1943, (20): 33.
② 李怀印. 华北村治：晚清和民国时期的国家与乡村 [M]. 岁有生, 王士皓, 译. 北京：中华书局, 2008: 64.

好合同居",遂请出县长皮宗荣等人出面调解,并于1946年1月订立和解契约"将从前纠葛悉为扫清,此后男婚女嫁两不干涉"。随后,陈金枝撤回上诉。①

县政府调解的案件往往是一些影响较大或争议较大的民事纠纷。例如,1934年,在调解"望山门保安门码头工人互争工作一案"中,工会召集望门山、保安门码头工人代表,调解双方工人争执工作一案,并拟定解决办法10条,"以期根本解决,一劳永逸,旋因双方固执,未能生效"。随后呈报县政府。县长以码头工人争执,时有发生械斗情事,于地方治安关系甚大,于是召集两造及有关方面,在县政府举行调解会议,仍以码头工会所拟10条解决办法为依据,逐条讨论,有异议者酌予修改,最后达成调解协议,经双方签字认可后存卷保存。②从调解决定书的签字情况来看,这次调解是在武昌县政府的主持下,在码头工会代表、公安局代表等人的见证下,对影响地方治安的码头工人互争工作纠纷进行的一次调解。

当然,政府机关调解的并非都是重大的争议和纠葛,有些普通的民间纠纷也是在县政府调解下达成协议的,特别是在革命根据地,由于政府机关的便民、亲民作风,深受百姓爱戴和信赖,加之政府机关自身的威望,老百姓遇到纠纷,非常愿意找政府调解,因而政府调解纠纷非常普遍。1945年1月,武安县庙村妇女赵景,因灾荒所迫,在中人赵三林、张小六二人的说和下,以小米6升、炒面5升将年仅五岁的儿子卖给更乐村李振华为养子,当时未立字据。三年后,赵景反悔,想把孩子要回去。李振华家只有一女,未有儿子,加之已经将养子养育了三年,感情深厚,不愿意让赵景将孩子领走。1948年1月20日,赵景遂将李振华告到涉县县政府。县政府在讯问双方当事人后,对这一养子争执案进行了调解,最后达成调解协议。③陕甘宁边区合水县三区六乡古城村居民之间发生土地纠纷后,县长王士俊深入该村实地调查数日,并苦口婆心对双方当事人开导、劝说,纠纷终于得到解决。《解放日报》对此案进行了报道,并作出高度评价:"诉讼双方不惟没费分文诉讼费用,而且调停人未喝一口水,而纠纷得到和解,因此群众感激异常。"④还有如淳耀县副县长房文礼,在该县具有相当的威望,深受民众信赖,人们遇到纠纷,纷纷找他调解,以至于每年由他主持调解的纠纷多达几百件。⑤

(二)商事纠纷

一般来说,商事纠纷由商会负责处理,但是,一些影响较大的商事纠纷也会请求县、市政府予以调解。从近代一些文献资料来看,县、市政府调解的商事纠纷为数甚多。现举几例予以说明。

1933年,蒲圻羊楼洞青红茶帮和汉口市茶叶行业同业公会因清红茶叶过行交易发生争议,呈请汉口市政府予以调解。汉口市政府收到呈请后,召集调解会议,最后议定办法八项:(1)在汉口商民一律适用新制衡器后,汉口市茶叶行经纪羊楼洞青红茶买卖,须用新制衡器过秤,其斤两如何折合,以届时汉口市全体茶叶水营业通例决定。在汉口

---

① 陈金枝与徐为生撤销婚姻事件(民国三十四年)[Z]. 浠水:浠水县档案,档号:81-1-157.
② 望山门保安门码头工人互争工作一案调解决定书[J]. 湖北省政府公报,1934(46):127-128.
③ 白潮. 乡村法案——1940年代太行地区政府断案63例[M]. 郑州:大象出版社,2011:303-305.
④ 合水王县长深入农村调解群众土地纠纷[N].《解放日报》,1944-7-1.
⑤ "老区长"——介绍房参议员文礼[N]. 解放日报,1944-12-9.

市茶叶行未换用新制衡器前,汉口市茶叶行对于羊楼洞青红茶负代为买卖责任,只取纯用三分五(即按百分之三点五取行佣)。例如羊楼洞商有茶叶若干由茶行介绍卖与某帮客商承买,其秤码之折合,钱价之扣算,须由羊楼洞卖客与某某帮买客直接商定。衡器以钱秤十六两位准,原秤出进,买卖两方,均得凭行覆秤;(2)关于回厘栈租归卖客自理;(3)关于上力、抽包、吊号、堆工、挖水渍、搬包等力价,由茶行照例按规定价月代付;(4)茶叶过秤照实有斤两退皮。但卖客卖茶给买客,如茶叶斤两方面,事先议有折扣时,则须由茶行向买客说明先退皮,后折扣茶叶斤两;(5)向例茶行买茶,对于羊楼洞卖客包茶之麻袋,系每一个麻袋,给付卖客洋一角,以后汉口茶行经济羊楼洞茶叶,须先将此例向买客声明;(6)凡未经上述各项规定事项,由茶行与买卖双方客商,商洽处理;(7)本调解笔录规定各项,只限于汉口市茶叶行与羊楼洞茶叶商部分。其他各帮茶叶商,与汉口市茶叶行交易,不受拘束;(8)本调解笔录如将来与政府法规有抵触时,应即废止。该调解办法得到蒲圻羊楼洞青红茶帮代表雷子新、雷涤初和汉口市茶叶行业同业公会代理汪绳武、张仲丞、程源廷等人的一致同意,遂签字表示认同,调解获得成功。①

1946年9月,江苏吴县木器业同业公会认为会员陈松麟、浪寿泉、张其元等五人擅自组织吴县盆桶业同业公会系紊乱木器业同业公会之组织系统,并违背了木器业同业公会会章,因而致函吴县县商会,要求取消盆桶业同业公会。而盆桶业同业公会却认为本行业为自制自卖之行为,且盆桶业同业店号在吴县辖境内有一百数十家之多,历来受木器业同业公会的垄断和剥削,为了联络盆桶业同业之感情,尤为研讨工艺精益求精等期间,实有成立同业公会之必要。在县商会多次召开双方座谈且调解无效的情况下,1947年11月,吴县县政府召开木器业与盆桶业纠纷调解会议。纠纷双方在会议上争执颇久,形成资资、劳资、劳劳多角纠纷,尤其是盆桶业方面坚决表示非另行组织工会不可,僵持不下,调解未能成功。②

(三)刑事案件

在基层司法资源有限的情况下,不但民事纠纷和商业纠葛由政府机关调解,甚至一些刑事案件也往往通过调解达成赔偿协议,从而促使案件尽快解决。现举几例加以说明。

其一,轧死孩子赔偿纠纷。陕甘宁边区三边县的刘玉奎用大车拉土,因为不会赶大车,在鼓楼底下轧死一个小孩子。随后,县政府把刘玉奎抓起来,准备判刑,但受害人要求调解。于是,县政府和一些进步人士来和解,最后被告刘玉奎出了100万元边币的抚恤费,受害人与被告人达成谅解,要求将被告释放。在这个案件中,刘玉奎拉土轧死孩子,已经构成过失犯罪。但受害人却愿意通过调解解决这起案件,最后在县政府的调解下,受害人得到一定的经济赔偿,遂请求县政府释放被告刘玉奎。③我们暂且不论这起案件是否属于调解范围,仅从修复已经损坏的社会关系角度来说,还是值得肯定的。有学者对这起案件的调解效果作出如此评论:"通过调解,能够使受害人的损失尽可能挽回,

---

① 汉口市政府商事争议调解笔录[J].湖北省政府公报,1933,(34):125-126.
② 马敏,肖芃.苏州商会档案丛编:第六辑(1945—1949年)上册[G].武汉:华中师范大学出版社,2011:525-534.
③ "边区推事、审判员联席会议发言记录"(六)[Z].西安:陕西省档案馆藏,档号:15-81.

也能使受到破坏的社会关系尽可能得到恢复。"[1]

其二,高兰英将其父殴伤致死案。延长县长呼恩恭通过调解的方式处理了高兰英打伤其父致使毙命的案件。据呼恩恭给边区高等法院的呈文所说:高兰英是延长县五区三乡郝家村人,打伤其父刘三使其毙命,后去找娘家人及户族人来解决此事,认为此事"尚可调解"。经过大家一致同意,"故调解无事",并给高兰英严厉批评,指出其不对之处,"令今后应改正性情"。[2]

由上可见,在近代中国,政府机关调解纠纷是一种普遍现象。政府机关调解的纠纷和矛盾大多基于当事人的直接申请,但也有些纠纷则是上级法院委托。例如,陕甘宁边区三边县的魏现功与周国真因为卖地发生了纠纷,遂告到边区高等法院,而边区高等法院又批复县政府解决。这类由法院批复政府机关的案例并不多见,该土地纠纷之所以由法院批复县政府解决,主要是因为当事人没有经过分庭,直接告到边区高等法院,属于越级告诉,而且当事人双方的土地买卖纠纷本身并不复杂,所以边区高等法院才批复县政府解决。该纠纷最后由三边县政府调解委员会召集社会进步人士、商会会长等进行调解,达成了和解协议。[3]

当然,无论是清末民国政府机关的调解还是根据地政府机关的调解,并非都能取得成功。在调解不成的情况下只有通过诉讼程序,依法进行判决。1942年平山县张墨墨(女)起诉继承母亲遗产案件便是一例证。张墨墨同胞弟妹五人,父亲张其吉早已于1933年亡故,所遗家产由母亲张王氏及胞弟张庆子、张来庆三股均分。母亲病故后,被告张庆子将遗产与次弟张庆来平均分配,丝毫不予原告,张墨墨气忍不过,又为生活所迫,乃以被告张庆子侵占应继遗产,诉请平山县政府依法将其母张王氏的遗产判给同胞弟妹平均分配。平山县政府民事庭由县长赵继昌、审判官段勇涛、书记员冯秉天承办此案。经屡次传讯,一再调处无效后,被告除请求依法判决外,别无任何理由提出,即依民事诉讼法第78条及第381条第1项之规定,判决确认原告之诉为有理由,张王氏所有遗产应由原被告及次弟张来庆弟妹平均分配。[4]

二、县政府职能部门调解

除了县政府机关主持调解外,各政府职能部门也是重要的调解主体之一,如职掌工商管理之责的社会局,主管土地产权的地政局,主管农田、水利、经济的农田局、水利局、经济局等。这些职能部门对本机构所管辖事项范围内的纠纷也负有调解职责。在此仅以社会局的调解为例,来了解一下县政府职能部门的调解状况。

社会局是南京国民政府时期设置的以工商管理为主要职能的部门,其职责主要包括调解劳资纠纷、评定物价、推行劳工福利设施、推行合作事业、各种团体之组训、度量衡检定、设立救济机构、办理冬赈、救济失业工人、农业推广与农场登记等。社会局调

---

[1] 汪世荣,等. 新中国司法制度的基石——陕甘宁边区高等法院(1937—1949)[M]. 北京:商务印书馆,2011:261.
[2] 边区人民法院司法工作总结报告[Z]. 西安:陕西省档案馆藏,档号:15-1057.
[3] "边区推事、审判员联席会议发言记录"(六)[Z]. 西安:陕西省档案馆藏,档号:15-81.
[4] 河北省地方志编纂委员会. 河北省志(第73卷"审判志")[M]. 石家庄:河北人民出版社,1994:259.

解纠纷的类型有劳资纠纷、房租纠纷、商业纠纷等。

(一) 劳资纠纷

调解劳资纠纷是社会局重要职责之一，例如，上海市社会局在施政概况中将"劳资纠纷"专门列为一项重要工作进行汇报：处理劳资纠纷事件，悉依社会部及市政府及参议会指示各项原则办理，大体言之：(1) 处理劳资纠纷，须按照各项法律规定，作出公平合理之解决；(2) 怠工罢工事件，须迅速纳入平常之调解程序；(3) 遇到纠纷事件，务必迅速解决，以减少损失；(4) 积极促进劳资协调，以减少纠纷。①

从各种文献资料来看，社会局调解的劳资纠纷为数甚多，现以汉口市社会局调解的几起劳资纠纷为例来加以说明：

其一，汉口市社会局调解福新面粉厂劳资纠纷。

汉口市桥口福新第五面粉厂开办以来，营业颇为发达，1926年，该厂以老厂机器颇多损坏，又在桥口宗关地方创一新厂，将老厂工人移新厂工作。惟与麦籽畅旺之时，老厂亦间有召集短工开工，冀增加生产额。1928年冬，该老厂以原料缺乏停工，工友方面因影响生计，呈请市民训会救济。民训会按当时社会生活状况，令厂方给工人遣散费26元，复酌给用资2至6元不等，双方并根据上项办法成立契约，为嗣后做工之准则。本年该厂仍照原有工人复工，迄今6月，厂方以麦煤俱尽，购价又较昂贵，遂又于月前宣告停工，并照所定契约遣散工人。工人方面以该厂现在实无停工之必要，呈请汉口市社会局即予制止，厂方亦呈述困难情形，请求根据契约办理。汉口市社会局接据双方呈诉，立即派员详查真相，为调解之参考，旋于10月8日召集调解会议，函请市民训会、市总工会、面粉总工会各派代表出席，并令双方当事人各派代表三人来局，共同调处。经长时间讨论，决定调解办法三项，得出席人全体同意，一致签字，称为平允，劳资双方尤为欣喜。其办法如下：第一，福新面粉厂因原料缺乏，宣告一部分暂时停工，所有解雇工人，每人应按其工资计算，由厂方发给90天遣散费；第二，遣散时由厂方按工友回乡路程，发给川资，"到上海者"每人给洋10元，"不到上海者"每人给洋5元；第三，福新面粉厂现在停工之一部分如复业时，各工人仍旧复工。②

该案例中，劳资纠纷双方直接向汉口市社会局呈诉，社会局接到呈诉之后，随即派员调查纠纷之真相，以作为调解之参考。在调查纠纷发生的真实情况后，社会局召开调解会议。在调解过程中，不但有纠纷双方当事人参加，而且函请市民训会、市总工会、面粉总工会各派代表出席，共同进行调解。调解达成协议后，由出席人员全体签字认可，该纠纷得到比较圆满的解决。

其二，汉口市社会局调解棉絮卷花业劳资纠纷。

汉口市棉絮弹花工人，向有湖南帮与湖北帮之分，湖南帮工人来自远方且弹花技术较优，故在同业中颇为资方所倚重，因之湖南弹花技师工资恒高于湖北帮，其他待遇上亦较为优渥。1929年9月，湖北帮工人以两帮在同一地方，做同等工作，其待遇上不应稍有差异，遂由湖北帮推代表湛开平等，将上项情形呈诉汉口市社会局，要求资方对于

---

① 社会局. 社会局施政概况 [J]. 上海市政建设专刊，1945，(1).
② 社会局调解三大劳资纠纷之梗概 [J]. 新汉口，1929，(5)：43.

湖北帮工人一视同仁。经汉口市社会局派员调查，因双方意见无大出入，争执之点又极微末，遂令棉絮卷花同业会持平调停，具报备查，冀于无形中消除双方意见，以解决纠纷。讵资方有三数店主始终不理会湖北帮之所为，拒绝请求，工人方面遂于10月9日集议应付方法，事被资方察觉，密报当地警察第十二署捕去多人，工人至是愤慨甚甚，翌日竟相率罢工，嗣后双方感情遂日趋恶劣。汉口市社会局闻信，一面遴派干员勘令工人复工，一面于10月11日召集调解会议，经主席委员徐则曾再三婉劝，晓以利害，双方当事人均为感动，遂各捐除成见，接受调解，当经出席人全体同意，决定解决条件六项：第一，工资及一切帮规均与湖南帮一致，资方有用人之自由权，如湖北帮工人之技能确与湖南帮相等者，资方仍须雇佣，如技能较劣者，可解雇之；第二，工人有自由罢工，或改营其他职业，及自营棉业之权；第三，以前劳资双方之所有透支或欠付之薪资，各自清算；第四，仍采用一师一徒制，资方不得完全雇佣学徒，或学徒人数超过师友；第五，此后湖北帮工人之工资，概以湖南帮工人工资之升降为标准；第六，自解决后，双方均须遵照调解履行，如发生意外情事，由双方代表负完全责任。①

在该案例中，湖北帮与资方因为工资问题发生纠纷后，呈诉社会局请求解决。社会局认为双方争执问题不大，遂交给同业会进行调解。在同业会调解未果的情况下，社会局遂召集调解会议，对当事人晓以利害，再三劝说，于是达成调解协议，纠纷得到比较妥善的解决。

其三，汉口市社会局调解申新纱厂劳资纠纷。

汉口市桥口申新纱厂工人，为要求发给1928年度红利，与厂方发生纠纷，曾经市民训会召集各机关团体开会调解，议决令厂方加发工资4天，工方不服，遂由民训会将全案移送市政府仲裁，市政府为慎重案情与顾全仲裁之程序起见，乃令社会局查明情形，妥为办理。社会局以申新纱厂规模颇大，有男女工2000余人，且桥口地方工厂林立，总计工友约7000人，如果处理稍一不慎，势必引起其他争执，随即遴派干员详细调查该厂分红习惯，及双方争执焦点。第三科李直夫科长曾亲至申新纱厂考察本案情形，并经社会局开会调解两次，向劳资双方切实劝导，工人方面始渐同意，罢工暗潮亦遂沉寂。至此，社会局以双方成见均已化除，其纠纷当可迎刃而解，因于10月23日下午2时，召集各机关团体代表及双方当事人举行第三次调解会议。是日市公安局代表金百练、市党部民训会代表杜贤达、市总工会代表黄熙楚和任汉臣、汉口总商会代表杨辉廷以及纺织总工会代表、申新纱厂代表、工人代表以及社会局第三科科长李直夫、指导股股长等出席。调解会开始后，由主席李直夫报告调解经过，并婉劝当事人各自让步，推诚相与，经出席委员讨论结果，决定办法三项：第一，普通工人加给工资6天；第二，机工头老加给工资15天。各代表均认为调解公允，欣然签字，偌大工潮，遂告平息，劳资双方，皆表示满意。②

与前两个案例不同之处在于，这个案件是上级指令社会局调解的。申新纱厂工人因发放红利问题与厂方发生纠纷，虽经市民训会召集各机关团体开会调解，但没有达成一致意见，调解宣告失败，遂被移送汉口市政府进行仲裁。市政府令社会局予以调解。社

---

① 社会局调解三大劳资纠纷之梗概 [J]. 新汉口, 1929, (5): 43-44.
② 社会局调解三大劳资纠纷之梗概 [J]. 新汉口, 1929, (5): 44.

会局在查明事实的基础上,召开了三次调解会议,并邀请市公安局、市民训会、市总工会、市总商会等多个机关团体参加调解,最后达成调解协议。

除了汉口市社会局以外,其他各市社会局在调解劳资纠纷方面也发挥着较大的作用。以上海市为例,1928—1939年间2655件劳资纠纷之中,经社会局调解或作出行政处分者,有1602例,占纠纷总数的60.34%。[①]

(二) 房租纠纷

20世纪30年代,一些地方频发房租纠纷,甚至发生了由房客为主的减租运动,结果导致房东房客双方均受损失。有鉴于此,1936年2月18日,行政院会议通过《房租纠纷调解法》,规定:凡是房租纠纷非依据本法调解不成立后不得起诉。凡因房租纠纷当事人两造或一造声请调解时,地方主管官署应于7日内召集调解委员会调解之,其中调解委员会由地方主管官署1人、当地党部1人、地方法院1人、当事人两造各推定代表1人组成。调解经双方当事人同意时,应制作调解笔录,由当事人及调解委员会依次签名即为成立,该笔录应送达与各当事人,并呈报地方主管官署。调解成立视为当事人间之契约。当事人两造或一造不同意时,为调解不成立,于起诉时,地方主管官署应将关于调解之文件移送法院,法院于判决后应将判决结果通知地方主管官署。调解成立后有当事人不履行者,处以每月租金两倍之罚金,房主如果在调解期内强迫房客迁居者,也处以每月租金两倍之罚金。前项处罚由地方主管官署声叙事由移送该管法院处理之。[②] 该《房租纠纷调解法》存在与法律抵触之处,刚刚通过就遭到一些法界人士的抵制。[③] 1936年6月,立法院最后议决该《房租纠纷调解办法》无专门制定之必要。因此,在实践中,该调解法规并未发挥作用。从笔者目前掌握的资料来看,大量有关房租纠纷、转租纠纷都是由社会局调解的。

其一,孙存义与其租户转租纠纷。

1946年12月,盐山县人孙存义因为租户李子厚霸房不腾、转租出租房屋问题与租户之间发生纠纷,遂呈请天津市社会局予以解决,其在呈文中详细叙述了纠纷发生的经过:民孙存义系盐山县人,于民国三十一年十二月二十一日买受韩华堂所有坐落本市南门外杨家花园大街泰和里26号、27号,刘祥义占三间,张奇三占二间。后私占他姓腾房二间,义隆酱园占用全所。于是月会同旧业主通知转移完毕,并按原租约规定:房东如有别项事故辞退房客,必于一月前通知房客云云。民买受房时系买空房自用,故新旧业主曾通知房客腾房,以便新业主用。嗣经日久未能腾房,以宽大为本,使家眷回里,并向各租户通知增加租金少许。时因房捐加税程度日高,而义隆酱紫园李子厚联合其他住户反对,并请伪时律师为护符,至今3年零6个月,不但不腾房,而且26号租户刘祥义搬走,李子厚私自转兑转租于葛姓,民现因故里无法居住,携眷至津,至民房处见刘姓搬走已换葛姓。民询问葛姓,则称房租交义隆酱园李子厚,并愿腾房一间使民居住。后同葛姓见李子厚,该李某阻拦葛姓不许腾房,似此李某明显侵占,自由霸占房产,请求以

[①] 上海市劳资纠纷统计表 [J]. 国际劳工通讯, 1941, (8): 56.
[②] 房租纠纷调解办法 [J]. 信托办刊, 1936, (2): 193.
[③] 沪律会请修改房租纠纷调解办法 [J]. 法令周刊, 1936, (305).

合法解决。民实损失特大,房捐又涨,住无房屋,为民做主。谨此叩秉天津市政府社会局局长钧鉴。该案在社会局的调解下,达成了和解协议,解决了纠纷,孙存义遂请社会局撤销原案。①

其二,文东祥布庄与房东增租纠纷。

1946年9月,文东布祥庄经理王之宝为增租事呈天津社会局予以调解,其在呈文中对于事情之经过进行了详细说明:窃商于民国三十一年六月开设文东祥布庄,租赁从善堂徐禹逊之房,坐落城隍庙东箭道新门牌12号,租约定期2年,全年租金伪联币2800元,至三十三年期满,增加租金至4800元,仍继续2年。今年商以物价上涨资金不足周转,故召集股东增加资本,以便营业。后于房约期满之前,援例商同房东继续租赁,不意竟索租金至72万之巨,若按照伪币折合增租之数已超过740余倍,是否合于最近房租增加限制之规定姑且不论,因商业将增加之资本集成,为营业起见,经张周元居间说和,每年租金50万元,并由商担任出资拆修大门、过道、山墙及房顶等苛刻条件。经其允诺,继续租赁已成定议,迨其将租约草底送来则改为1年期满即须腾房字样,查商与成立租赁契约已经连续二期除其提出另行商定者外,自当仍本原约之规定,否则何以不在商定之时一并提出?既经允诺,口头契约已属成立。当即向之质问,孰意竟遽食诺言,更委律师函限腾房,遑论现时房屋难觅,本为普遍事实,违反诺言亦属难忍,为此迫切陈词。恳祈恩准责令履行诺言,予以调解以免营业损失,是为德便。谨呈社会局局长。该案例在呈请社会局调解后,纠纷双方在友人的调解下达成和解,文东布祥庄经理王之宝于是呈文,请求社会局撤销该案。②

(三) 商事纠纷

社会局作为工商管理机关,在其调解的案件类型中,自然包括部分商事案件。为了调解商事纠纷,尤其是一些较大的商事纠纷,社会局中还专门设立了商事调解处。《青岛市社会局一年来之社会行政》(1933年1月至12月)中,对设立商事调解处的原因、组织方法、进行程序等进行了详细说明:"本市各业,商人常因会员与非会员之隔阂及同业间意见参差,每易发生纠纷,而致涉讼,实属妨害业务,两无裨益,拟设立商事调解处,从事调解,以期化除畛域,消除讼累。(一)组织方法 由本局会同关系机关团体及争议双方当事人组织之,其组织简则拟仿照劳资争议调解委员会办法酌改呈候核定施行;(二)进行程序 由本局召集关系机关团体会商筹备,规定调解时加入争议双方当事人数目,调解以前商会公断处处理争议情形俾明了本市商界习惯以作成立后实行调解之参考。"③

除了社会局在自己职权范围内调纷止争外,其他的一些政府职能部门也或多或少地对于自己职权管辖范围内的纷争予以调解,如地政局是地权纠纷的主要调解机构。1946年11月14日颁行的《天津市政府地政局地权纠纷调处办法》规定:本市于土地总登记

---

① 宋美云. 天津商民房地契约与调判案例选编:1686—1949[G]. 天津:天津古籍出版社,2006:163.
② 宋美云. 天津商民房地契约与调判案例选编:1686—1949[G]. 天津:天津古籍出版社,2006:200-201.
③ 民国时期文献保护中心,中国社会科学院近代史研究所. 民国文献类编("社会卷"第44册)[G]. 北京:国家图书馆出版社,2015:237.

程序进行中所发生之权利争议事件，悉依照本办法之规定由当事人向本局申请调处之，前项调处结果不得违反或抵触土地法、土地法施行法暨民法或其他有关法令之规定。① 除了调解地权纠纷外，房屋出租纠纷也属于其调解的范围之内。根据1947年12月6日修正公布的《天津市出租房屋拆修办法》之规定，业主因拆修房屋增租问题与租户商订不协时，在本市租房纠纷处理委员会未成立之前，得呈请地政局予以调解，调解不成立时，得诉请司法机关处理。② 此外，社会福利局对于一些劳资纠纷的调解也常常参与其中，经济局遇到相关劳资纠纷则会同商会或者指令商会予以调解，如此等等，不一而足。

综上可见，近代政府调解除了继承传统社会县级层面的政府机关调解纠纷之传统之外，随着国家对地方控制的强化以及国家权力的下沉，县以下的区、乡镇、村等基层组织在调解纷争、化解矛盾方面也发挥了一定的作用。同时，在推行地方自治的过程中，一些区、乡镇、村设置的息讼会和调解委员会开始承担起调解基层社会纠纷的重任，发挥出团体调解的优势和功效。此外，随着近代社会政治改革的推行以及政府内部职能的划分，县政府的一些职能部门在自己权限范围内也负有调解职责。这样一来，近代政府调解主体走向多元化，调解内容开始广泛化，调解程序逐渐规范化，从而促使近代政府调解职能日渐强化，在调解民间纠纷方面的作用逐渐增强。

---

① 宋美云. 天津商民房地契约与调判案例选编：1686—1949 [G]. 天津：天津古籍出版社，2006：125.
② 宋美云. 天津商民房地契约与调判案例选编：1686—1949 [G]. 天津：天津古籍出版社，2006：130.

第六章　近代民间调解制度

民间调解在我国有着悠久的历史和传统，而且不拘时间、地点的限制，方式灵活，及时便利，因而得到民众的广泛认可。清末和民国各届政府对于民间调解，大多未制定相应的法律法规进行规范和约束，而是任民自便。因此民间调解多是沿袭传统的方式和方法，只要不违背现行法律即可。中国共产党领导下的各革命根据地政权，对民间调解非常重视，甚至有些根据地把民间调解作为民间纠纷解决机制的首选，例如1943年6月11日颁行的《陕甘宁边区民刑事件调解条例》第4条规定："前条调解之进行，当由双方当事人各自邀请地邻、亲友或民众团体，从场评议曲直，就事件情节之轻重利害提出调解方案，劝导双方息争。"[①] 1944年6月6日《陕甘宁边区政府关于普及调解、总结判例、清理监所指示信》中谈到调解方式时，也认为："最主要的是群众自己调解，因为他们对事情很清楚，利害关系密切，谁也不能蒙哄谁，占便宜、让步，都在明处……百分之九十以上甚至百分之百的争执，最好都能在乡村中由人民自己调解解决。"[②]

与其他类型的调解相比，近代民间调解的主体具有广泛性和不特定性的特征。如前所述，法院调解的主体主要是基层法院以及行使法院功能的县政府司法处，政府调解主要是法定的基层政府机关及其附属机关，而民间调解的主体则是不特定的个人和团体，可以是宗族的族长、左邻右舍、亲朋好友、公正士绅，也可以是各种社会团体，如商会、农会、工会等，还有存在于不同区域、不同行业的一些其他民间社会组织，如互助社、合作社、乡学、医学公会、同乡会等。根据调解主体的不同，近代民间调解主要包括如下几种类型：（1）宗族调解；（2）威望人士调解；（3）乡邻亲友调解；（4）社会团体调解；（5）其他民间社会组织调解。

第一节　近代宗族调解

近代以来，各届政府在行政体制改革过程中，逐渐把政府权力延伸到基层社会，建立了一套从县、区、乡镇直至保甲的基层治理系统，从而使基层社会的治理成为整个国家治理系统的重要组成部分。但是，传统的宗族组织并没有因此而退出历史舞台，它们

[①] 韩延龙，常兆儒.革命根据地法制文献选编（中卷）[G].北京：中国社会科学出版社，2013：1002.
[②] 韩延龙，常兆儒.革命根据地法制文献选编（中卷）[G].北京：中国社会科学出版社，2013：1004.

在基层社会仍然具有一定的实力，在宗族管理中依然是一支不可替代的力量，尤其是在民间纠纷处理过程中依旧发挥着很大的作用。

一、宗族调解的概念及由来

所谓宗族调解，就是在宗族内部人员发生纠纷的情况下，由族长或族内其他头面人物主持调解的一种调解方式。宗族是中国传统社会的基本细胞，也是"封建社会最基本的社会组织，是中央集权君主专制主义官僚政治的基石"，"它不属于行政体系，但它所起的作用是行政组织远远不能比拟的"。① 在古代宗族制度盛行的年代，宗族俨然就是一个小王国，族长拥有广泛的权力，其中调解本族纠纷便是其诸多权力之一。例如《大清会典事例》规定："族长及宗族内头面人物对于劝导风化及户婚田土竞争之事有调处的权力。"② 大多数宗族族规也赋予宗族调解的优先权，在宗族调解不成的情况下，方可告官处理。

近代以来，随着西方文化和民主思想在中国的传播，以及戊戌变法运动、辛亥革命、五四新文化运动的冲击和影响，传统宗族组织逐渐衰落，"于是，在城市地区，宗族势力进一步削弱；在农村地区，宗族组织也有所改组"③。此外，随着近代国家对基层社会控制的加强，宗族组织已经不再被国家视为统治的基石，它所起的作用也大为减弱。但是，宗族组织并没有完全消失，尤其是在农村地区，宗族的力量依旧比较强大，"当今日新思潮极盛时期，乡村间大多数仍为大宗族制度，即县城以内之居民，以一般而论，实行分居者亦不多见"，"宗族中以年长者为家长，一族之中以辈分高者为族长，凡宗族之事务，均由宗族长负责办理"④。当代学者在研究民国时期的华北村庄后得出如此结论："与南方村落相比，华北村落的宗族族田较少，大部分宗族甚至仅有占地很小的祖坟地。然而在村落共同体内以土地占有、利用、分配为中心的公共事务中，华北宗族组织仍起着基础性的主导作用。"⑤ 而福建、广东、安徽等南方地区的宗族组织则较为发达一些，民国年间福建长泰县的"大姓巨宗，族长有维持一切之权力。今虽受时代影响，威望稍杀于前，然其维系力之本于天然，终不可得改"⑥。此外，安徽的孙氏宗族、周氏宗族、倪氏宗族等，也是如此。

近代国家的法律法规中虽然没有明确赋予宗族调解纠纷的权利，但宗族调解的传统由来已久，在民间已经成为一种习惯。因此，近代的宗族组织虽然没有得到国家的授权，却仍把调解纠纷作为宗族治理的一项重要内容，例如，清朝末年，为了配合政府推行的新政和地方自治，一些家族纷纷响应，制定宗族族规，以宗族规约统治宗族成员。清朝宣统二年（1910年），湖南上湘龚氏制定族规，禀县存案，"窃我国预备立宪，必人人有自治之力，而后有国民之资格。而欲求自治方法，莫如从家族入手。一家治，一族治，

---

① 陈旭麓. 近代中国社会的新陈代谢 [M]. 北京：中国人民大学出版社，2015：10.
② 大清会典事例：卷一四四.
③ 费成康. 中国的家法族规 [M]. 上海：上海社会科学院出版社，2016：18.
④ 张研，孙燕京. 民国史料丛刊（750）（社会·社会调查）[G]. 郑州：大象出版社，2009：112.
⑤ 张佩国. 土地资源与权力网络——民国时期的华北村庄 [J]. 齐鲁学刊，1998，(2)：102.
⑥ （民国）长泰县志：卷六"氏族".

斯国无有不治矣"。① 近代国家也默认这种传统和习俗，一般不予干预，除非因为宗族调解中出现了违法情事。

多数宗族都在族规中明确赋予族长、祠首调解和裁判纠纷的权利。例如，湖南《上湘龚氏族规》中，就赋予了宗族的祠首调解纠纷的权利以及处罚办法。该族规规定，祠首综揽大纲，有命令、裁判职权。凡是族内发生争端需要申诉，必先禀明房长，由房长在调查争端缘由的基础上和平解决。当事人如果对结果不满，再由祠首秉公裁判。该宗族还在族规中明确了调解的罚则：族内纠纷，无论事理曲直，先行议罚；凡属斗殴行凶情事，当事人双方均应受到责罚；若一方有欺压、诬诈、逼勒等情事，则该方理应受到责罚；若有败坏伦常纲纪、挑唆是非、反对族规等行为，公同指名禀究。②

二、宗族调解的范围

宗族调解纠纷的范围主要限于宗族管辖范围内的纠纷，即族内纠纷，如关涉祖田祭产的纠纷、兄弟之间的分家析产纠纷、夫妻之间的婚姻纠纷，甚至父母子女之间的赡养与继承纠纷等。受传统"家丑不可外扬"观念的影响，这些纠纷往往在宗族内部解决。

祖田祭产是一个宗族组织的经济基础，因此，宗族组织都非常重视对于祖田祭产的经营和管理。在祖产的经营管理过程中，围绕祖产的收益、分配、用度等也会产生诸多纠纷。对于此类纠纷，一般是在宗族内调解解决。如果事关重大，也会发生争讼。即便是向官府提起诉讼，官府也往往交由宗族调解。例如，光绪二十八年（1902年）二月，居于龙泉南乡大赛的瞿氏宗族中，因为祖产发生纠纷，族人瞿自旺到龙泉县呈状控告本族的瞿长青抢贴其名下的祭田。时任龙泉知县的陈海梅认为，该纠纷"事关祀产，应仰族议，邀同族议处，不应缠讼"③。这里的族议，实际上就是交由宗族调解。

立嗣继承是绝户家庭为了延续香火而采取的一种普遍做法。立嗣一般是由族人为无子家庭从侄辈中选择相当之人为继子。可以说，立嗣是族中长辈的权利和义务，而非无子家庭之事。在立嗣问题上一旦发生纠纷，自然由族人从中调解。民国年间，孀妇吴毛氏只有一女，族人为其择立侄儿为嗣。然而侄儿早逝，未生育后代。吴毛氏便请求族人将自己女儿与赘婿所生育之子明爱立为继承人，并写入族谱之中。这一请求遭到族人的强烈反对。吴毛氏遂诉之于官府。县知事批复："且查呈词以入赘而争继承，理由不尽充分，毋庸起诉，候族议可也。"④

父母健在的情况下，分家析产为传统法律所禁止，但近代社会中法律对此已经不再明文禁止。虽然受传统文化和习俗的影响，同财共居仍是一些大家庭的追求，但分家析产行为还是不可避免地出现了。在分家析产过程中，由于财产分配的不公而导致的冲突也继之而起，"分家过程是充满潜在冲突的。分家时最大宗的财产一般是土地，经过许多代人的分割这土地通常已变成许多小块。其中大一些的还可以平均分配，但小块的就常要根据大小、质量、离家远近等因素来搭配考虑以便公平分配……住宅的分割也有同样

---

① 费成康. 中国的家法族规 [M]. 上海：上海社会科学院出版社，1998：371.
② 费成康. 中国的家法族规 [M]. 上海：上海社会科学院出版社，2016：307-308.
③ 包伟民. 龙泉司法档案选编：第一辑（晚清时期）[G]. 北京：中华书局，2012：132-151.
④ 吴毛氏吴有澄闭谱灭嗣案 [Z]. 龙泉：龙泉市档案馆藏，档号：M003-01-04580.

的困难。如果家境富裕，遇到婚娶或添丁时能盖新房，则事情比较简单。但一般情况是要分割老宅。厢房、堂屋、院子，甚至猪圈都在平均分割之列"①。在这种分配中，稍有不公，就会埋下日后发生冲突的隐患。对于这种兄弟分家导致冲突的解决办法，在诉讼档案资料中并不多见，尽管这种纠纷广泛存在于各个村庄。正如黄宗智先生所言："由兄弟阋墙所引起的分家纠纷可能是村庄中最常见的纠纷，但它们并不构成县法庭诉讼案件的主要来源。"② 这从一个侧面说明分家析产之类的纠纷，大多在宗族内部得以和平解决。

  子女为父母养老送终自古以来被视为天经地义，近代一些有关赡养老人的案例中，大多在族中长辈主持下对此问题达成书面或口头协议。民国年间华北地区寺北柴村村长和他的四个兄弟平均负担老母的供养，包括一年两石小米、两石麦子和每月两吊零花钱，这个口头协议是当初分家时通过族长调解所达成的。③

  墓葬问题自古以来颇受人们的重视，因此而产生的纠纷也不在少数。此类纠纷大多须通过宗族内部的调解而化解。田涛先生收藏的"光绪二十七年（1901年）徽州休宁陈桂亭墓地民事纠纷言明字据"便是宗族调解墓葬纠纷的一则例证。陈桂亭缘因日纯公祖茔一事与族侄发生争端后，族长陈长春以及金茂桂、汪焕卿、汪似山等3名见场人参与调解，对纠纷双方再三劝导，以全族谊亲族理处，帮补英洋77元，交给陈桂亭收受，作为旅费。于是，两造自愿息争，并立"言明字据"为凭。④

三、宗族调解的程序

  一般情况下，传统色彩较浓的宗族往往是由族长或祠首主持调解本族的纠纷，而有些宗族则随着近代社会的发展变化，改变了传统的做法，在宗族内部设立评议会，专门负责裁断族内纠纷，从而使宗族调解开始具有程序化的特征。

  例如，《武陵郭氏公定规约》⑤ 专门规定了评议程序：（1）评议的启动。凡是族内发生争端，无论是民事纠纷还是刑事纠纷，当事人应于争端发生后一日之内，采取口头方式，把纠纷详细报明宗族理事长，请求评议；（2）评议的筹备。在由当事人向宗族理事长提出申请后，即进入评议筹备阶段，首先，选定评议人。理事长接到报告后，如认为有必要进行评议，须在族、房理事及监事中选择3~5名通晓事理、负有族望的理事为评议人。其次，确定评议期日。在选定评议人后，由宗族理事长确定评议的期日，说明争执缘由，先行告知各评议人。再次，组织评议会。理事长及其选定的评议人共同组成评议会。其中理事长为评议长，如理事长遇到应行回避事由时，须从评议人中临时公推1人为评议长；（3）评议的进行。在祠内设一长方形桌为评议席，评议长坐于首座位置，各位评议人分坐两旁，纠纷的声请人和被声请人坐于距议席五尺之下的位置，其他与纠纷相关的人员坐于距议席五尺之两旁。评议开始后，首先由声请人详叙事由，叙述完毕后再由被声请人进行陈叙。随后评议人围绕当事人所陈述的纠纷开展讨论。声请人和被声

---

① 黄宗智. 清代以来民事法律的表达与实践：历史、理论与现实（卷一）[M]. 北京：法律出版社，2014：23.
② 黄宗智. 清代以来民事法律的表达与实践：历史、理论与现实（卷一）[M]. 北京：法律出版社，2014：25.
③ 黄宗智. 清代以来民事法律的表达与实践：历史、理论与现实（卷一）[M]. 北京：法律出版社，2014：27.
④ 春杨. 晚清乡土社会民事纠纷调解制度研究 [M]. 北京：北京大学出版社，2009：85.
⑤ 费成康. 中国的家法族规 [M]. 上海：上海社会科学院出版社，2016：349-350.

请人不得参与讨论，但得回答评议人之咨询事项。其他关系人除备评议咨询外，也无权参与讨论。经过评议人的讨论，最后提出解决问题的办法。该办法须取得三分之二以上的评议人之同意；（4）评议的结束。评议办法提出后，由评议长对声请人和被声请人宣示理由，并交付执行。评议期日所有食用各费，或责成当事人中的一方承担，或指定双方分担。

从这份《武陵郭氏公定规约》来看，在评议族内纠纷过程中，评议人俨然成为族内之大法官，负有教、戒、罚之全权。这一点跟中国传统宗族组织调解纠纷具有极大的一致性。此外，该规约要求评议人要站在纠纷双方当事人的立场考虑问题，应平心静气，多方考虑，设身处地为当事人着想，并反复审查，找出纠纷发生的真正原因，从而提出令双方信服的解决办法。这种要求使得评议人的评议带有一定的族内审判色彩。然而，这种评议比单纯由族长依靠威望或依赖于训斥的方式，要显得民主一些，这也使得宗族调解多少具备了一些近代化色彩。

当然，有些宗族调解并没有固定的模式和严格的程序，但大多会有比较固定的地点，即祠堂。祠堂是宗族祭祀祖先的场所，也是宗族召集族人商讨重大事件的地方，在这一具有神圣性和集体性的地方调解纠纷，具有非同寻常的意义。一个宗族内部发生纠纷后，族长或宗族代表人物，首先要召集两造到祠堂，了解纠纷的来龙去脉，必要时还会向相关人员了解具体情况，然后采取劝说、批评教育或训斥的方式，促使纠纷当事人认错、道歉，直至握手言和。如果纠纷比较严重，则依据族规对其中有严重过错一方进行体罚，甚至开除祖籍。调解不成，方可告官。

总之，古往今来，人们坚守着"家丑不可外扬"的信条，出现家事纠纷和矛盾往往在宗族内部解决，不愿意外人插手，以免丢失脸面。同时，宗族内部纠纷事关家族伦理和人伦亲情，往往不是一纸判决就可以解决的。一纸判决或许可以分清是非曲直、孰对孰错，但往往会造成情感上的伤害，这或许就是"清官难断家务事"的最好解说。因此，尽管近代社会中宗族组织渐趋衰弱，家法族规的作用也日渐衰弱，但宗族作为一个血缘共同体依然存在，宗族调解依旧具有比较旺盛的生命力。

第二节　近代威望人士调解

与其他纠纷解决机制不同，调解能否取得成效，除了受地缘、血缘、业缘等社会关系的影响外，调解主体是否具有威望和社会地位，是调解结果能否得到当事人信服和认可的关键因素之一。因此，自古以来，地方上有威望的人士参与调解，便成为民间调解的一个重要组成部分。

一、威望人士调解的概念及由来

地方威望人士指的是地方上被人们普遍认可的具有一定威望的人士，他们或者是年老有德的长者，或者是有文化、明事理的教师，或者是讲信用、处事公平的士绅，或者是深受群众爱戴的模范或英雄等等，这些人可以凭借自己的威望为民众化解纠纷。强世功教授在《法制与治理——国家转型中的法律》中曾谈道："民间调解是否可以得到有效的推行，关键在于乡村社会是否存在有效的权威人物和组织，因为调解作为纠纷解决机制总是和权威人物和机构联系在一起的。"① 近代社会中具有威望的乡村人物也确实起到了这样的作用。"民国时有村落调解的风俗，俗称'说和事''和弄事'。村人分家、家务纠纷、邻舍纠纷都由村中有威望的人出面调解。"② 谢觉哉也在根据地号召"劳动英雄、有威信的老人、绅士等参加调解"③。

地方威望人士主持调解由来已久。士绅阶层因其曾经的官宦经历或学识阅历而成为地方的精英，在传统乡村社会扮演着重要角色，发挥着较大的作用，具有较高的威望，因而成为民间调解的一支主要力量。近代以来，士绅阶层虽然有所衰落，但受传统观念的影响，活跃在各地的士绅依然享有较高的威望，基层社会中的大事小情也都有士绅的参与，正如有学者所言："辛亥革命之后的民间社会，在相当长的一个时期内，仍然存在由乡绅阶层以及乡族上层人物来实施管理控制的局面。"④ 士绅阶层对民间社会的管理控制通过多种途径来实现，调纷止争是其中的一种途径。此外，长老、教师等参与调解，主要是基于他们在乡里的社会地位，基于自身的权威和广大民众的认可。

正是由于士绅、教师、长老等在本地的威望，使得民众能够信服他们，乐于找他们评理说事。费孝通先生讲了一件自己亲自参与的调解，很能说明问题："我曾在乡下参加过这类调解的集会。我之被邀，在乡民看来是极自然的，因为我是在学校里教书的，读书知礼，是权威。其他负有调解责任的是一乡的长老。最有意思的是保长从不发言，因为他在乡里并没有社会地位，他只是一个干事。调解是个新名词，旧名词是评理。差不多每次都由一位很会说话的乡绅开口。他的公式总是把那被调解的双方都骂一顿。'这简直是丢我们村子里脸的事！你们还不认错，回家去。'接着教训了一番。有时竟拍起桌子来发一阵脾气。他依着他认为'应当'的告诉他们。这一招却极有效，双方时常就'和解'了，有时还得罚他们请一次客。"⑤

二、威望人士调解的范围

宗族调解一般限于宗族内的纠纷，如果发生在不同的宗族之间，宗族调解就显得不太合适了，因为宗族族长进行调解时难免会偏袒本宗族的人员，即便并非如此，也会给人这样的一种认识。在这种情况下，选择地方上比较有威望的人士进行调解，就变得非常必要。

地方威望人士调解的纠纷不限于宗族与宗族之间，即使同一宗族内部的纠纷，也可以予以调解。与宗族调解纠纷类型不同的是，地方威望人士调解的纠纷没有固定的类型和范围，大至财产债务纠葛、打架斗殴，小至口角纷争、家长里短，几乎是无所不调。

---

① 强世功. 法制与治理——国家转型中的法律 [M]. 北京：中国政法大学出版社，2003：99.
② 钟敬文. 中国民俗史（民国卷）[M]. 北京：人民出版社，2008：362.
③ 王定国，王萍，吉世霖. 谢觉哉论民主与法制 [M]. 北京：法律出版社，1996：136.
④ 李长莉，左玉. 近代中国的城市与乡村 [M]. 北京：社会科学文献出版社，2006：292.
⑤ 费孝通. 乡土中国 生育制度 乡土重建 [M]. 北京：商务印书馆，2011：59.

例如，晚清时期陕北宜川县的士绅张肇雯"好为人解纷，乡里争构者婉谕以理，或俱酒通殷勤，俾归于号，糜不退服"①，甚至达到讼简刑清之效果。又如，1912 年，刘廷琛与沈宗耀等因田产抢割发生争执，就"邀请公正绅士理息"②。再如，1924 年 2 月，吴承和、吴承烈、吴承茂等与吴璧中、吴亦桂因匠具所有权发生纷争，最后将此纠纷投鸣至"绅董"，请求理处。③

总之，威望人士调解纠纷的范围非常广泛，调解成功率也比较高，因为无论是士绅、长老还是教师，对本地的民情风俗比较熟悉，对纠纷当事人的脾气秉性等个人状况也比较了解，再加之他们在地方上的威望，由他们来解纷止争，容易得到当事人的信服和认可。

三、威望人士调解的程序

威望人士参与调解一般有三种情况：一是当事人发生纠纷后，由其中的一方或双方直接邀请地方威望人士主持调解，这种情况较为普遍的。二是由地方威望人士主动参与到纠纷解决中去，或者主动协助乡镇政府和县政府进行调解。协助政府调解的方式，可以是参加乡镇调解委员会，也可以是直接接受乡镇和县政府的邀请，如《陕甘宁边区民刑事调解条例》规定："乡、区、县（市）各级政府接受调解事件，必要时，得邀请当地各机关人员及民众团体、公正士绅，从现场协助。"④ 三是纠纷发生后，由地方官府批示地方威望人士调解。如上文所述 1912 年刘廷琛与沈宗耀等人因为田产抢割问题导致矛盾和纠纷后，刘廷琛控诉至县公署，县知事批示由当地"公正绅士理息"。⑤

无论是哪种情况，威望人士调解与其他类型的民间调解一样，往往不是为了分清是非，也不是为了维护权利，更多的时候是为了尽快解决纷争，因此，他们并不遵循什么严格的调解程序，调解方法也不是固定不变的，很多时候会采取和稀泥的方式，或者采取各打五十大板的方法快速了结，据费孝通记载："我记得一个很有意思的案子，某甲已上了年纪，抽大烟。长子为了全家的经济，很反对他父亲有这嗜好，但也不便干涉。次子不务正业，偷偷抽大烟，时常怂恿老父亲抽大烟，他可以分润一些。有一次给长子看见了，就痛打他的弟弟，这弟弟赖在老父身上。长子一时火起，骂了父亲。家里大闹起来，被人拉到乡公所来评理。那位乡绅，先照例认为这是件全村的丑事。接着动用了整个伦理原则，小儿子是败类，看上去就不是好东西，最不好，应当赶出村子。大儿子骂了父亲，该罚。老父亲不知道管教儿子，还要抽大烟，受了一顿教训。这样大家认了罚回家。那位乡绅回头和我发了一阵牢骚。一代不如一代，真是世风日下。"⑥在乡绅这种各打五十大板的调解下，这场家庭纠纷得以迅速平息。

一般情况下，威望人士参与调解后，为了尽快解决争端，往往采取训导说教的方式，甚至是训斥的方式，使双方认错，握手言和。而纠纷当事人也基本上能够给足这些权威

---

① （民国）宜川县志：卷四"学校志"[M].
② 包伟民. 龙泉司法档案选编：第二辑（1912—1927）[G]. 北京：中华书局出版，2014：320.
③ "民国十三年（1924 年）二月吴承和等投状"[Z]. 此投状由俞江教授收藏.
④ 韩延龙，常兆儒. 革命根据地法制文献选编（中卷）[G]. 北京：中国社会科学出版社，2013：1003.
⑤ 包伟民. 龙泉司法档案选编：第二辑（1912—1927）[G]. 北京：中华书局，2014：320.
⑥ 费孝通. 乡土中国 生育制度 乡土重建[M]. 北京：商务印书馆，2011：59-60.

人士的面子，在他们的训导之下，相互认错，结束纷争。因此，民间威望人士主持调解，在近代中国具有一定的普遍性，是近代民间调解中的一个重要类型，也取得了一定的效果。遗憾的是，这种纯正的民间调解形式缺乏官方资料的记载，只能从一些零散的文献资料中窥其一斑。由于资料缺乏，对于该项调解在整个近代调解中所占比重及其社会效果，目前尚无法得出明确的结论。

第三节 近代乡邻亲友调解

与宗族基于血缘关系和威望人士基于自身威望参与调解不同的是，乡邻亲友参与调解更大程度上是基于与纠纷当事人之间的各种情谊，如亲情、友情以及邻里之情等。无论是左邻右舍还是亲朋好友，与当事人一方或双方要么居住场所相邻，要么有着一定的血亲关系，要么有着较深的交情，为了维护血亲关系、地缘关系以及深情厚谊，他们往往会主动担当起调解的责任。

一、乡邻亲友调解的概念及由来

所谓乡邻亲友调解，是指在纠纷双方当事人的同乡、地邻、亲戚与朋友的主持下，召集纠纷双方当事人，通过说和劝解以化解矛盾和纠纷的一种调解方式。乡邻亲友作为调解纠纷的主体，具有其他调解主体所不可比拟的优势。乡邻亲友与纠纷双方在感情、地域等方面有着天然的联系，对于纠纷的由来、纠纷的发生，能够及时掌握和了解，对于纠纷双方的脾气秉性都非常熟悉，容易找到纠纷双方都能够接受的调解方式，从而达成双方能够接受的调解结果。正如谢觉哉所言："最主要的是群众自己调解，因为他们对事情很清楚，利害关系很密切，谁也没不能蒙哄谁。占便宜、让步，都在明处。"[①]

乡邻亲友调解自古以来就是民间纠纷解决的一种重要途径，"在社会习惯上，千百年来存在张三失手打坏李四，王大处理和解的习惯，这是良好的习惯，叫作息事宁人，排难解纷"。[②] 此种习俗沿袭至近代仍未改变，"夫民间每一民事事件发生，无论其大小，假若互相争执不能自决，势将兴讼之际，辄有邻里乡党或亲戚朋友不忍讼累，先行出面调解。如果万一调停不成，始向法院起诉，请求裁判。此实不得已而为之行为。而我国各地方之人情风俗亦大抵如斯也"。[③] 刘霱凌在《乡镇调解与地方自治》中也对乡邻调解给予充分肯定："其实，农村中因家庭间的是非和邻里间的争执所发生的诉讼，究其根本，多属'鸡虫得失'，司空见惯。假使当时能够平心静气互相忍让，请凭相邻内公正人士居中调解，未始不可化戾气为祥和，而维持家庭的幸福和邻里的睦谊。"[④]

乡邻亲友调解不但是民间行之已久的习惯，而且在近代中国也得到国家的认可和倡

---

① 王定国，王萍，吉世霖. 谢觉哉论民主与法制 [M]. 北京：法律出版社，1996：136.
② 杨永华，方克勤. 陕甘宁边区法制史稿（诉讼狱政篇）[M]. 北京：法律出版社，1987：206.
③ 各种法律问题研究报告（1938年5月至12月）[Z]. 南京：中国第二历史档案馆藏，档号：7—9784.
④ 刘霱凌. 乡镇调解与地方自治 [J]. 中华法学杂志，1947（1）：14.

导。1942年陕甘宁边区高等法院在取消仲裁委员会后,曾规定:"所有人民纠纷问题,可由当事人所住之乡村地邻亲友出面调解,无须专设固定之机关。"① 随后的《陕甘宁边区民刑事调解条例》也明确规定:"由双方当事人各自邀请地邻、亲友……从场评议曲直,就事件情节之轻重利害提出调解方案,劝导双方息争。"② 1946年2月20日公布的《冀南区民刑事调解条例》规定,民间纠纷发生后,"由双方当事人出面,或当事人之亲族出面,邀请地邻亲友或群众团体评论曲直,就事件情节之轻重,提出调解方案,劝导双方息争"。③ 1947年南京国民政府举行的全国司法行政检讨会上,青海高等法院首席检察官褚成富在提案中指出:"我国社会情势,人民多不谙法律,一经发生纠葛,必多经过亲友调处之阶段。"④

二、乡邻亲友调解的范围

乡邻亲友调解适用于各种类型的纠纷,既有涉及财产的钱债纠纷,也有涉及土地买卖、租佃的地产纠纷,还有婚姻家庭方面的纠纷,等等。

钱债纠纷自古以来就是民间非常普遍的纠纷类型之一,因这种类型的纠纷被视为"民间细故",官府往往交给民间自行解决。受这种历史传统的影响,近代社会中出现钱债纠纷后,往往也由民间自行调解,而乡邻亲友则成为调解这类纠纷的主体之一。例如,1943年发生在涉县的"段元年诉白菊追还欠款案"就是在友人的调解下达成和解的。涉县县城人段元年因无妻子,与城里人白菊同居数年。段元年供给白菊全家生活花销,并将十余年积存之款交给白菊保管。后因白菊要改嫁,段元年追问存款,白菊不承认,经中人调解后,承诺改嫁后返还段元年300元。不料白菊突然改嫁杨家山,并未退还款项。段元年前往追讨存款,白菊不见其面。段元年遂将白菊告到县政府。后经友人宋玉清、闫凤林等人从中调解,双方达成和解,并制作和解状:"具和解状人:段元年、白菊,为案已和解,恳请销案以免讼累。事缘民前诉白菊坑财一案,理应候讯,不合冒陈,但经宋玉清、闫凤林与民等系属交好,不忍坐视,从中调解,着白菊与民退出大洋三百元,永断纠葛,民等情甘息讼,维有恳请,钧府鉴核准予销案,以免讼累,民等均感鸿恩不忘矣。谨呈县长胡、承审蒋。段元年、白菊。三月二十五日。"⑤

土地纠纷作为农村地区常见的纠纷类型,大多数情况下并不经官,而是由亲朋好友调解解决。1913年12月,洪茂恒与洪永昌之间因一块祖遗田产发生纷争,亲友近邻"恐殃贻成祸""不得坐视",于是出面进行了调解,最终达成和解。⑥ 有些土地纠纷虽然已经诉之于官府,但最后却是在乡邻亲友的调解下而达成和解的。1941年的李氏诉李书元霸占土地案便是在诉讼已经发生的情况下,由乡邻亲友调解成功的一个例证。涉县后池耳村李书元,霸道强横。早年曾于堂弟李德元伙买旱地二亩,经村长李根田分劈,堂兄弟二人各分一亩,载立界碑,后被李书元抛去界碑将地耕种,李德元视其强横不敢与较,

---

① 张红侠. 人民调解变迁研究——以权威类型转变为视角 [M]. 北京:中国社会科学出版社,2016:45.
② 韩延龙. 我国人民调解制度的历史发展 [Z]. 法律史论丛(二). 北京:中国社会科学出版社,1982:99.
③ 韩延龙,常兆儒. 革命根据地法制文献选编(中卷) [G]. 北京:中国社会科学出版社,2013:1015.
④ 全国司法行政检讨会议提案(316-588号) [Z]. 南京:中国第二历史档案馆藏,档号:7—9327.
⑤ 白潮. 乡村法案——1940年代太行地区政府断案63例 [M]. 郑州:大象出版社,2011:259-260.
⑥ 民国二年(1913年)十二月洪茂恒、洪永昌田产纠纷调处合同 [Z]. 此合同由俞江教授收藏。

遂将祖业后沟地典于程中山，得典价洋5元作为盘费外出当兵抗日，留下其妻李氏一人在家。后来，李书元向李氏言说，情愿垫借洋5元让李氏将后沟地赎回耕种。不料李书元居心叵测，暗中与李元旦串通，私捏假约365元将地出卖。李氏不服，告到县政府。县政府对相关人等进行传讯，调查案件事实。后经乡亲刘书法、贺国章等人从中说和调解，双方达成和解：着李书元包李氏花椒洋140元，路费60元，地归李氏，限5日交洋、交地。①

租赁纠纷自古以来就存在于民间社会，其表现形式一般为房东增租、租户欠租或转租等。对于此类纠纷，乡邻亲友主持调解是常见的解纷形式之一。1942年6月，文东祥布庄租赁从善堂徐禹逊之房，租约定期2年，全年租金伪联币2800元，至1944年期满，增加租金至4800元，仍继续2年。1946年，房约期满之前，文东祥布庄援例商同房东继续租赁，不意竟索租金至72万之巨，若按照伪币折合，增租之数已超过740余倍。为营业起见，经张周元居间说和，每年租金50万元，并由文东祥布庄担任出资拆修大门、过道、山墙及房顶等苛刻条件。经房东允诺，继续租赁已成定议，迨其将租约草底送来则改为一年期满即须腾房字样。文东祥布庄认为，房东既经允诺，口头契约已属成立。当即向之质问，孰意竟遽食诺言，更委律师函限腾房。文东祥布庄不肯接受，遂恳请天津社会局予以调解。在社会局尚未启动调解程序之前，该纠纷经双方中友人调解，达成了和解协议。②

婚姻纠纷作为一种家庭内部的纠纷，虽然很多情况下是在家族内部自行解决，但乡邻亲友调解成功的案例也不在少数。其一，1927年蔡凤娥与陈孟能解除婚约等案。1927年4月13日，蔡凤娥以婚约不符合当事人意愿、陈孟能违反婚约等由向龙泉地方法院申请民事调解，请求解除与陈孟能的婚约。陈孟能于4月19日辩称，双方已于3月19日成婚，且有亲戚多人可证，请求维持婚姻。4月24日，龙泉地方法院调解不成立，遂进入诉讼程序。龙泉地方法院经过数次传讯审理，陈孟能均以生病为由未到庭。7月13日，蔡凤娥呈递民事状称，经亲友调处，双方以解除婚约、蔡凤娥返还礼金及损失费为条件达成和解，向龙泉地方法院申请销案。③ 其二，1942年张赵氏诉江庚玉婚姻纠纷案。涉县更乐村人张繁所与江爱鱼结婚后，感情一直不好。1942年3月张繁所殴打其妻江爱鱼，致使江爱鱼腿部受伤，随后便逃之夭夭。江爱鱼的父亲江庚玉将张繁所控告到区公署，并将张繁所家中的家具等财物取走。区公署进行了调解，未能达成和解。后来张繁所之母张赵氏将江爱鱼及其父亲江庚玉告到县政府，要求江爱鱼与其子离婚，并返还财物。县政府对有关人员进行讯问，期间经亲友赵五临、李三牛等人从中调解，双方达成和解，1942年5月14日制作和解书，请求县政府销案。④

分家析产属于家庭内部事务，如果出现分产不公，则极易酿成纠纷和矛盾。对于这些纠纷，有些在家族内部自行解决，有些则须亲友参与其中进行调解。如果矛盾较大，则会经官处理。即使那些已经经官处理、进入诉讼程序的家产纠纷，乡邻亲友仍会出面

---

① 白潮. 乡村法案——1940年代太行地区政府断案63例 [M]. 郑州：大象出版社，2011：165-171.
② 宋美云. 天津商民房地契约与调判案例选编：1686—1949 [G]. 天津：天津古籍出版社，2006：200-201.
③ 包伟民. 龙泉司法档案选编：第三辑（1928—1937）之1937年（一）[G]. 北京：中华书局，2018：1.
④ 白潮. 乡村法案——1940年代太行地区政府断案63例 [M]. 郑州：大象出版社，2011：12-19.

进行调解。1926年季管氏与季振华家产纠葛案即是其中一例。季管氏故夫季恩培与前妻姜氏育有长子季振华，姜氏故后，继室季管氏又生下季振声、季振齐二子，季振声早年病故。季恩培亡故后，家务相继由季振华祖母季项氏之兄项大谦，季管氏之兄管德山、管苞九到季家帮着打理。季振华长大成人后，接理家务。1924年，季项氏邀同族人亲戚分家析产。季管氏认为季项氏、季振华分产不公，另邀亲属族长商议重分，并主张为其亡子抽提祭祖。季项氏与季振华具不依从。季管氏遂于1926年4月23日以霸产、欺弟等由起诉季振华，请求均分家产。季振华具辩诉状称，其遵祖母命，并有分关书可证。季项氏作为参加人也称分产并无不公，请求维持成议，照关执管。龙泉县公署传讯相关人等，经庭审后判决驳斥季管氏请求，并判其承担讼费。季管氏不服，上诉至浙江第一高等审判分庭。后季管氏病故，其子季振齐继续诉讼。最后在亲朋调解下，双方达成和解，获准销案。①

医患纠纷虽然不是太常见的纠纷类型，但翻阅近代的报刊，仍可发现这方面的纠纷发生后，乡邻亲友活跃其中的案例。同治甲戌年（1874年）八月，三泰码头吴某患病，请张某医士医治。张医士投以攻泻之剂，岂知吴某身体素阴虚，力不能支，遂至绝命。吴某友人对张医士怀恨在心，"拟鸣官科以应得之咎，随经医士之友王某排解，议罚洋银十元以作延僧礼忏之费，始得寝事"。② 20世纪30年代，江苏如皋丁埝镇冒家港有位叫方才儿（方祖培）的年轻人，学习岐黄未及半年，便开始行医。适逢西街鱼摊欧姓妇病，为节省医疗费用，便请出道未久的方才儿诊病。方才儿夸大其能力，自称可以药到病除，不料病妇服药后，不幸暴毙。欧姓兴师问罪，方才儿求人出而接洽，暗助30元为殡殓费方才平息事端。③ 在这则医患纠纷中，虽未言明是亲邻还是友人对纠纷予以调处，但从中可以推断应当是双方所熟悉的人，或街邻，或友人，否则医患双方是不易达成和解的。

此外，还有邻里之间发生的一些其他类型的纠葛，也往往是在乡邻亲友调解下成功解决的。例如吴仙洲与北邻柴鑫园滴水纠葛，在当时闹得沸沸扬扬，拖延日久，甚至惊动天津市政府。市长还特别训令财政局要迅速解决此案。该案最后竟然在友人张琴舫的调解下，得以和平解决。④ 又如，1947年发生的当事人申请确认非法继承无效的案件，是在法院调解失败、进入诉讼程序后，经亲友调解，达成了和解。⑤ 可见，乡邻亲友往往比官府在某些纠纷解决方面起着更为重要的作用。

三、乡邻亲友调解的程序

民间发生纠纷后，乡邻亲友主动参与调解，或者受当事人之邀参与调解，从而使调解程序正式启动。此外，调解程序的启动有时候源于其他部门的委托。例如，法院或兼理司法之县公署对于普通的民事纠纷，往往会委托纠纷当事人的乡邻亲友私下进行调解，以尽快平息纷争。1918年10月30日，卢王氏等控张立元等唆女分居析产请传讯状中，

---

① 包伟民.龙泉司法档案选编：第二辑（1912—1927）之1926年（中）[G].北京：中华书局，2018：413.
② 庸医误人 [N].申报，同治甲戌八月十三日.
③ 庸医杀人之骇闻 [J].光华医药杂志，1936，（7）：60.
④ 宋美云.天津商民房地契约与调判案例选编：1686—1949 [G].天津：天津古籍出版社，2006：146.
⑤ 龙泉民国法院民刑档案卷（1912—1949）[Z].龙泉：龙泉市档案馆藏，档号：M003-01-00418.

县公署不予立案，批令亲族及地邻调处："寡媳分居从无禁例，应否析产亦无定例。为家庭幸福计，悉视家督者能否为适应之预谋，他人不能干涉者也。况案官私诉，具诉程式已属不符，而此私诉仅有意思而无事实，即使正式诉告，亦无受理意思之办法。所诉各节实属不成问题，该民媳果有不安之处，著由该氏告明尔夫，邀集亲族及地方乡邻秉公劝导，自行理处可也。此批。"① 又如，商会在调解某些商事纠纷过程中，也会邀请纠纷当事人的乡邻亲友从中劝导说和。1942年商人李化棠和刘元忠劳资纠纷案中，商会多次调解未成，遂委托纠纷双方友人宋俊樗、王梦九等人出面说和，最终使双方纠纷得以和平解决。②

至于调解的方式和调解的具体过程，则没有严格的套路。一般而言，亲友街邻调解纠纷的方式多种多样，他们或者奔走于纠纷双方，多次说和劝导，唇敝舌焦之时，或许幸告成功。有的则是在调查纠纷真相的基础上，召集纠纷双方，寻求解决纠纷之法。可见，民间调解不受时间、地点和程序的限制，比较灵活方便，调解的结果大多是赔礼道歉、赔偿损失或其他纠纷当事人认可且不违背当地习惯的方法。调解成立后，纠纷当事人握手言和，双方的关系基本不受影响。调解不成立时，可以由当事人中的双方或一方申请乡镇政府或县政府进行行政调解，也可以直接诉之于司法机关，进入诉讼程序。

总之，乡邻亲友调解大多属于民间的一种自发行为，没有什么特别严格的诉讼程序，也不存在固定的调解模式，这种类型的调解一旦调解完毕，事情就算过去了，也不需要向官府备案，因而没有什么专门的资料记载，最多就是在民间口口相传，相传几代后便会失传。因此，我们无法得知这一调解形式在当时的实际情况，也无法得到具体数字资料的支撑，只能从一些起诉后又经乡邻亲友调解成功的案例中，来了解这种类型调解的大概情形③。从一些在诉讼程序进行过程中由乡邻亲友调解成功的司法档案材料来看，乡邻亲友调解成功的案例不胜枚举，甚至有些缠讼多年的案件在乡邻亲友的调解下，最终达成和解协议。

第四节　近代社会团体调解

近代社会中，除了传统的家庭、宗族等社会群体外，还出现了商会、工会、农会等新兴的社会团体，在调解行业内部的纠纷和矛盾方面起着重要作用，从而成为民间调解中的一只新兴力量。

一、商会调解

传统社会中，存在着诸如行会之类的社会组织。当时的行会主要存在于城市中，"以

---

① 张研，孙燕京. 民国史料丛刊（748）（社会·社会调查）[M]. 郑州：大象出版社，2009：235-236.
② 李化棠和刘元忠劳资纠纷一案 [Z]. 天津：天津市档案馆藏. 档号：401206800-J0128-3-008378.
③ 因为案件进入诉讼程序后，乡邻调解调解成功的案件，需要当事人向官府提交和解书，申请撤销原案。这部分调解案件会保存于司法档案中，本书所使用的资料大多来源于此。

工商业者的行业为纽带,是买卖人和手工业者的互助组织",多以会馆、公所为名。① 然而,这些行会组织内部结构比较松散,缺乏明确的规章制度,与近代的商会存在着根本的不同。

近代意义上的商会产生于清末新政时期,"与会馆、公所的简单、松散组织形式相比,商会已属一种规章制度比较完整、机构比较健全的工商社会团体"②。1904 年 1 月,晚清政府颁布的《商会简明章程》规定:"凡属商务繁富之区……宜设立商务总会,而于商务稍次之地,设立分会。"③ 随后,各地商会纷纷成立。在商会的诸多职能之中,调纷止争是其中的一项重要职能。商会不仅调解商会内部会员之间的商业纠纷,还可以调解商会会员之间的非商业纠纷以及商会与商会之间的各种纠纷。因此,在近代中国,商会调解在整个调解制度体系中占有重要的一席。

(一) 商会调解的概念及优势

1. 商会调解的概念

商会调解即在商会的主持下,对纠纷当事人(其中至少有一方为商人)的商业纠纷予以调解的一种解纷形式。

商会调解的对象最初主要局限于商会会员之间发生的纠纷。1905 年《苏州总会试办章程》第 48 条规定:"在会商人因商业纠葛(如买卖亏倒财产、钱货等),本会当为之秉公调处,以免涉讼。"④ 1907 年上海商务总会第三次修缮章程中更是明确强调:"凡既经入会商人,如有钱债纠葛须请本会理处,或请本会代投地方官禀函者,均由本业董事函送来会,即行酌办。如未经入会之商人,一概不予理处。"⑤

对于纠纷中一方为入会的商人,另一方为非入会商人,商会也会酌情予以调处,但非入会商人须另请调解人参与商会调解。对此,《苏州总会试办章程》第 51 条有明确规定:"甲商在会,乙商未入会者,乙商另请公证人到会调处。"⑥

按照规定,商会只调解双方均为商人的纠葛。1918 年,北洋政府司法部鉴于京师地区两造均为商人的案件较少,欲将商会公断处权限范围予以扩充,将一方为商人另一方为非商人的纠纷也纳入商会公断处调处案件的范围之内,"凡被告为商人及业经判决应行执行各项案件,如有必要情形,均得由法院委托商事公断处调处"⑦。但调处这种商人与非商人之间纠纷的,仅限于京师地区,其他地区此类纠纷并未纳入商会公断处调处范围之内。

2. 商会调解的优势

商事纠纷不比普通民事纠纷,它往往涉及一些经济上的重大问题,利益关系较大,且纠纷双方当事人也不具有血缘关系和地缘关系,普通民间调解组织不易调解成立。此

---

① 陈旭麓. 近代中国社会的新陈代谢 [M]. 北京:中国人民大学出版社,2015:12-13.
② 马敏. 官商之间:社会剧变中的中国绅商 [M]. 武汉:华中师范大学出版社,2003:252.
③ 章开沅,等. 苏州商会档案丛编:第一辑(1905—1911)[G]. 武汉:华中师范大学出版社,1991:10.
④ 章开沅,等. 苏州商会档案丛编:第一辑(1905—1911)[G]. 武汉:华中师范大学出版社,1991:27.
⑤ 上海市工商业联合会,等. 上海总商会组织史料汇编(上)[G]. 上海:上海古籍出版社,2004:90.
⑥ 章开沅,等. 苏州商会档案丛编:第一辑(1905—1911)[G]. 武汉:华中师范大学出版社,1991:27-28.
⑦ 李炘. 考核商事公断情形报告书 [J]. 法律评论,1926,(173):7-8.

外，我国近代没有商事法庭，普通法官缺乏商业知识，依据从西方移植过来的商法所做出的判决，往往因为不符合中国长期流传下来的商业习惯，难以为商业纠纷当事人接受。即便是勉强做出判决，也多因为商情过分复杂而得不到执行。更为重要的是，一旦商业纠纷移交法院解决，则往往会导致纠纷双方之交易关系恶化，"两造发生争议，遽相见于法庭，势必互抱敌意，交易关系为之完全破坏，若由商事调解，两造从来之交易关系，仍得保持，且调解为商事机关，不耗多费，不需多日"①。因此，相比之下，商会调解则具有明显的优势：

第一，商会调解更加符合我国的传统，适合国情。商业在中国传统社会经济结构中处于弱势地位，官方视商事纠纷为民间细故，往往交由行会、会馆等商业组织自行调处。近代的商会调解则是对这种传统的继承与发展。例如，1902年9月，具有民间商会性质的上海商业会议公所正式成立后，在《商会商业会议公所第一次核定章程》第6条中规定："商务中最要省钱债一事，而地方有司往往视为细故。虽经控告，无非延宕了事，以致奸商刁侩目无法纪，有故意倒闭潜逃等事。本公所有关商务大局者，不能不秉公与闻，以陈积弊。如有亏负倒闭潜逃等事，可曲谅其短，即邀集商董会议了结，固可省事息争。"②

第二，商会具有较高的威望，调解结果易于为纠纷当事人所接受。商会之设，责在保商，以保护商业、开通商情为宗旨。可以说，商会是维护商人利益的组织，因此，能够得到商人的认可。由商会来调解商人之间发生的纠葛，往往可以在比较和平的气氛中化解争端，正如天津商会档案中所描述的那样："会董与原被环坐一室，胶胶扰扰，无不尽之辞，不达之隐，卒之片语纷"，最终使得"疾声遽色，势不相能"的纠纷双方当事人"以手加额，如愿以去"。③ 此外，商会组成人员多是商界大亨，在商界具有较大的权威性，受商界人士所尊重。因此，对于商会调解结果，商事纠纷当事人大多能够接受和认同。

第三，商会中的调解组织和人员熟悉商情，通晓商业惯例。近代以来，法官选任有着较为严格的要求，既要有一定的学历背景，又要有法律专业知识，甚至还需要具备一定的社会经验，与传统社会法官相比，基本上实现了职业化和专业化。但是，法官对于商情和商业惯例却不甚通晓和明了，因此，在裁断商业纠纷方面显得有些力不从心。1912年6月，工商部给司法部的咨文中对此有明确的解说："近复据四川成都、重庆两处商务总会会呈，以现在各级法官未尽通晓商情，往往有误会而误判者。"④ 天津商会档案对此也多有记载："盖以商事交涉，纠葛繁多。学法律而充法官者，断难通晓商事，不将商事提出另设一所专管，则法庭审讯，一有因误会而误判者，必至是非不明，判断失当。内之无以令国人信从而生法律效果，外之莫由使外商贴服而收治外法权。"⑤ 由于不熟悉商业习惯，甚至会造成案件之积压，"法官之治讼，专依法以行，我国法未臻完善，无可

---

① （庚）. 商事调解审判问题 [J]. 工商半月刊，1931，(9)：36.
② 朱楠. 商事调解原理与实务 [M]. 上海：上海交通大学出版社，2014：33.
③ 天津市档案馆. 天津商会档案汇编（1903—1911）：上册 [G]. 天津：天津人民出版社，1989：87.
④ 工商部咨司法部各省商会请设商事公断处是否可行并妥筹商事诉讼划一办法统希核复饬遵文. 政府公报分类汇编：第33册"商业" [G]. 全国图书馆文献缩微中心，2012：71.
⑤ 天津市档案馆，等. 天津商会档案汇编（1903—1911）：第1册 [G]. 天津：天津人民出版社，1991：97.

讳言，商业习惯，法官多未熟悉，其不至于积压者几稀"①。相比之下，商会的组成人员，一般都熟悉商情，正如1902年盛宣怀和张之洞推荐严信厚和周晋镳为上海商业会议公所正、副总理时所说："该二员精于综核，熟悉商情，其平日声望素为沪上各界所信服，畀以斯事，当能措置裕如。"② 正是由于商会熟悉商情，洞悉商务症结，因而对于商事矛盾和纠纷可以迎刃而解。

第四，商会调解纠纷也是商会保护商人利益的一项措施。自古以来，中国实行重农抑商政策，这种状况到清末有所改变。在清末新政中，清政府打出振兴商务、奖励商业的大旗，并设立商务局，以保护工商业的发展。但传统观念不是朝夕之间所能改变的，商务局名曰保护工商，实则不然。地方官府受传统观念的影响，往往把钱债、买卖等商业纠纷视为细故"而敷衍塞责，往往经年不理，造成陈案累累，不仅导致商人已经遭受的损失得不到及时清偿，而且为长期纠纷破费甚巨，直至倾家荡产"，加之地方官府"熟商务而通商情者甚鲜"，商务纠纷一旦诉至于官府，"必多窒碍"，商人的合法权益得不到及时的保障。商会调解则可避免上述弊端，因为商会是商人自己的组织，以保护商人利益为职能。

第五，商会调解纠纷，可以有效地降低商民的维权成本。近代以来，新式法院和法官数量有限，且诉讼程序复杂，造成审判迟延，案件大量积压，无疑加大了当事人的诉讼成本，导致时间和金钱的巨大浪费。商事诉讼更是如此，"商人因商事之争议，每开讼端，法律诚足以保护人权，而程序繁多，往往经年累月，案悬不结，诉讼费用所耗无算，而废时失业尤不可胜计。光阴与金钱因此丧失，不亦大可哀哉？"③ 相比之下，商会调解因为程序简便，效率较高，"凡在公断处请求之事，无种种繁重之手续，无多数之费用，一经公断，得以迅速解决，又无拖累之害，设或不服，仍得诉之于法庭，故商事公断处在商人实有特别之便利，能带给商人节省金钱与光阴之机关也"④。

(二) 商会调解的立法依据

商会调解纠纷和争端，不但有着事实上的优势，而且于法有据。

1904年，晚清商部奏定的《商会简明章程》中规定："凡华商遇有纠葛，可赴商会告知总理，定期邀集各董，秉公理论，从众公断。"⑤ 这是以官方法律文件的形式正式赋予了商会调解商事纠纷的职能。1906年，商部颁发的《商会理结讼案统一格式》规定："凡遇各业等倒欠钱债讼案，一以竭力劝导，从事理结，以息讼累为宗旨。故凡有赴商局控追以及奉督宪发局饬讯之案，皆由议员饬由该会各业商董遵照奏定章程，传齐中证，开会集议，凭两造当面秉公议劝理结，俾其勿延讼累。"⑥ 于是，各地商会也纷纷把调解息讼作为商会的职责。天津商务总会把评议"商家纠葛"作为其职责之一，上海商务总

---

① 天津市档案馆，等. 天津商会档案汇编（1912—1928）：第2册[G]. 天津：天津人民出版社，1992：2030.
② 上海市商业联合会，等. 上海总商会组织史料汇编（上册）[G]. 上海：上海古籍出版社，2004：47.
③ 第四届处长方椒伯就任演说辞[Z]. 上海总商会商事公断处报告，1922.
④ 第四届处长方椒伯就任演说辞[Z]. 上海总商会商事公断处报告，1922年7月印.
⑤ 谈萧. 近代中国商会法：制度演化与转型秩序[M]. 北京：法律出版社，2017：229.
⑥ 商会理结讼案统一格式[S]. 大清光绪新法令：第15册. 上海：商务印书馆，1909.

会也把"调息纷难,代诉冤抑,以协和商情"[①]作为其重要职能,苏州商会也把"调息纷争"[②]确定为其宗旨之一。杭州商务总会成立时就明确规定:"商人间如有纠纷,诉之官府,则先交商会调解。"[③]为了更好地调处商事纠纷,各地商会中还纷纷成立了理案处、评议处、公断处等名目不一的机构。

1913年1月,北洋政府司法、工商两部共同颁行的《商事公断处章程》规定:"商事公断处附设于各商会,公断处对于商人间商事之争议立于仲裁地位,以息讼和解为主旨。"[④]可见,商事公断处是商会内部设立的对商事纠纷进行公断的专门机构[⑤],其具体权限如下:一是当事人申请的商事纠纷;二是法院委托的商事纠纷。当然,上述两类纠纷必须是发生在一定的地域范围之内,即该公断处所隶属的商会范围以内。如果纠纷双方当事人的营业场所不在同一商会管辖范围之内,发生商事纠纷和争议后,应由双方当事人合意指定某一公断处,向其申请调解。属于下列事件之一者,公断处不得受理:(1)与商事无关系之事件;(2)关系民刑事之事件;(3)双方当事人全无证人、证物之事件;(4)因非正当之营业而发生之事件;(5)既经抛弃权利之事件;(6)未经另一方当事人之同意,仅由一方当事人单方面申请之事件。[⑥]

1915年4月12日,北洋政府农工商部颁布《中华民国商会法》,把"因关系人之请求调处工商业者之争议"作为商会的一项基本职能。[⑦]按照该法的规定,一般商事纠纷均须先在商会调处或公断,调处或公断没有结果,再向法院起诉。例如上海商会向司法部递交的呈文中称:"上海商业繁盛,华洋杂处,请求援照京师成案,嗣后沪上商民债务纠纷,不论租界、华界,均请由司法官厅委托商会商事公断处先行调处。若调处不谐,再行呈诉法庭。"[⑧]

1929年7月19日,南京国民政府重新公布《中华民国商会法》,仍然把"关于工商业之调处及公断事项"作为商会职能之一。1930年初,南京国民政府商法起草委员会起草《商事公断处条例草案》,提交立法院审查,立法院认为商事公断处条例暂无制定之必要。[⑨]因此,南京国民政府时期所有商事调处及公断事项,商会可以自行分配处理,不再特设商事公断机关。

1935年,南京国民政府立法院和司法院在对于《破产法》之"商会和解"规定的解释中指出,中国向来有债务和解的传统,且"各地商人自动请求当地商会进行和解者,原为事所恒有,此种优良习惯,尤宜保存"[⑩]。

1937年初,司法院训令各地法院,"遇有商事诉讼,先由商会试行和解,俾得推广和

[①] 上海市工商业联合会,等. 上海总商会组织史料汇编(上)[G]. 上海:上海古籍出版社,2004:70.
[②] 章开沅,等. 苏州商会档案丛编:第一辑(1905—1911)[G]. 武汉:华中师范大学出版社,1991:17.
[③] 浙江省政协文史资料委员会. 浙江文史集粹(经济卷)下册[G]. 杭州:浙江人民出版社,1996:58.
[④] 阮湘. 中国年鉴(第一回)[M]. 上海:商务印书馆,1924:1579.
[⑤] 这里的公断,跟调解并无实质性区别。时人也这么认为:"不过商事公断处章程,实际上即是调解。"见商事争议处理委员会暂行条例起草经过[J]. 中华法学会杂志,1935,6(第4、5号合刊):191.
[⑥] 商事公断处办事细则[J]. 司法公报,1914(1):15-16.
[⑦] 谈萧. 近代中国商会法:制度演化与转型秩序[M]. 北京:法律出版社,2017:245.
[⑧] 北洋政府司法部. 改定司法例规(上)[S]. 北京:北洋政府司法部,1922:1007.
[⑨] 中国第二历史档案馆. 国民政府立法院会议录(三)[C]. 桂林:广西师范大学出版社 2004:321.
[⑩] 中华民国破产法草案初稿说明书[J]. 法令周刊,1935,(252):2.

解成效等情"[1]，从而赋予商会调解商事案件的优先权。

需要特别说明的是，随着各地商事纠纷的日渐增多，尤其是各地商号欠款无法追偿，1935年，江苏全省商会联合会与全国各省商会纷纷要求根据商会法详定章程。于是，实业部与司法行政部拟定《商事调解委员会章程草案》呈报行政院。经行政院会议通过后，送交立法院审议。商法委员会经过多次审查，并请实业、交通、司法行政等部派员列席，多次讨论，根据讨论结果另行起草，将该草案名称修改为《商事争议处理委员会暂行条例草案》。该草案详细规定商事争议的调解办法、调解程序、调解结果等。商事争议调解委员会设于商会之内，主要执行商会法第3条第4款所定之职务。该委员会置委员10人至30人，由商会会员大会就本区域内依商会法有被举派为会员代表之资格者选任之，委员任期2年，得连选连任。委员为名誉职，但非系商会执行委员、监察委员者，得酌给出席费，每次不得过3元，由所属商会承担。委员有违背职务或丧失信用之行为时，得由商会会员大会议决命其退职。调解依当事人一造或两造之申请行之，前项申请应表明两造当事人及为调解标的之法律关系并争议情形。调解事件有下列事件之一者应不受理并通知当事人：(1) 争议发生由于非正当之营业者；(2) 他造在该商会区域内无住所或营业所者。委员受理调解事件者应速指定调解期日通知两造当事人到场陈述，指定期日自调解声请之时不得逾7日。调解之期日当事人应亲自到场陈述，但有不得已之情形者得委托代理人。委员关于调解之事件应审究两造争议之内容及关系，于必要时得调查证据。委员得就调解之事件嘱托同业公会或他地商会或请求公署为必要之调查。当事人两造或一造于调解期日不到场者视为调解不成立。委员就调解事件应斟酌法令或习惯拟平允办法，劝谕两造让步。调解应作笔录记载其程序进行之要领及结果、调解之年月日，由委员签名。调解成立或不成立之笔录应将正本交付当事人。调解除调查之费用得令当事人缴纳外，不得索取其他费用、收受报酬及处罚。调解成立与诉讼上之和解有同一之效力，如一造不履行应依法强制执行，不得另行起诉。[2]

由上可见，无论是晚清政府、北洋政府还是南京国民政府，基于商业纠纷的复杂性和专业性，都以法律的形式赋予了商会调解商人与商人或商人与非商人之间纠纷的职能。

(三) 商会调解纠纷的范围

从相关法规来看，商会调解纠纷主要限于商事纠纷，但从各地的一些商会档案资料来看，商会调解的纠纷中包含了相当数量的非商事纠纷。

1. 商事纠纷

商会处理的商业纠纷，包括商户与商户之间的纠纷、商户与属下工人之间的纠纷以及商户与非商户之间的纠纷。也就是说，商会予以调解的案件中，纠纷双方当事人中至少有一方为入会商人。《保定商会章程》第10条规定："会员与会员或非会员发生关于商业上之争议时，有请求本会公断或排解之权利。"[3]《上海市同业公会章程通则》中也规定了商会应办之调解事项为"关于会员与会员之间或非会员之间争议，经会员请求之调解

---

[1] 谈萧. 近代中国商会法：制度演化与转型秩序 [M]. 北京：法律出版社，2017：100.
[2] 商事调解委员会章程草案审查报告 [J]. 立法院公报，1935，(71)：53-55.
[3] 姜锡东，许平洲，梁松涛. 保定商会档案：第1卷第2册 [Z]. 保定：河北大学出版社，2012：116.

事项"以及"关于同业劳资间争执之调解事项"①。《苏州商务总会章程》第48条规定："在会之人因商业纠葛（如买卖亏倒财产、钱货等），本会当为之禀公调处，以免涉讼。但须各将前后实在情形及账目等和盘托出，不得稍事欺饰。"② 对于商事纠纷进行调解，商会往往会欣然接受，甚至主动请缨。例如，1937年，北平市商会向司法院发函呈请，希望"其商人间之纠葛应由司法院通令全国司法机关，遇有商事诉讼可先由商事公断处试行和解"。③ 司法院对此予以肯定，遂训令各地法院："遇有商事诉讼，先由商会试行和解。"④

自古以来，债权债务关系就是商业行为中的一种基本关系，也是极易引起纠纷的一种社会关系。在商会调解的案件中，债权债务纠纷尤其是其中的欠款拖延或欠款不还占有较大的比重。如1936年南昌市商会商务科工作报告统计的半年来所调解的57件商业纠纷中，绝大多数涉及的是债权债务方面的纠纷，"自六月起至上年十二月底止，在此七个月当中，所有本科接受调解案件计共伍拾七件，除胡源兴六联号倒案，经法院宣告破产，于六月间已移交该号破产财团管理外，他如蔡长发金号、瑞成洋号、和记布庄、同德顺石膏行等，债权债额，虽多寡不匀，但经多次之劝释，均已先后调解妥协，即一切调解手续，到现在亦皆已履行完给，余如周森兴详号、裕源油行等，日来亦正在履行调解手续。此外高等法院函送清算熊鼎昌与熊刘氏涉讼案，及洗心池、朱林玉与吴长喜因账款纠纷，请会同清算案，又地方法院函送清算李定星与袁李氏为股权涉讼案等，经科积次召集，有已清算者、有账簿不齐无法清算者，均已分别函复法院。又如旅栈业建筑业工会，为胡义顺因豫章客栈房东房客等，拖欠建筑工款，请责令给付案；泰丰仁、庆元庄等为伙开之庆丰仁，该欠往来款项久延未偿，请开导归还案；宝隆洋号股东张炳祥，为该号停止年余，清理迟延，请调簿核算，以资结束案，均在分别进行调解之中，不久可望就绪"⑤。其他各地的档案材料，也记载了大量由商会调解的债权债务纠纷案例。保定商会档案上中的"李椿为报义盛和车铺掌柜时申寅欠款未还事呈保定商会文〔宣统三年（1911年）5月8日〕"便是其中一例：候选主簿李椿为呈严追事，窃职员代保代还唐家胡同义盛和车铺掌柜时申寅借款两项：一系于光绪三十四年（1908年）十二月初六日保借张岐山保纹银50两，一系于宣统元年（1909年）三月二十二日保借荣寿堂京钱100吊，均系按月2分行息，立有借款，现该铺掌柜暨铺伙等无故潜逃，张岐山及荣寿堂两处均连日向职员索要借款，职员进退维谷，万不获已，仰贵会有维持商民之责，拟恳设法严追，俾借款早日廓清，则感鸿恩无涯矣。⑥ 在这则欠款潜逃纠纷中，李椿是借款的保证人，因为借方已逃，贷方向保证人李椿追偿，李椿在找不到借款人的情况下，只有求助于商会，请求代为追款，以平息纠纷。此外，宣统年间的义盛和车铺欠款不还的纠纷中，涉及合兴铁铺、同盛德什件铺、恒泰裕车轿鞍毡铺、志源成车轿铺等多家商铺的利益，

---

① 谈萧. 近代中国商会法：制度演化与转型秩序 [M]. 北京：法律出版社，2017：261.
② 章开沅，等. 苏州商会档案丛编：第一辑（1905—1911）[G]. 武汉：华中师范大学出版社，1991：17-28.
③ 谈萧. 近代中国商会法：制度演化与转型秩序 [M]. 北京：法律出版社，2017：100.
④ 谈萧. 近代中国商会法：制度演化与转型秩序 [M]. 北京：法律出版社，2017：100.
⑤ 商务科工作报告（1936年6月至12月）[Z]. 南昌：南昌市档案馆藏，档号：6-9-130.
⑥ 姜锡东，许平洲，梁松涛. 保定商会档案：第二卷第2册 [G]. 保定：河北大学出版社，2012：211.

这些商铺纷纷向商会申请，要求商会帮着追偿欠款。[①]

商业行为与其他行为一样，也需要遵循诚实信用的原则，一旦违反这一原则，轻则引起纠纷，重则构成犯罪。一般情况下，出现违反商业信用的行为，当事人会寻求商会予以调解而不愿走诉讼途径。1921年8月，昌记仁木行经理郎建辉因顺昌泰木行东江尔谦图利不遂损害他人业务信用，向苏州商会声请公断。在商会的调解下，江尔谦向郎建辉道歉并登报通告以释前嫌，该案和平了解。[②] 类似该起损害商业信用的纠纷在实践中非常普遍，纠纷发生后，当事人出于对商会的信任，大多是寻求商会调解解决的。

"家有家法、行有行规"是自古以来人们耳熟能详的一句俗语。在一个行业中，如果有人违反了行规，行会的主管者可以适当予以惩罚。如果违反行规者并不认为自己的行为有过错，或者不愿意接受惩罚，则会引发行业内部纠纷的发生。1946年9月，江苏吴县木器业同业公会认为会员陈松麟、浪寿泉、张其元等五人擅自组织吴县盆桶工业同业公会系紊乱木器业同业公会之组织系统，并违背了木器业同业公会会章，因而致函吴县县商会，要求取消盆桶工业同业公会。而盆桶工业却认为本行业为自制自卖之行为，且盆桶业同业店号在吴县辖境内有一百数十家之多，历来受木器业同业公会的垄断和剥削，为了联络盆桶业同业之感情，尤为研讨工艺精益求精等起见，实有成立同业公会之必要。县商会多次召开双方座谈予以调解，但终因双方分歧太大，无法达到一致意见[③]。在这起有关行规的纠纷中，由于当事人双方各持己见，即便商会尽力调解，也未能获得成功。

抽取佣金是商业行为中一种常见的现象，这一方面的纠纷也时有发生。1947年2月4日，江苏吴县猪行商业同业公会为鲜肉业坚拒调整外佣致函吴县商会商事调解委员会，请求调解双方之间的纠纷。2月8日，吴县县商会在商会会议室召集鲜肉业、猪行业公会调解外佣事宜。在调解会上，猪行业以各猪行货价不断上涨，且受放账拖欠及高利贷开支激增之下，无法维持，提出如下要求：（1）现款交易当时付清者，抽外佣1%；（2）配货之翌日起3天内付清者，抽外佣2%；配货之翌日起3天外6天内付清者，抽外佣3%。鲜肉业各代表提出自己的意见：放账问题应由猪行业自动酌量，信用放账。对于按日增加外佣一点，反而坐长肉商拖欠，对于行商亦属不利，应由行商自动调整，委难照办。惟肉商自愿按每猪一头另加外佣法币500元以作贴补行商。在商会主席的主持下，双方进行了协商，最后议定：以鲜猪一只另加外佣法币1250元计算，自1947年3月1日起，准由猪行业按只收取，实施办理。[④] 然而，双方并未接受上述调解结果，争执未能得到解决，9月份，商会再次主持调解，终因双方要求相距甚远，调解未成。这是一起关于佣金的纠纷，在商会调解的商事纠纷中也占有相当的比重。

买卖行为属于一种非常普遍的商业行为，买方和卖方在价格上发生争议也是常见的现象。如果双方争议较小，他们往往可以自行解决；如果双方争议较大，则须寻求第三

---

① 姜锡东，许平洲，梁松涛. 保定商会档案：第二卷第2册［G］. 保定：河北大学出版社，2012：211-222.
② 章开沅，等. 苏州商会档案丛编：第一辑（1905—1911年）［G］. 武汉：华中师范大学出版社，1991：644-645.
③ 马敏，肖芃. 苏州商会档案丛编：第六辑（1945—1949年）上册［G］. 武汉：华中师范大学出版社，2011：525-534.
④ 马敏，肖芃. 苏州商会档案丛编：第六辑（1945—1949年）上册［G］. 武汉：华中师范大学出版社，2011：535-539.

方力量的介入，而商会则成为双方解决争议的首选。1947年10月，因颜料逐渐涨价，吴县布商业同业公会因染商业提出的染价超出市场颜料价格，在价格上无法达成一致，遂致电县商会请求调处。最后双方代表经过洽谈商讨，议定了颜料价格。① 这起关于价格的纠纷，就是在商会的介入和调解下，得以和平解决的。

劳资纠纷是近代社会新出现的一种纠纷类型，也是比较常见的一种纠纷形式，这种纠纷在商会调解的案例中也占有较大的比例。从苏州商会档案资料中，可以发现调解劳资纠纷是商会的一项重要职能。入会会员在遇到劳资纠纷后，首先想到的就是请求商会予以调解。对于一般性的劳资纠纷，商会则会召集劳资双方予以调解。如1911年10月，苏州云锦公所纱缎业因为机工擅典缎匹、典业违例擅收，请求苏州商务总会予以调处。② 1920年，恒兴泰酱园李学成等请求解决增泰分号经理徇私舞弊案，呈文给苏州总商会请求调解。③ 但是，如果遇到劳方采取较为激烈的如罢工、暴动等方式反抗资方，商会则往往出于保护资方的利益，请求有关部门对劳方予以镇压，如1909年6月，苏州商务总会请求元和县派差役对纱缎业聚众停工的工匠进行弹压、对潘儒巷一代机工罢工进行弹压，甚至请求密拿机工首领，以平息罢工事宜。④

除了上述纠纷类型外，从各地有关商会调解的档案资料来看，商会调解的商事纠纷还有铺房租赁、业务纠纷、账目清算、欠款不还、侵吞公积金、毁冒牌号等。例如，苏州商会1905—1911年受理的393件商事纠纷中，都与商务有关。在这些纠纷中，最多的属于钱债纠纷，即欠债不还、卷款携逃等，大约占上述纠纷总数的70%，其次是行业之间的争执、劳资之间的纠纷、假冒牌号而发生的争端、官商之间的摩擦以及华洋商人之间的纠葛，等等。⑤

由上可见，商事纠纷发生后，商会会员首先想到的是请求商会调解，而商会也责无旁贷，尽其所能进行调解。当然，并不是所有商事纠纷，商会都能调解。有些纠纷历时过长，或者牵涉人数太多，或者过分复杂，商会则无法调解，即使实行调解，也不易达成和解，南昌市商会在给市政委员会的呈文和报告中表达了对此类纠纷的无奈："客东以还，本市因市面不景，商业萧条，周转艰难，倒风迭起，尤以胡源兴六联号一案，债额逾四十万，债友逾三百户，人数众多，意见分歧，虽经本会于此次改选后召集调解多次，但争执太多，一时未能了结。"⑥ 还有些商事纠纷并不单纯，往往牵涉着一些其他的纠纷，在这种情况下，商会则会量力而行，能调则调，不能调则推。例如，1941年11月，清苑县赵氏因公记商行段振锁等蒙蔽退股事起诉到清苑县公署。县公署为免起讼端、免滋讼累起见，以该案属商业纠纷且两造系属同姓近族为由，函请保定商会查理调处。保定商

---

① 马敏，肖芃. 苏州商会档案丛编：第六辑（1945—1949年）上册 [G]. 武汉：华中师范大学出版社，2011：544-545.
② 章开沅，等. 苏州商会档案丛编：第一辑（1905—1911年）[G]. 武汉：华中师范大学出版社，1991：660.
③ 章开沅，等. 苏州商会档案丛编：第一辑（1905—1911年）[G]. 武汉：华中师范大学出版社，1991：641-642.
④ 章开沅，等. 苏州商会档案丛编：第一辑（1905—1911年）[G]. 武汉：华中师范大学出版社，1991：652-659.
⑤ 马敏. 商事裁判与商会：论晚清苏州商事纠纷的调处 [J]. 历史研究，1996，(1)：33.
⑥ 遵令将本会此次改选后对于商会法第三条规定商会之职务各项办理情形呈请鉴核转报备案由（1936年7月17日）[Z]. 南昌：南昌市档案馆藏，档号：6-9-50.

会接到清苑县公署的公函后，认为该案事涉家务，且纠纷甚多，非调处所能了结之事项，而且商会会务繁忙，碍难处理，遂即函覆清苑县公署，请其依法秉公判决。①

2. 其他纠纷

对于单纯的商业纠纷，商会义不容辞，一般会在双方当事人之间斡旋，进行调解。对于一些非商业纠纷，如辞退纠纷、殴打侮辱纠纷、口角纷争等，商会也会从中周旋，尽力调解。现举几例加以说明。

1906年，徐汝霖到稻香村购买茶食，恃醉寻衅滋事，打毁该店货物、账桌，银洋被看客乘间掠去。稻香村执事龚秀亭具禀到苏州商会。在商会调处下，徐汝霖遣人到稻香村赔礼道歉，纠纷和平了结。②

1946年保定商会调解一起会员之间的殴打纠纷，呈请警察局予以销案："窃查本年春间，前粮业工会理事长梁技亭，与收粮业公会理事长王义和，因事发生意见，且各走极端，有用武情事，梁技亭心生恐惧，恐遭有不测情事，曾备呈请求钧局司法科备案，加以保护……刻下已经半载有余，事过境迁，经本会从中斡旋，双方均言归于好，芥蒂全无……特恳请销案。"③ 该案并非属于商事纠纷，但因为纠纷双方均属商会会员，他们的口角纷争甚至武力相向可能会影响到商业利益，出于对商会会员利益的保护，所以商会才出面调解。

上述几例纠纷看似与商业没有太大的关系，但因为纠纷双方或一方为商会会员，如果商会对这些纠纷置之不理，殊失商会保护商民之责。因此，在商会会员向商会提出声请后，商会也会出面予以调解。

总之，商会调解的案件往往集中在商会会员之间发生的商事纠纷以及商会会员之间发生的有可能影响商业利益的非商业纠纷，一般情况下，"与商事无关者、关涉民刑者、两造全无证人证物者、因非正当营业而致者、已抛弃权利者、仅有一方提出声请者等"，不在商会调解案件的范围之内。④

（四）商会调解程序

中国近代各届政府对商会调解程序并没有统一规定，各地商会章程对调解程序的规定则有繁有简，比如苏州商会商务总会理案章程对调解程序的规定相对细致、具体，而天津商务总会对调解程序的规定则相对简单，其他各地商会章程对调解程序或多或少也有所涉及。根据各地商会章程及商会调解实践，可以了解到商会调解程序的大致情况。

1. 调解程序的启动

（1）当事人的声请。商会调解程序的启动大多是基于当事人的申请，这一点可从保定商会档案、天津商会档案、苏州商会档案等资料的记载中得到证实。如《保定商会档案》所载的"房产主刘大蟪父子与元隆号绸缎庄房租案"中，房产主刘大蟪父子因为与租户元隆号绸缎庄在房租问题上发生纠纷，特向商会请求传集评议（因为元隆号绸缎庄

---

① 姜锡东，许平洲，梁松涛. 保定商会档案：第一卷第2册 [G]. 保定：河北大学出版社，2012：269.
② 章开沅，等. 苏州商会档案丛编：第一辑（1905—1911年）[G]. 武汉：华中师范大学出版社，1991：569.
③ 姜锡东，许平洲，梁松涛. 保定商会档案：第一卷第2册 [G]. 保定：河北大学出版社，2012：294.
④ 张松. 从公议到公断：清末民初商事公断制度研究 [M]. 北京：法律出版社，2016：77.

已经加入商会）。① 又如 1938 年 3 月，商人王德林因为荣华号自行车铺拖延不交租金，特向商会申请调解。②

（2）法院或兼理司法之县政府的指定或移交。这也是商会调解程序启动的一个缘由。1915 年 4 月，鉴于商业案件的复杂性以及判决执行上的困难，北洋政府司法部呈请大总统，希望京师商民债务案件由法院委托商会调处，得到批准施行。③ 从近代的一些档案资料也可以看出，许多商业案件在起诉到法院后，法院则会委托商会先行调处，调处不成再行诉讼。1916 年，旅津闽粤会馆建潮两帮等为冯商盘妄争会馆控梁璧一案，经地方审判厅判决冯商盘理屈，驳回其诉讼请求。冯商盘不服，复从高等审判厅翻控，经堂讯数次，仍无结果（冯商盘仍坚持原请求）。高等审判厅"体念两造均系远商，欲使公讼之至意"，遂劝谕移请天津商会调处。④

在没有设置地方法院的各县，兼理司法之县政府遇到商业纠纷后，绝大多数情况下会指定商业纠纷双方所在的商会进行调解，商会调解成功后，须函请县政府销案；调解不成功，须函请县政府进行审判。例如，1940 年发生在保定地区的庆生银号师仲明与翔记估衣庄褚凤翔纠葛一案，在起诉到清苑县公署后，清苑县公署以该案系商务纠葛为由，函嘱保定商会代为调处，以息讼争。保定商会遂邀请两造到会，试行调解，然而，原告和被告双方各不相让，殊无和解可能。于是，保定商会将调解结果函覆清苑县公署，请求对该案进行判决。⑤

（3）其他部门的委托或指定。除了当事人申请和法院以及兼理司法之县政府的委托外，一些行政职能部门往往也会委托商会对商事纠纷进行调解。1931 年 2 月，天津市社会局接到本市茶食同业公会王桐轩等人的呈文。该呈文提出，以祥德斋、四远香等为首的一些茶食店操纵市场上同类货物的售货价格，严重阻碍了全市同业发展，请求调查。社会局在派出科员进行调查后，考虑到这些茶食店"惟既均系同业，自应彼此合作，以资增进公共利益"，况且该纠纷属于用同业售货价目不同而发生的内部纷争，因此，"抄发原呈及调查报告"，令纠纷当事人所属商会妥为调处，以平纷争，以固团结。⑥

可见，商会所调解的案例中，有的是由当事人直接申请调解，有的是法院移交，有的是县政府委托移送，有的则是社会局之指定。此外，还有下级商会或其他商会移请的，有各地会馆、公所等商人组织提请的，等等。

2. 调解程序的进行

在调解程序启动后，商会调解正式开始。至于商会应当如何进行调解，各届政府颁布的商会法中并无明确规定，不同时期的地方商会往往会根据实际情况作出一些规范。1907 年《上海商务总会章程》第 64 条中对于商会调解案件的程序有着完整的要求："凡钱债纠葛商会允予理处者，由总协理交于理事或理案议董。先邀两造详询原委，由书记将问答逐句登簿，理事理案，议董及两造均签名于上。再定期邀请该业董事到会访问，

---

① 宋美云. 天津商民房地契约与调判案例选编：1686—1949 [G]. 天津：天津古籍出版社，2006：184-185.
② 姜锡东，许平洲，梁松涛. 保定商会档案：第一卷第 2 册 [G]. 保定：河北大学出版社，2012：253-254.
③ 余绍宋. 改订司法例规 [S]. 北京：北洋政府司法部，1922：1007.
④ 宋美云. 天津商民房地契约与调判案例选编（1686—1949）[G]. 天津：天津古籍出版社，2006：241.
⑤ 姜锡东，许平洲，梁松涛. 保定商会档案：第一卷第 2 册 [G]. 保定：河北大学出版社，2012：262.
⑥ 宋美云. 天津商民房地契约与调判案例选编（1686—1949）[G]. 天津：天津古籍出版社，2006：269.

所有问答亦由书记逐登,均签名于上,即行刊送与议诸人,由总理定期开议。开议时,如尚有疑窦,可再集两造问询。问毕,两造退出会议室,由总协理、议董共同集议。议决布告并登报宣布。若理屈者愿遵公断,即不必登报,以存厚道。仍按季摘叙简明事由,具报农工商部备案。"①《苏商总会理案章程》也有明确的程序方面的要求:"凡钱债纠葛商会允予理处者,由原告开具节略到会,送交理事员,面讯原委。转送总、协理公阅。至常会期,邀同原被两造。并中证人到会,提议总协理、谈判员、议董入座,研究情节,秉公判断,将问答语由书记员逐一登记,两造有申辩处及谈判议董驳诘之词,一并载明,书名签字。决议后,由书记员详细登录断语,谈判议董亦书名签字,以示不再更动。"②为了保证调解的公平和公正,商会调解还有回避方面的要求,"凡经商会允予提议之件,如总协理及议董会员中有与两造为兄弟、同族及有至亲者,或为两造中一面之股东者,均须先期陈明,并将清单缴还,届时可无庸来会与议,以避嫌疑"③。

由上可见,商会调解正式启动后,商会调解人会邀集纠纷双方当事人到会询问原委,然后到商会常会期日,召集纠纷双方当事人以及证人等相关人员到会,对纠纷事项进行调解,调解无论成功与否,都须由当事人和调解人在调解书上签字确认。

3. 调解程序的终结

调解程序的终结基于如下两种情况:一是调解成功。在商会调解之下,当事人的纠纷和矛盾得以化解,达成了和解协议,这是商会调解所得到的一种积极性的结果;二是调解未能获得成功,这是商会调解所得到的一种消极性结果。无论是调解成功还是失败,都意味着商会调解程序的终结。在调解成功的情况下,当事人达成和解协议,进入履行协议阶段。在调解失败的情况下,商会对于当事人之间的纠纷已经无能为力,随后即转入诉讼阶段。

一般来说,对于当事人自行申请商会调解的案件,如果调解未能获得成功,则任由纠纷当事人向法院起诉。《上海商务总会章程》第 65 条规定:凡钱债纠葛,两造自请商会理处者,经商会调处公断后或有不遵,任向有司控告。④《天津商务总会试办便宜章程》第 25 条规定:"凡家辘轇既由本会评议,一经各商赴会告知,应由总理等定期邀集各董秉公理论,从众公断。两造倘有不服,准其分别具禀商部,或就近禀请地方官核办"。⑤《苏州商会章程》第 50 条也规定:"本会调处事件以和平为主,秉公判断。如两造相持不下,听其付诉有司。"对于商会调解不成功的案件,除了由当事人自行起诉外,也可由商会代为起诉,"事经本会调处,众议佥同,其理屈者,梗顽不服或避匿不到,非本会权力所及,当酌量代诉有司"⑥。

对于法院移交或基层政府移交的案件,调解未能获得成功,则由商会将调解不成功的缘由函复法院或基层政府,并将案件移送法院或基层政府查办。《上海商务总会章程》第 65 条:凡钱债纠葛,除两造自请商会理处者,公断后或有不遵,任向有司控告外,其

---

① 上海市工商业联合会,等. 上海总商会组织史料汇编(上)[G]. 上海:上海古籍出版社,2004:91-92.
② 马敏,等. 苏州商会档案丛编(第二辑)[G]. 武汉:华中师范大学出版社,2004:91-92.
③ 上海市工商业联合会,等. 上海总商会组织史料汇编(上)[G]. 上海:上海古籍出版社,2004:90-91.
④ 上海市工商业联合会,等. 上海总商会组织史料汇编(上)[G]. 上海:上海古籍出版社,2004:91-92.
⑤ 天津市档案馆,等. 天津商会档案汇编(1903—1911)[G]. 天津:天津人民出版社,1989:48.
⑥ 章开沅,等. 苏州商会档案丛编:第一辑(1905—1911)[G]. 武汉:华中师范大学出版社,1991:27-28.

余案件经地方官移请商会公判者,两造设有不遵,应由商会据情移复地方官查办。① 法院或基层政府在审断经过商会调解的案件时,往往也会参考商会调解的结果。

4. 商会调解的效力

一般情况下,商会调解纠纷不具有强制力,但有些商会调解纠纷后,交由地方司法机关执行,以保证调解的执行效力。例如,清末重庆总商会设立的公断处,在调解商业纠纷时,"重庆知府或亲往参加,或派员出席,并担任监督,商会会长和本帮的帮董则为主要的仲裁者,处理办法决定后,则由知府交给巴县县堂执行,商民莫敢违抗"②。

(五) 商会调解的成效

自清末商会成立以来,就把调纷止争作为分内之事。商会在调处纠纷方面的成绩,也得到了认可。清末商部曾称赞江南商务总会"自开办至今理结此等钱债讼案盖已不下数十起,而其中时有曾经纠讼于地方衙门经年未结之案乃一至该会,评论之间两造皆输情而遵理结者,功效所在进步日臻"。③ 苏州是商务发达之区,商业纠纷也为数不少,多数都能由商会调解结案,"苏州商务总会自光绪三十一年(1905年)十月成立至次年十二月,受理各种商事纠纷讼案约达70起,其中已顺利结案的占70%以上,迁延未结而移讼于官府的不到30%。如从成立之时至宣统二年(1910年)八月计算,苏州商务总会所受理的讼案多达380余起,有的案件还经过了反复的调查与集会审议"④。天津商会在总结其开办五年来的功绩中也指出:"至于平日解商纷,疏商困,救商急,恤商艰,有关兴利革弊者,周不殚精竭虑,劳怨不辞。比年来,剖析各商债款、荒闭樱幅等案,无虑千百起,有历年报部清册可查。"⑤ 天津商会在1903—1911年的9年中,理结的各类纠纷共有2800余起。⑥

民国成立后,商会开始设公断处,专门受理商事纠纷。自1913年初《商事公断处章程》颁行至1925年底,各省商会附设之公断处将近200余处,其中京师总商会附设之公断处所受理商事案件最多。京师总商会附设商事公断处于1915年6月8日成立,自该处成立至1925年底的10年时间里,"核其各年度办理公断案件,于未起诉先由两造商人同意自行声请者,计二百七十起,于起诉后由法院委托调处者,计五百零六起,总计七百七十六起,两造均愿遵守公断者,计六百四十七起,其他理结具有各种情形者,共计一百二十一起,总计七百六十八起,尚未理结之案计由商人声请调处者四起,法院委托调处者四起"。⑦ 司法部在《考核商事公断处情形报告书》中对各省商事公断处的成绩给予充分肯定:"各省商会附设商事公断处者,自民国二年迄于今,兹不下二百余处,商事争议理结公允,凡法院关于商事争议案件委托商事公断处调处而各如其愿以息者实多,其

---

① 上海市工商业联合会,等. 上海总商会组织史料汇编(上) [G]. 上海:上海古籍出版社,2004:91-92.
② 中国民主建国后重庆市委员会,重庆市工商联合会文史资料工作委员会. 重庆工商史料选辑(第5辑) [G]. 1962:128.
③ 商部颁发各商会理结讼案格式札 [J]. 东方杂志,1906,(8):102.
④ 朱英. 转型时期的社会与国家——以近代中国商会为主体的历史透视 [M]. 武汉:华中师范大学出版社,1997:297-298.
⑤ 天津市档案馆,等. 天津商会档案汇编(1903—1911)(上) [G]. 天津:天津人民出版社,1989:87.
⑥ 胡光明. 论早期天津商会的性质和作用 [J]. 近代史研究,1986,(4):216.
⑦ 考核商事公断情形报告书 [J]. 司法公报,1926,(224):34-35.

不服公断另向法院起诉者盖寡,成效之著,遐迩咸知。所以至此者,要以其适合国情而已。"①

1936年,南昌市商会在给市政委员会的呈文中,总结了商会成立后有关调解与公断事项的办理情形:"本市商人与商人,或商业与商业间,每因营业上、契约上发生纠纷,一经涉讼,则裁决稽时,原告、被告,受苦实深,且影响于本身商业之进行,实非浅鲜!本会有鉴于此,故自改组成立市商会以来,即有商务科之公设,解决纠纷,前后不下数百起。"②

由上可见,商会在解决商事纠纷、调处息讼方面起着至关重要的作用。当然,商会调解也存在一定的局限性,例如调解效力问题。按照规定,商会调解没有强制拘束力,如果纠纷双方当事人自愿遵守调解协议,调解方可发挥效用,如果有一方不遵守调解协议,则调解协议等于一纸空文。另外,商会调解也存在不公平现象。例如,在调解某些劳资纠纷时,商会存在偏向资方的做法,甚至会请求有关部门对采取比较激烈方式对对抗的劳方进行镇压。这无疑显示出近代商会调解过程中存在的不合理现象。

二、农会调解

(一)农会的性质及其组织演变

近代以来,为了挽救农村经济危机,一些有识之士提出了改良农业、兴办农会的倡议。晚清新政期间,鼓励发展农业生产,使农会的成立成为可能。1907年底,晚清政府颁行《农会简明章程》,规定在各省设立农务总会,府、厅、州、县设立农务分会,从而使兴办农会从宣传、倡议层面进入实践层面。据统计,自1907年《农会简明章程》颁布至1910年,农务总会奏准设立者已达15处,分会达136处。③ 1911年,全国设立的农务总会达到19处,农务分会达到276处,其中山东省农务分会多达106处。④ 清末农会虽然是政府主导设立的,受《农会简明章程》的制约,但其拥有自治权,具有自治属性,是民间的社会团体。值得注意的是,从清末农会组成人员来看,无论是领导层还是普通会员,大多是地方的头面人物,如地主、绅商、举人、监生、新式学堂的学生等,几乎没有普通农民。因此,清末农会并非真正的农民组织。

民国初年,在农会建设方面没有太大的进展,甚至因为经费紧张等问题导致农会发展陷入困境。20世纪20年代后,随着国共合作的形成,农民运动蓬勃开展,农会组织也逐渐增多壮大。至1927年6月底,全国成立的省级农民协会有5个,县级农民协会有201个,区级农民协会有1102个,乡级农民协会有16 144个,村级农民协会有4 011个,总计会员达9 153 093人。⑤ 随着国共合作的失败,农民协会组织遭受重创。这一时期的农会虽然因为国共合作的形成而有所发展,甚至某些区域之内的农会也注入了一些新的因

---

① 考核商事公断情形报告书[J].司法公报,1926,(224):36.
② 遵令将本会此次改选后对于商会法第三条规定商会之职务各项办理情形呈请鉴核转报备案由(1936年7月17日)[Z].南昌:南昌市档案馆藏,档号:6-9-50.
③ 刘锦藻,编.清朝续文献通考(卷378)[M].上海:商务印书馆,1936:11247.
④ 朱英.近代中国商人与社会[M].武汉:湖北教育出版社,2002:262.
⑤ 中国国民党中央执行委员会农民部.农民运动(周刊)第1期[M].北京:人民出版社,1955:21.

素,但从总体上看,仍然是对清末农会的一种传承,是在政府支持之下成立的、由少数上层人士所控制的、无法代表广大农民利益的一个民间团体。

南京国民政府成立后,于1930年颁行《农会法》,第二年又颁行《农会施行法》,使农会组织开始纷纷建立。抗战爆发后,农会组织遭受到一定的打击,但出于抗战的需要,国民政府对农会加以宣传和推广,使农会组织在数量上仍然有了较大的增长。除了少数省份和地区外,全国大多数地区建立了农会组织。截至1947年底,全国共有省(市)农会34个,县(市)农会1271个,乡(区)农会17755个。① 从其组成人员来看,该时期的农会仍然属于农村中有产者为主体的社会组织,而将普通农民排除在农会之外。从农会的日常活动来看,这一时期的农会实际上是国民政府政治统治的工具而已,并非代表农民利益、发展农业生产的社会组织,其发展农民经济、增进农民智识、改善农民生活、而图农业之发达的宗旨也远未实现。

(二) 农会的调解职能

清末农会为改良农业而设,《农会简明章程》赋予其教育、经济、社会等方面的职能,一些地方性的章程除了赋予农会上述职能外,还特别规定农会应尽到"保护农民之责":"凡民间有田产纠葛之事,如界址不清、争夺水利之类;农产损失之事,如禾稼、树木被人损害,被人偷窃之类,可赴会中申诉副会长及会员,以省讼累。如两造尚不折服,再行具禀地方官核办。"② 可见,农会在保护农民方面的重要职责之一便是调解农民之间的纠葛和矛盾。北洋政府时期的农会职责与清末大致相同,对于民间纠纷也负有调解之责。

南京国民政府建立后,为了协助政府或自治机关促进农业之发达,先后设立农民协会和农会组织,然而,从1928年7月26日的《农民协会组织条例》、1930年12月30日的《农会法》以及1931年1月31日的《农会法施行法》的规定来看,并没有涉及农会调解职能的内容。为了解决农民之间的矛盾和纠纷,1940年制定的《乡农会会员纠纷调解委员会组织规程》规定:在每个县所属各乡农会办公处内设置乡农会会员纠纷调解委员,其职责为以公正和平方法调解本乡农会会员间的争执与纠纷事项。本会设委员7人至9人,由本乡农会聘请当地公平正直德高望重者充任之。本会会员均为义务职,任职1年,期满后由本乡农会继续聘请委员组织之。本会调解委员不得收受被调解人金钱礼物。调解委员会调解民刑事案件仅得为公平理当之评定,刑事案件之调解不得为罪刑之科处,民事案件之调解不得为强制处分或执行。本会因调解当事人一造之申请,调解时应指定时日通知两造当事人到场。声请调解得以书面或言词为之。本会调解案件成立与否,应作调解笔录抄写三分,当事人各给一份,其余一份由本会存查。本会决议事项以出席委员多数同意决定之,但其决定不能得双方当事人同意者,其调解认为不成立。③

无论是清末还是民国时期的农会虽然具有调解职能,但这种职能的发挥实在有限,从档案资料到报刊很少看到农会调解纠纷的案例。与之不同的是革命根据的农会,性质

---

① 中华年鉴[M].1948:1248.
② 李永芳.近代中国农会研究[M].北京:社会科学文献出版社,2008:61.
③ 乡农会会员纠纷调解委员会组织规程[J].农业推广通讯,1940,(6):40-41.

与清末民国农会完全不同,其作为地地道道的农民自治机关,以维护农民利益为宗旨。在农民之间出现争端后,也积极出面主持调解,以尽快解纷止争,稳定社会秩序。

1921年9月,在共产党员沈定一的努力下,浙江萧山衙前农民协会正式成立,并发布了《衙前农民协会纲领》和《衙前农民协会章程》两个文件,作为农会活动的依据。《衙前农民协会章程》中规定:"凡本会会员有私人是非的争执,双方得报告议事委员,由议事委员调处和解;倘有过于严重的争执,由全部委员,开会审议解决。"[1]

1923年元月,广东海丰县在彭湃的领导下成立了中共党史上第一个县级农会——海丰县总农会。该农会下设农业部、财政部、宣传部、教育部、卫生部、仲裁部、交际部、庶务部、文牍部等,其中的仲裁部即充当了"和事佬"的角色,专门调解农民之间发生的各种纠纷和矛盾。无论是婚姻、争产、还是打架斗殴,该部都会认真对待,尽快解决,并且不收受任何费用。仲裁部把解决纷争作为自己应尽的义务:"我辈应当牺牲私人的利益和健康,替弱者奋斗!我们不可以为是一种慈善事业,这是我们义务之所当尽的!我们的事业,与那假冒为善者口口声声标榜慈善事业的完全不同!我们所尽力的,不愿受弱者一声感谢……一切会员拿来的酬谢礼物,是我会的违禁品,极耻辱的东西!"[2] 因此,各地农民发生争端后,都愿意找农会解决,以至于"各区警察及司法衙门之生意,亦觉冷淡"[3],后来,该农会改名为广东省农会,其执行委员会下设的仲裁部仍然把调解农民内部的矛盾和纠纷作为主要职责。

自农会成立后,"农民的大小事,又一概在各级农会里处理","连两公婆吵架的小事,也要到农民协会去解决"[4] 为了处理民间纠纷,根据地的农会还成立了专门的调解组织,"在广东、广西、湖南、江西等地建立的两万多个农会中,都设有调解组织"[5]。这些调解组织有的称为仲裁部,有的称为公断所,负责解决乡村的纠纷,维护社会秩序。这些调解组织在调解民间纠纷尤其是民事纠纷方面起到了很大作用,以至于一些地方"已无民事案件,司法委员很落得清闲,有许多历年在官厅不能解决的悬案,现在都在农协里解决了"[6]。

三、工会及劳资调解委员会

(一) 工会

工会组织产生于西方工业革命时期。我国的工会组织,是在鸦片战争后由封建社会沦为半殖民地半封建社会过程中逐渐产生的。19世纪中期,伴随着近代工业的出现,中国第一代工人阶级诞生了。1851年在广州出现了具有工会性质的"打包工人联合会",其

---

[1] 中共浙江省委党史资料征集委员会,中共萧山县委党史资料征集委员会.衙前农民运动[M].北京:中共党史资料出版社,1987:25.
[2] 江静.农会在农村社会事业建设中的作用——以彭湃领导的海丰总农会为例[J].宁波党校学报,2007,(1):46.
[3] 第一次国内革命战争时期的农民运动资料[M].北京:人民出版社,1983:154-155.
[4] 毛泽东选集(合订本)[G].北京:人民出版社,1960:14-30.
[5] 徐胜萍.人民调解制度研究[M].北京:北京师范大学出版社,2016:61.
[6] 王全营,曾广兴,黄明鉴.中国现代农民运动史[M].郑州:中原农民出版社,1989:224.

他各地也出现过类似的组织,但这一时期的工会组织还处于自发状态,也没有明确的法律依据。1923年2月28日,鉴于京汉铁路工人大罢工"实为要求组织工会之一种具体表示",黎元洪大总统令主管机关拟定《工会法》。北洋政府农商部遵令拟定了《工会法草案》,经政府转交国会讨论。由于6月份政变发生,部分国会议员离去,该草案未能通过。1924年11月,广州政府拟定了《工会条例》21条,由孙中山大元帅正式颁布施行。该条例承认工会与雇主团体立于对等之地位,在工人与雇主发生争执事件时,工会有"要求雇主开联席会议仲裁之权,并得请求主管行政官厅派员调查及仲裁"①。该工会条例虽然较为完备,但施行区域仅为西南各省,并非全国性的工会法规。

随着工人罢工的逐渐增多,工商业团体纷纷请求政府制定劳工法。1925年7月28日,由农商部拟定的《工会条例草案》14章50条通过了阁议。该草案提出,设立劳资调停机关,专门负责调停劳资纠纷。然而,由于诸多原因,该草案未能颁行。

南京国民政府成立后,对《工会法》经过讨论、修正,于1927年10月21日正式公布。该《工会法》在工会之职务条规定了工会的两项对内任务,分别为"工会或会员间纠纷事件之调处""劳资间纠纷事件之调处",明确了工会的调解职能,使工会在调解工会会员之间以及劳资之间的纠纷方面有了明确的法律依据。然而,该法第23条规定:"劳资间之纠纷,非经调解仲裁程序后,于会员大会以无记名投票,得全体会员2/3以上之同意,不得宣言罢工"。②可见,该法规定的工会对劳资争议的调解不是以保护工人利益为目的,而是把工会调解劳资争议作为限制罢工的一个条件,是从法律上对工人罢工的一种限制。

南京国民政府虽然把劳资纠纷事件之调解权赋予工会,但实际上,工会独立解决纠纷以及处置问题的权力较弱,尤其是对于一些较大的纠纷,其独立处置的能力尤显不足,往往要会同有关主管机关甚至行政机构共同进行调解。例如,1934年,在调解"望山门保安门码头工人互争工作一案"中,工会召集望门山、保安门码头工人代表,调解双方工人争执工作一案,并拟定解决办法10条,"以期根本解决,一劳永逸,旋因双方固执,未能生效"③。随后呈报县政府。县长以码头工人争执,时有发生械斗情事,于地方治安,关系甚大,于是召集两造及有关方面,在县政府举行调解会议,仍以码头工会所拟10条解决办法为依据,逐条讨论,有异议者酌予修改,最后达成调解协议,经双方签字认可后存卷保存。④从调解决定书的签字情况来看,这次调解是在武昌县政府的主持下,在码头工会代表、公安局代表等人的见证下,对纠纷双方进行的一次调解,而非工会独立调解。

实践中,工会在调解劳资纠纷方面作用并不大。很多情况下,劳资纠纷是由其他部门调解,如社会局、工部局等,甚至一些较大的劳资纠纷是由县政府或市政府调解的。在其他部门主持的调解中,偶尔也会出现工会的代表,尤其是在政府调解中,工会也会派代表参加,并在调解协议书上签字,但工会所起的作用实在有限。从一些具体案例来

---

① 谢振民. 中华民国立法史(下册)[M]. 北京:中国政法大学出版社,2000:1075.
② 中国第二历史档案馆. 中华民国史档案资料汇编:第5辑第1编"政治"(三)[M]. 南京:江苏古籍出版社,1997:97-98.
③ 望山门保安门码头工人互争工作一案调解决定书[J]. 湖北省政府公报,1934,(46):127.
④ 望山门保安门码头工人互争工作一案调解决定书[J]. 湖北省政府公报,1934,(46):127-128.

看，工会虽然也派代表参与了调解会议，但它更多情况下是起着见证人的作用。

与清末民国工会不同的是，中国共产党领导下的工会是维护工人阶级利益的组织，在劳资纠纷发生后，往往代表工人与厂方进行谈判，调解双方的纷争。如发生在陕甘宁边区的一则劳资纠纷就是在工会的调解下达成协议的。新新碳厂与个人订的契约是四六分成，挖出来的碳不过称，估计重量。炭里有石头，估计分量时要把石头除掉，卖炭由厂方负责，卖炭时由工人帮助剥石头。厂方开始估计时还公道，日久渐渐作过低的估计，工人不同意，告到工会，说厂方剥削他们。工会遂提出调解方案：卖炭由工人负责，剥炭不要工人帮忙，单独雇人剥炭的，剥炭的工资由工人负责，剥炭人归厂方指挥。工人要剥炭，工资由劳资双方负责。这个调解方案能够克服卖炭过程中的舞弊行为，维护公平交易，保护劳资双方的利益。因而得到劳资双方的认可，纠纷于是得到解决。①

(二) 劳资争议调解委员会

除了工会可以调解劳资纠纷外，南京国民政府时期还设置了劳资争议调解委员，专门负责处理劳资之间的各种纷争和矛盾。

针对劳资双方时有冲突的现象，1926年8月16日，《解决雇主雇工争执仲裁会条例》颁布实施。该条例是近代第一部专门处理劳资争议的法规。该条例规定仲裁会负责解决劳资纠纷。仲裁会由政府委仲裁代表1人及有关系之各方各派代表2人共同组成，主要解决雇主和雇工之间的各种纠纷。②

20世纪20年代后期开始，我国经济发展速度明显放缓，正如时人所言："最近，我国经济恐慌日趋严重，内地农村经济破产，购买力减低，因之工业衰落……一般工厂因难于维持，大都裁汰工人，或减低工资。且多数停厂歇业，于是因减资解雇而起之劳资纠纷，风起云涌，不可遏制。"③ 随着劳资纠纷的日渐增多，1928年6月9日，南京国民政府颁行《劳资争议处理法》，后来又加以修订，1932年9月27日，国民政府公布了《修订劳资争议处理法》④。该法于"雇主与劳工团体或劳工15人以上，关于雇佣条件之维持或变更发生争议时适用之"，雇主与劳工个人的争议不属于该法调整的内容。该法确立了先调解、后仲裁的原则，即劳资争议发生后，先由调解机关进行调解，调解不成，再提交仲裁机关进行仲裁。

根据该法规定，关于调解事项，主要有如下内容：

1. 调解机关

该法确定的调解机关为劳资调解委员会，属于临时机关，一般是在劳资纠纷发生后，由行政官署临时指派相关人员组成。一般情况下，劳资调解委员会由如下几类人员组成：5或7名普通调解委员，1或3名由主管行政官署指派的行政代表人员，2名劳方选派的代表，2名资方委派的代表。在上述人员中，以行政官署所指派的代表为劳资调解委员会主席。主席根据调解工作的需要，有权调用各该主管行政官署的职员辅助办理调解工作，

---

① 三边分区、志丹县等有关审判方式、调解工作调查、清理监所等材料 [Z]. 西安：陕西省档案馆藏，档号：15-221.
② 谢振民. 中华民国立法史（下册）[M]. 北京：中国政法大学出版社，2000：1125.
③ 李景文. 我国劳资争议处理法之研究 [J]. 法轨，1933，(1)：100.
④ 修正劳资争议处理法 [J]. 法令周刊，1932，(121)：9-12.

如记录、拟稿以及其他庶务。这里的主管官署，在市是市政府，在省是省政府，在中央是社会部。

2. 调解程序

（1）调解程序的启动。调解程序的启动，一般是基于以下两方面的事由：一是由当事人之申请，一是行政机关认为有交付调解之必要。争议当事人申请调解时，应向主管行政官署提出申请调解书，调解书应记载下列各项内容：一是当事人的姓名、住所及职业，或商号、厂号；二是与该争议有关的劳工人数；三是争议的要点。争议由主管行政官署提付调解时，调解之前须将应付调解的具体事项，采取书面形式通知双方当事人。

（2）调解委员会主持调查。劳资调解委员会接受当事人的申请或行政官署的提付后，应于2日之内开始调查下列事项：第一，争议事件的内容；第二，争议双方提交的书状；第三，争议双方的现在状况；第四，其他相关事项。一般情况下，调解委员会的调查期限不得超过7日。调解委员会在调查期间，可以通过传唤证人、命相关人员到会说明或提出说明书等方式来了解纠纷的真实情况。

（3）制作调解决定书。调查完毕后，调解委员会得于2日内，做出调解之决定，但有特别情形或争议，当事人双方同意延期时，不在此限。调解委员会之调解决定，经双方当事人在调解笔录上签名后即视为成立。该调解决定须报主管行政官署备案。

（4）调解决定书的效力。凡是经调解委员会调解成立的，该调解决定视为双方当事人间之契约；调解不成立的，应付仲裁委员会仲裁。

劳资调解委员在调解劳资之间的因解雇、工资待遇、歇业、罢工、停工以及其他各种纠纷中，起到一定的作用。以上海市1928—1939年间发生的2655件劳资纠纷为例，经劳资调解委员会调解者有459件，占劳资纠纷总数的17.29%。[①] 其他各地劳资调解委员会对劳资纠纷的调解情况，由于资料短缺，尚未有明确的数据支撑。

四、其他机构调解

除了上述商会、工会、农会等社会团体在调解民间纠纷中起着重要作用外，还有村民自行组织的互助社、合作社等团体，对调解民间纷争也起到较大的作用。

为了促成农民之间互助合作而成立的农村互助社，对于参加互助社的成员内部出现的纠葛，也会予以调解。迁安孟家店互助社社员赵振平，有猪一头，于10月19日窜入评事赵振华弟的菜园内，振华之弟，见了大怒，误将该猪击毙，以后赵振平知道了，双方大起冲突，势将成讼，经书记刘占生、赵振辉劝止。该社社长就召集社员给他们调解，最后议定赔偿办法，分为三等价钱，使赵振平拈阄作为定准，由赵振华之弟按价赔偿，一场风波得以了结。[②]

一些地方乡村建设运动中所设置的乡学，也承担调解纷争之责。例如，山东邹平县，下划分为若干乡，乡下划分为若干村，每个乡设有乡农学校，村设村农学校。每遇农民发生纠纷，就苦口婆心地为他们说和，或请出两方面的好朋友来，设法调解，收效甚大，

[①] 上海市劳资纠纷统计表 [J]. 国际劳工通讯，1941，(8)：56.
[②] 互助息讼 [J]. 农学月刊，1934，(12)：14.

每年经调解而未成讼的纠纷,不下50余件,可省讼费2万余元。①

为了保护医生权益而成立的医师公会及其下设的一些专门委员会,在调解医患纠纷方面也起到重要作用。1936年,蒋建良、丁健候等上海国医公会会员因受到病家滋扰和敲诈,遂请求公会予以保障,上海国医公会接到报告后,即"分别派员调查或致函允予保障",最后经公会进行调解,这起医患纠纷"因而瓦解冰消矣"②。1946年10月底,上海医师公会成立医务保障委员会,该委员会的主要职责即为调解纠纷,一是调解委员会会员之间出现的纠纷,一是调解会员与病家之间的医事纠纷。③ 据统计,1947年6月至9月,上海医师公会医务保障委员会调处医事纠纷达10起之多。④ 1948年8月,上海张贤强医生与病人发生纠纷,后经上海市医师公会从中调解,医生与病家达成和解协议。⑤

为了保护联络同乡感情、维护旅居某地的同乡利益而成立的同乡会,也负责调解同乡之间的纠纷和矛盾,如绍兴七县旅沪同乡会编纂的《同乡会总章程》(1920年)中,将"和解乡人之争议"作为同乡会应办理的主要事务之一。⑥ 据文献记载,同乡会对发生在同乡之间的争议一般采取调解的手段,使纠纷双方当事人达成和解协议。现举几例加以说明。其一,调解家庭内部婚姻纠纷。同乡会会员潘家铭以同乡陈元福与妻屡次反目,以致彼此疑忌,缠讼不休,经会传同双发质询明白,谕以夫妇和而家道成,并令陈元福将妻孙氏送回原籍,与母同住,以绝争端。⑦ 其二,调解家庭内部的钱债纠纷。曹兼山以从堂兄曹冠三向伊屡次借洋,致起口角,由会质询劝导,从前本有往来,从此和平解决。姑念冠三年老,并劝兼山念,一本前情出洋二百元,当交冠三收用,自此以后各不往来,后辈亦不得借端索扰,倘再有无理缠绕情事,准由曹姓族人及本会调人以法律处置。双方允洽寝事。⑧ 其三,调解商号内部纠纷。绍兴陈梅轩以弟梅卿在立兴号暴卒,情有可疑,请求主持公道。经同乡会调查详情,并邀集双方互相讨论,劝令立兴号主吴学行以梅卿既系暴病而亡,戚谊所关,又系本店学生,除备棺装殓外,一面再给洋抚恤家属,至梅卿生前经手,如有亏累,概不查究。双方同意,借以了事。⑨ 从同乡会调解的一些具体案例来看,同乡会重在调解同乡会员家庭内部的纠纷、同乡会员之间的商业纠纷以及普通纠纷等。

综上可见,近代民间调解主体较多,既有宗族调解、乡邻亲友调解、威望人士调解,又有各种社会团体之调解,如商会调解、工会调解、农会调解等。这些调解主体在调解

---

① 乡村息讼问题[J]. 华北合作,1935,(23):14.
② 上海市国医公会. 上海市国医公会第七届会员大会纪念特刊[Z]. 1936:13.
③ 上海市医师公会医务保障委员会办事细则[Z]. 上海:上海档案馆藏,档号:06-5-455.
④ 龙伟. 民国医事纠纷研究(1927—1949)[M]. 北京:人民出版社,2011:278.
⑤ 会务报告[J]. 医讯,1948,(9):6.
⑥ 民国时期文献保护中心,中国社会科学院近代史研究所. 民国文献类编(社会卷第53册)[G]. 北京:国家图书馆出版社,2015:159.
⑦ 民国时期文献保护中心,中国社会科学院近代史研究所. 民国文献类编(社会卷第53册)[G]. 北京:国家图书馆出版社,2015:46.
⑧ 民国时期文献保护中心,中国社会科学院近代史研究所. 民国文献类编(社会卷第54册)[G]. 北京:国家图书馆出版社,2015:46-47.(解释说明:原来写的是第53册,经核实为第54册)
⑨ 民国时期文献保护中心,中国社会科学院近代史研究所. 民国文献类编(社会卷第53册)[G]. 北京:国家图书馆出版社,2015:47.

纠纷的范围上，存在着明显的交叉现象，如土地纠纷、婚姻纠纷等，既可由宗族调解、乡邻亲友调解，又可由威望人士调解。但是，从大量的文献资料来看，各种类型的调解主体在调解纠纷范围上又是有所侧重的，如宗族基于亲缘关系，调解范围侧重于宗族范围内出现的各类纠纷和矛盾；乡邻亲友和地方威望人士基于地缘关系，调解范围主要侧重于发生在本地域之内各种类型的纠纷，调解范围较为宽泛；商会之类社会团体的调解，主要基于业缘关系，调解范围侧重于行业内部成员发生的行业性纠纷。上述各种调解主体在调解纠纷方面各有侧重，又相互配合，在诸多情况下，他们共同参与一些较大纠纷的调解工作，并取得了较大的成效。

第七章　近代调解的依据

中国近代调解的目的主要是为了减轻法院的压力和人民的讼累，这就决定了近代调解不单纯是为了追求公平和维护权利，而主要是为了缓解矛盾，平息纷争。因此，近代调解不仅仅依据国家制定的法律，更多的是依据民间约定俗成的一些规矩、习俗以及存在于人们内心深处的根深蒂固的人情常理，如族规村规、民事习惯、商业惯例、情理等。

第一节　村规民约与家法族规

在比较封闭的传统社会中，地缘关系和血缘关系是最为稳定的两大社会关系。从某种意义上讲，村规民约与家法族规分别是基于地缘和血缘关系而产生的，因此，在调解矛盾和纠纷过程中，村规民约和家法族规也容易得到当事人的认同。近代以来，社会流动性有所增强，家族组织也渐趋衰微，但村规民约与家法族规仍然是调解纷争的重要依据。

一、村规民约

（一）村规民约的概念及作用

村规民约，是一个乡村的村民世世代代生活中形成的内在准则，也是传统中国基层社会治理的主要依据。传统社会的乡规民约大多是口口相传的，宋代吕大钧制定的《吕氏乡约》是我国古代最早的成文乡约。无论是成文的乡规民约，还是不成文的乡规民约，在古代基层社会治理中都发挥着相当重要的作用。

近代村规民约是对传统乡规民约的继承和发展。近代社会中，虽然城市近代化的步伐明显加快，但乡村社会近代化依然步履蹒跚，村规民约在村民中仍具有较大的影响力。

同古代一样，近代村规民约大多不具有书面形式，而是口头相传，世代沿袭。当然，随着近代社会的发展以及乡村治理模式的变化，一些村庄开始制定规范化的村规民约，使村规民约开始具备书面形式。清末民初翟城村的村规，即是通过书面形式表达出来的作为村治的一系列主要规约，包括《翟城村村治组织大纲》《共同保卫章程》《义仓》《教育费贷用储金会第一期》《查禁赌博规约》《看守禾稼规约》《保护森林规约》以及

《平治道路简章》等，这是适合翟城村一村之规约。此外，有些村规是某一省统一制定的适合本省各村适用的规章制度，例如山西省《改进村制条例》《修订乡村编制简章》《修订村间邻长选任简章》《村民会议简章》《村公所简章》《修订息讼会简章》《村禁约之规定及执行简章》《村监察委员会简章》《清查村款条例》《修正禁赌条例》《各县义仓积谷简章》《各县村社仓积谷简章》，等等。

村规民约作为村民心目中的最直接的"法律"，无论以何种形式存在，都被村民普遍接受和认可，而且在乡村社会中代代相沿。村民不一定通晓国家的法律，但他们却非常熟悉村规民约，甚至抱有村规民约至上的信条。村民们之所以选择遵从村规民约，"是因为遵从这种安排对维护其在村社的社会地位和经济稳定是很有必要的，一个人未能履行乡规规定的义务，他就有可能置于被村人谴责和孤立的危境之中"[①]。

村规民约的一个重要作用便是预防民间纠纷的发生，因为村规民约中有相当一部分内容属于积极的正面引导。如翟城村《平治道路简章》规定：道路两旁，不准堆积粪土、柴草及其他污秽物，而有碍交通。[②] 如果村民都能够按照村规的这一规定去做，便不会发生因在道路旁堆积杂物影响他人交通的纠纷。当然，并不是人人都能够按照村规的规定去行事，如果因为违反村规影响到他人的利益，村规也规定了处罚办法。如翟城村《查禁赌博规约》中规定：赌博为害，人所尽知。自此实行查禁后，无论亲疏远近，一经犯赌，必酌量轻重，分别罚送，以示公允。如果是经负有巡查义务的村正副、乡地等巡查发现，所得之罚款系尽归公所有，如果是经不负有巡查义务的普通村民举报，所罚之款归告赌局者一半。[③] 村规在适用上，甚至享有优先于国法的效力，如翟城村《保护森林规约》第2条规定：按诸国法，偷窃虽罪有应得，然若概行送究，又恐其借滋事端。故已商妥，如有窃伐树木，经雇役或本主查获者，即由村正副、公直等，量其轻重，分别处罚，多则制钱五串，少则五百，以示惩戒。此外还规定：所有罚款，固应尽归公有。惟有时经人报知而破获者，其罚款即归报信者一半，以酬其劳。[④] 无论是由村正副对偷窃予以处罚，还是对举报者的重赏，都是国法中所不可能有的内容，而是村规民约中的自行规定。遇到诸如偷窃树木的行为，村民一般是按照村规民约行事，体现了村规民约在村民心目中的至高地位。

（二）村规在调解中的运用

与国家法律相比，村规民约更接近村民生活实际，在内容上也更为具体，处罚办法也更能被村民所接受。因此，在村民之间发生纠纷需要调解时，村规民约便成为调解的基本依据。村规民约之所以成为调解依据，主要在于它"不仅指导村社的经济活动和社会交换，而且也反映了社群成员共享的规范和彼此之间的义务"[⑤]。因此，在人们心目中，

[①] 李怀印. 华北村治——晚清与民国时期的国家与乡村[M]. 岁有生，王士皓，译. 北京：中华书局，2008：21.
[②] 牛铭实. 中国历代乡规民约[M]. 北京：中国社会出版社，2014：234.
[③] 牛铭实. 中国历代乡规民约[M]. 北京：中国社会出版社，2014：231-232.
[④] 牛铭实. 中国历代乡规民约[M]. 北京：中国社会出版社，2014：234.
[⑤] 李怀印. 华北村治——晚清与民国时期的国家与乡村[M]. 岁有生，王士皓，译. 北京：中华书局，2008：18.

村规民约是非常重要的，它往往是村民纠纷调解过程中的主要依据，尤其是"对于那些本质上是地方惯例的纠纷，因没有国家法规可资借鉴，地方官员自然会依赖村规作出决定。这种做法反过来又加强了当地村规的正当性，并在村民中间增强了村规至上的共识"①。翻阅历史档案和报刊，可以看到村长、村正甚至县长依据村规民约进行调解的案例比比皆是。

例如：获鹿县降北村乡地姬福红，指控村民姬二妮企图逃避佣金和契税，因为姬二妮在未通知乡地的情况下，从本村村民手中，买了10亩地，还"偷写"契约，而根据村规，如有买卖房地者，乡地有权"说和成交"。在县知事的指示下，警察迅速来到此村，督促姬二妮支付契税和佣金。两个自称是争端双方"乡谊"的村民立即前来调解。经调解，买卖双方最终根据当地村规向乡地支付了中间人佣金。② 从该案例可以看出，买卖行为发生时，买方须向本村乡地支付佣金是本村沿袭已久的村规，如果不按照该村规行事，乡地可以买方违反村规为由，向县知事提出控告。本案中，县知事是认可该村规的，因此派出警察督促买方按村规支付佣金。

又如：1925年，河北北谷城村现任乡地张喜贵递交诉状，控告同村村民张拴宝"紊乱乡规"，因其在卖给同村霍喜秀织布机时未请他做中间人。根据诉状，该村向有旧规，每户在买卖土地、房屋、林木和家具时，都要请现任乡地经手交易，并支付佣金。但是卖家拒不支付，且恶语中伤。于是，原告请求票传张拴宝，"以正乡规"。县知事对此批示，张拴宝卖织布机于霍喜秀，该乡地无抽用之必要。既向有规则，仰即将规则捡出呈阅核夺。由于没有成文村规，原告无法提供一个书面"规则"。很快县知事收到该村村政提议结案的请求。村正报告称，他作为双方的朋友，已调解了这一纠纷，卖家已依据村规全额向乡地支付了佣金。③ 该案与前一个案例不同的是，县知事虽然也承认村规的约束力，但需要乡地提供书面的成文村规，否则不予认可。无论诉讼行为中村规是否得到认可，但在民间却得到普遍承认，所以，村正根据口口相传的村规调解了这一纠纷。

可见，村规民约是乡土社会调解纠纷的主要依据，"当发生诉讼时，非常典型的做法是，原告一般是从对相关村规的陈述开始，接着谴责对手破坏了村规。县官对这类讼案的最初反映，就是指示村社的领袖（通常是村政）依照地方惯例来调解纠纷。如果调解成功了，村正就会回禀，说已按村规平息此事"。④

---

① 李怀印. 华北村治——晚清与民国时期的国家与乡村 [M]. 岁有生，王士皓，译. 北京：中华书局，2008：85-86.
② 李怀印. 华北村治——晚清与民国时期的国家与乡村 [M]. 岁有生，王士皓，译. 北京：中华书局，2008：66.
③ 李怀印. 华北村治——晚清与民国时期的国家与乡村 [M]. 岁有生，王士皓，译. 北京：中华书局，2008：67.
④ 李怀印. 华北村治——晚清与民国时期的国家与乡村 [M]. 岁有生，王士皓，译. 北京：中华书局，2008：17-18.

二、家法族规

(一) 家法族规的概念及作用

家法族规是"由家庭或宗族的代表人物甚至在名义上是由全体族人所订立的民间自治规范"①。其实,严格说来,家法与族规本是两个概念。家法是指约束一个家庭成员日常行为的规范,而族规是指约束一个宗族日常行为的规范。可见,这两个概念的适用范围不完全相同,家法适用于独立的家庭,而族规适用于一个大宗族。然而,宗族本身就是由若干个家庭所组成的大家族,所以家法与族规往往放在一起使用,它们在内容上并无实质性的不同,以至于家法、家规、族规等概念经常被混用。本书在这里对于家法与族规概念并不进行严格的区分,而是把它们作为一个概念来使用,即它们都是维护家庭或宗族成员日常行为的规范。

家法族规在传统社会作为国家法律体系的一个组成部分,在宗族治理方面起着不可或缺的作用。进入近代以后,家法族规的效力虽然在国家颁发的正式法律法规中未得到确认,但在一些判例和解释例中得到了认可。1919年北洋政府大理院的一份判决例就曾明确了家法族规的效力:"谱例乃合族关于谱牒之规则,实即团体之一种规约。于不背强行法规,不害公安良俗之范围内,自应有拘束其族人之权力",② 因此,近代社会中的家法族规仍然具有一定的法律效力,在补充国法以及家族治理等方面发挥着不可忽视的作用。

一方面,大部分家法族规是依据国法制定的,在一定程度上是对国法的细化,起着补充国法的作用。例如,《湘阴狄氏家规》明确指出家法与国法的关系:"士尊祖训家法,以辅国法之行"③;又如,武陵郭氏"公定规约"明确表示以"补足政府法令所不及为宗旨"④。再如,湖北鄂城的夏氏宗族在"家规编次小引"中表示:"家乘原同国法,家法章足国宪,况国法远,家法近,家法森严,自有以助国法所不及。"⑤ 从近代一些家法族规的内容来看,与国法大体一致。

另一方面,家法族规本来就是为治理家族而制定的自治性规范,近代社会基层治理方式虽然发生了较大的变化,但家法族规在家族治理方面的作用并没有完全弱化,国家在一定程度上也承认其在家族治理方面的效力,这种效力在南京国民政府最高法院的判例中得以肯定:"一姓族谱系关于全族人丁及事迹之纪实,其所订列条款,除显与现行法令及党义政纲相抵触者外,当不失一姓之自治规约,对族众自有强行之效力。"⑥

(二) 近代家法族规内容的变化

传统社会中,家法族规以封建伦理为基础,围绕忠、孝、义、节等对族人进行教化

---

① 费成康. 中国的家法族规 [M]. 上海:上海社会科学院出版社,1998:170.
② 郭卫. 大理院判决例全书 [M]. 上海:上海会文堂新记书局,1931:206.
③ "湘阴狄氏家谱"卷五 "家规" [Z]. 1938.
④ "武陵郭氏续修族谱"卷首上 "公定规约" [Z]. 1947.
⑤ 湖北鄂城长发堂. "夏氏宗谱"卷首 "家规编次小引" [Z]. 武汉:湖北省图书馆藏,档号:史七1762.
⑥ 郭卫. 最高法院判例汇编(第1集)[M]. 上海:上海法学编译社,1931:6-17.

和约束，同时以国法为参照，对族人的婚姻、继承、言行举止等作出规制。换言之，传统社会的家法族规是建立在封建伦理道德和宗法制度之上的用来约束族人的强制性规范。

随着社会的变迁，近代家法族规的内容也发生了相应的变化。近代以前，一般都不允许"异姓乱宗"，异姓入继被各族所禁止。但近代以来，随着新式法律的制定以及社会观念的变化，这一传统开始受到挑战，一些宗族甚至公然规定，异姓也可以入继本宗。如《章溪郑氏新增凡例》规定："欲求宗族之发展，须多辟入继之门路，因此公同决议，是后凡吾族内有无后者，不必拘守血统之旧制，准行族外人入继制度。"① 正如费城康教授所言："这种公开鼓励'异姓乱宗'的规定，在以前的家法族规中极为罕见。"② 有些宗族根据近代新式法律，赋予族规以新的内容，如清末订立的上湘龚氏族规出现了"禁缠足"的内容："妇女放足，脱离苦海，诚为莫大幸福。如有拘泥旧习，仍行缠足者，查出重罚。"③

可见，随着近代社会政治、经济、思想文化等方面的变化，一些宗族组织适时调整了家法族规的内容。与传统家法族规相比较，近代家法族规废除了一些传统的落后习俗，如父母包办、买卖婚姻、童养媳等，增加了一些适应社会发展的新内容，如鼓励族人当兵抗日、禁止妇女缠足、禁止族人吸食鸦片、鼓励族人读书上学甚至出国、破除迷信、严禁赌博等。例如，湖北武昌的李氏宗族在1922年续修族谱的"序言"中谈道："本届族谱，其体例类似旧谱，其内容则有别于旧谱，其编修法则即于祖训成规中择其可用者而用之，且顺乎时代潮流，制订新规章，提倡新风尚，维护新风尚。如此，既符合国情，不悖国法，亦可保我族谱长传而不替。"④

然而，由于历史惯性的作用，一些封建落后的内容仍不可避免地存在于部分家法族规中，甚至某些内容与国法相冲突。例如，庐江汉寿何氏族规中，明确表示不承认《民律》第1391条之规定："《民律》第一千三百九十一条：'无子者，不欲立同宗兄弟之子，得由其立左列各人为嗣。'左列各人者，姊妹之子，或婿，或妻兄弟姊妹之子，是也。我族之谱，以血统为重，公议不承认此条民律。"⑤ 慈溪方家1931年重修的"族约"中，对近代民法中婚姻自由原则持排斥态度，主张遵循传统的父母之命、媒妁之言："婚姻自由，律所不禁。但自由婚姻结固速，而离亦多。本族僻处慈镇边隅，风俗尚从古朴。对于婚姻一节，仍以明媒正娶，遵父母之命、媒妁之言为是。"⑥ 当然，族规与国法相悖的情况并不多见。

（三）家法族规在调解中的运用

家有家法，族有族规，这是传统家族制度的必然要求。这些家法族规是以家长或族长为首的家族代表人物制定的，同时也是他们处理家族事务的主要依据。近代家族制度

---

① 费成康. 中国的家法族规[M]. 上海：上海社会科学院出版社，2016：352.
② 费成康. 中国的家法族规[M]. 上海：上海社会科学院出版社，2016：352.
③ "上湘龚氏支谱"卷二"族规类"[Z]. 1915.
④ 湖北武昌尊亲堂. "李氏十一修宗谱"卷首"第十一次续修宗谱序言"[Z]. 武汉：湖北省图书馆馆藏，档号：史七1746.
⑤ 费成康. 中国的家法族规[M]. 上海：上海社会科学院出版社，2016：310.
⑥ "慈东方家堰方氏宗谱"卷首"族约"[Z]. 1931.

虽然受到冲击，但未有实质性改变，"查武清县家族关系，与临县无异；乡民风尚，亲近多同居，一般呼为大家族，或誉为几世同堂。一家之中以年长老为家长，一族之中以辈数高者为族长；凡一家之事决于家长，一族之事决于族长"。① 凡是涉及家族事务的纠纷，一般由族长或家长出面主持调解，而调解的依据主要是家法族规。

如前所述，家法族规是治理家庭和宗族的自治性规范，其中明确规定了家长和族长依靠家法族规的治家治族之权。如果宗族内发生了矛盾和纠纷，宗族组织或宗族头面人物依据族规进行调解是必经的程序，"每有纷争，最初由亲友耆老和解，不服则诉诸各房分祠，不服则诉诸叠绳堂。叠绳堂为一乡最高法庭，不服则讼官矣"②。湖北黄冈黄氏在《公议家规二十条》中规定："族内人等口角不准遽然与讼败产，必先投明户房调处。"③ 湖北《柯氏史志》也有类似记载："族中有争执之事，应先鸣房长，善为调和，不从者仍由正副族长传入宗族以辨是非，不准任意生讼至伤和睦。"④ 民国年间的《鹅湖西塘杨氏宗谱》规定："凡鼠牙雀角以及产业小事，必须凭族理处，勿动辄呈官，倘有好讼听唆，借端辄起风波者，公众议处。"⑤ 1946年，玉山玉阳朱氏如"有产业未明，口角相争，应听族中长上公论劝释，勿逞雄强刁奸以烦官府"⑥。可见，族内一般的矛盾和纠纷需要在宗族内解决，不要轻易惊动官府，而族长或其他宗族头面人物的"公论劝释"，大多依据家法族规进行。

一方面，家法族规为宗族调解提供了程序依据。一般而言，宗族调解并不像法院调解或行政调解那样要遵循比较严格的程序规范，调解过程往往具有较大的随意性，但随着近代社会各方面的变化，一些宗族规约中也明确了调解的程序，如前所述的《武陵郭氏公定规约》所规定的纠纷评议程序，为宗族调解提供了一套比较详尽且规范的程序依据。

另一方面，族规为宗族调解提供了内容上的依据。中国法律近代化是以西方法律为参照系的，新式法律的西化色彩非常浓厚，中国传统法律中一些行之有效的内容被忽略，这也给家法族规的运用留下极大的空间。例如，随着法律近代化的逐步推进，国家法律中有关家族祭田、继嗣方面的内容逐渐减少，尤其是南京国民政府时期的新民法中已经没有宗祧继承的相关内容，因此，有关宗祧继承以及祭田等方面的纠纷，大多是按照家法族规来解决的。

此外，家法族规的内容还为纠纷解决提供了处罚依据。如桐城吴氏在"家规"中强调："合族捐资置田，并所捐之田，无许私典、盗卖，如犯此者，除家规惩治外，仍着鸣官重究，不得轻待。"⑦ 该家规明确规定了对族内私典、盗卖所捐之田首先要以家规予以惩治，此外还要鸣官重究。大多数情况下，对于违反家法族规的族众，并不经官，而是直接按照族规惩治。民国初年，汨罗市源塘乡白鹤涧驼埂冲发生一起妻子与奸夫谋杀亲

---

① 张研、孙燕京主编. 民国史料丛刊 (750) (社会·社会调查) [G]. 郑州：大象出版社，2009：416.
② 梁漱溟. 中国文化要义 [M]. 上海：学林出版社，1987：20.
③ 湖北黄冈无双堂."黄氏宗谱"卷首"公议家规二十条" [Z]. 武汉：湖北省图书馆馆藏，档号：史七1765.
④ 湖北阳新济阳文化."柯氏史志"卷首"祠堂纲领十条" [Z]. 武汉：湖北省图书馆馆藏，档号：谱附015.
⑤ (民国) 杨上达. (铅山) "鹅湖西塘杨氏宗谱"卷一"家规十一则" [Z]. 1927：115.
⑥ (民国) 朱季才. (玉山) "玉阳朱氏宗谱"卷一"宗规六条" [Z]. 1946：39.
⑦ "桐城吴氏宗谱"卷2"家规"（民国二十五年刊本）[Z]. 合肥：安徽省图书馆藏，档号：2-062660.

夫案件。该案发生后，并没有经官审理判决，而是由宗族对这一对奸夫淫妇按照族规处以"点天灯"的极刑。①

总之，家法族规在近代纠纷调解过程中，仍然起着重要作用。然而，随着近代家族制度的逐渐衰微，族长的权威开始下降，家法族规在家族治理、纠纷调解方面的作用也呈现出日益减弱之势，原本属于家族依照族规调解的诸多纠纷，如财产继承、婚姻家庭等方面的纠纷开始转由基层行政组织、乡邻亲友等进行调解，或采取诉讼途径予以解决。这种状况的出现与近代社会基层治理、经济结构、生产方式以及人们思想观念等方面的变化是分不开的。

第二节 习 惯

顾名思义，习惯就是世代流传的习俗和惯例。这些习俗和惯例形成于人们的日常生活之中，反过来对人们的生产和生活也起着重要的指导作用。我国自古以来就有依习惯调解纠纷的传统，近来以来，由于模仿西法而制定的法律不适合国情，且与广大民众之间存在巨大的隔膜，无法得到民众的认可，而习惯"与人民群众的生活联系密切，是对生活哲理的揭示和提炼，富有说服力"②，更易于被人们接受和遵行，因而成为乡土社会解纷止争的主要依据。

一、习惯的概念及特征

（一）习惯的概念

对于习惯的概念，学界从不同的角度做出了不同的界定。张文显先生认为，"习惯是经过长期的历史积淀而形成的一种为人民自觉遵守的行为模式"③。苏力教授则是从制定法的角度对当代中国法律中的习惯做出如此解说："习惯和惯例一般都是在比较长期的社会生活中，在各种现有的制约条件下通过人们的行为互动逐步形成了规范。"④

学界还对习惯和习惯法进行了区分。德国社会学家马克斯·韦伯认为，"作为习惯法的规范，其效力很大程度上依赖于一种类似的强制性实施机构，尽管这种效力来自于同意，而不是制定；习惯则不以任何强制性机制为特征"⑤。长期致力于民间法研究的学者于语和认为："习惯类似于风俗，是一种生活方式和惯常做法，可能不涉及人与人之间的利害关系，缺少社会和他人的物质和精神强制，而习惯法则不同。"⑥ 法理学家张文显认

---

① 汨罗市志编纂委员会. 汨罗市志 [Z]. 北京：方志出版社，1995：553.
② 汪世荣，等. 新中国司法制度的基石：陕甘宁边区高等法院（1937—1949）[M]. 北京：商务印书馆，2018：176.
③ 张文显. 法理学 [M]. 北京：法律出版社，1997：54-59.
④ 苏力. 当代中国法律中的习惯——一个制定法的透视 [J]. 法学评论，2001，(3)：31.
⑤ 马克斯·韦伯. 论经济与社会中的法律 [M]. 张乃根，译. 北京：中国大百科全书出版社，1998：21.
⑥ 于语和. 民间法 [M]. 上海：复旦大学出版社，2008：24.

为:"习惯法是由习惯发展而来的一种法的渊源,而习惯则是经过长期的历史积淀而形成的一种为人们自觉遵守的行为模式,这种行为模式经国家的认可,成为习惯法,便具有了法律的约束力,因而便具有了法的效力,成为法的渊源之一。"①

本书所说的习惯,主要是人们在长期的生活过程中形成的对人们具有一定拘束力的习俗和惯例,不是经过国家认可的具有法的效力的习惯法。自古以来,习惯就是调纷止争的重要依据。恩格斯曾说过:"在氏族社会里……一切争端和纠纷都是由当事人的全体即氏族或部落来解决或由各个部落联盟相互解决。……一切问题都由当事人自己解决,大多数情况下,历来的习俗就把一切都调整好。"②

(二) 习惯的特征

1. 习惯具有一定的地域性

民间有句俗语:"百里不同风,千里不同俗。"这句话实质上反映了风俗习惯的地域性特征。

习惯往往是某一地域内的居民在长期生活中形成的,因此,习惯的地域性比较明显。正如有学者所言:"不同地区的人们世代生活在一定的地域空间,深受居住地区生产生活、自然环境和地缘关系的制约。人们的生产生活方式和文化习俗带有浓厚的地域色彩。"③ 中国地域广阔,不同地域的自然环境和文化传统存在着较大的差异,因此形成了不同的习惯。

查阅有关近代民商事习惯的文献资料可以发现,习惯的地域性特征显而易见。例如,在出卖土地时,全国多数地方仍然沿袭传统习惯,所有亲戚、佃户、邻里均有先买权。但对于先买权之顺序,各地往往不太一样。湖北省的麻城县在先买权问题上,没有一个严格的顺序;汉阳县先尽佃户、亲房,次疏房,再次邻里;郧县、兴山、竹溪三县先尽亲房,次抵押户,再次邻里;五峰县先尽本族,由亲及疏,次尽姻戚,亦由亲及疏,如均无人购买,即应由承典或承租人先买。但各种先买权人如有故意掯价之事实,即得不拘顺序,径卖他人。④ 又如,吉林省磐石县有"雨水房子惊蛰地"之习俗,即凡是民间出典房地,其抽赎日期虽无一定限制,然赎房必在雨水之前,赎地必在惊蛰之前。⑤ 同省的榆树县在赎房、赎地时间上则有所不同,有"头年房子过年地"之说,即民间房地典当,依照习惯,赎房必在年前,搬家须俟明年二月,赎地或许年后,亦必年前通知。⑥

有些地方认可的习惯,在另外一些地方则予以否定。例如,河南省襄城、涉县、郑县、登封县、商水县、镇平县、西华县等地,"曾、高祖对于卑幼行为有同意权",即高、曾祖在堂,子孙所有一切行为均应征得其同意,方为有效,如仅有父母同意,高、曾祖有撤销之权。同属河南的伊阳、辉县、陕县、汝南等地,则与上述各地习惯完全相反,有"一世不管两世人""草屋年年盖,一代管一代"之说法。也就是说,凡卑幼为法律行

---

① 张文显. 法理学 [M]. 北京:法律出版社,1997:54-59.
② 马克思恩格斯选集(第4卷) [M]. 北京:人民出版社,2012:99.
③ 于语和. 民间法 [M]. 上海:复旦大学出版社,2008:39.
④ 前南京国民政府司法行政部. 民事习惯调查报告录 [Z]. 北京:中国政法大学出版社,2005:268.
⑤ 前南京国民政府司法行政部. 民事习惯调查报告录 [Z]. 北京:中国政法大学出版社,2005:35.
⑥ 前南京国民政府司法行政部. 民事习惯调查报告录 [Z]. 北京:中国政法大学出版社,2005:32.

为,仅须征得其父母同意,高、曾、祖三代无权干涉。[①]

有些习惯在某些地域适用,而另一些地域则不适用。例如,关于"典三卖四"之习惯,即典主典卖房屋,自立典契之日起,3个月之内腾房,业主出卖房屋,自立契之日起,4个月之内腾房。这一习惯主要存在于直隶清苑、容城等县,河南的开封、洛阳、郑县等地,山西的洪洞县,陕西的长安县等地。当然,这一习惯并非通行全国,有些地方则不适用这一习惯,无论是典契还是卖契,立契价清之时就须腾房,把房屋转移给新业主。

还有一种情况是,不同地域的某些习惯截然相反。例如,关于民间盖房滴水地的问题,河南开封县的习惯是:地主建筑房屋,不得使檐水注滴邻近,然亦仅以不伤及邻物为已足,初无墙,外必留若干尺之限制也。至市井繁盛之区,房舍比栉,或无余地可承滴水,多在檐头修一天沟,引水回流,俾入己院。[②] 山东省嘉祥县等地、山西平遥县等地,均有类似习惯:在建筑房屋时,需要在自家留出足够的地方作为滴水地,以防滴水影响到近邻的生活。但在河北省一些地方则有"滴水地之借用"的习俗,即建造房屋时,于自己地界内不留余地,而借用地邻毗连之地作为滴水地。[③] 又如,湖北省竹山、巴东等县有"独子不得入赘"之习惯,而同为湖北的潜江、京山、古城则有"独子亦得入赘"之说。[④] 再如,重男轻女是中国人传统的习惯,近代以来,虽然平等思想逐渐开始传播,但重男轻女思想仍然存在于广大民众心目之中,然而河南省灵宝县因为婚姻多重聘礼,"妇人生一女,他人求婚时所得聘礼银一百、八十两不等。贫苦之家多借此银营生,其男子往往至老不能娶妻。相沿已久,遂演成生男不如生女之习惯"[⑤]。

2. 习惯具有一定的权威性

亚里士多德说过:"积习所成的不成文法比成文法实际上更有权威,所涉及的事情也更为重要。"[⑥] 习惯也是这样,在某些情况下甚至具有超越法律的效力。因为习惯根植于民间,世代相传,几乎人人知晓,个个了解,而且得到民众的完全认可,而国家制定的法律却因为传播途径有限,在民间的影响力较弱,加之近代法律多是模仿西法而成,与中国社会脱节,这就使得近代国人对那些生于民间、长于民间的习惯的依赖程度超越了法律。

例如,民国时期民律草案以20岁作为划分成年人与未成年人的年龄界限,凡是未达到20岁的未成年人,做出财产上之法律行为之前,必须经行亲权人之允许,否则,行亲权人对该行为即可予以撤销。而许多地方的民间习惯却与此规定不同,如浙江云和县向来以年满16岁为成年,可以独立做出财产上之典卖行为以及其他处分行为,行亲权人对于该行为不能撤销。这一习惯虽与法律抵触,但在纠纷解决方面效力更强。[⑦]

又如,近代民法赋予当事人对于不动产买卖处置上的自由权,但民间常常依据各地

---

① 前南京国民政府司法行政部. 民事习惯调查报告录 [Z]. 北京:中国政法大学出版社,2005:3.
② 前南京国民政府司法行政部. 民事习惯调查报告录 [Z]. 北京:中国政法大学出版社,2005:101.
③ 前南京国民政府司法行政部. 民事习惯调查报告录 [Z]. 北京:中国政法大学出版社,2005:19.
④ 前南京国民政府司法行政部. 民事习惯调查报告录 [Z]. 北京:中国政法大学出版社,2005:773.
⑤ 前南京国民政府司法行政部. 民事习惯调查报告录 [Z]. 北京:中国政法大学出版社,2005:653.
⑥ 亚里士多德. 政治学 [M]. 北京:商务印书馆,1965:169-170.
⑦ 前南京国民政府司法行政部. 民事习惯调查报告录 [Z]. 北京:中国政法大学出版社,2005:6.

的习惯限制这种处置权。吉林省有"典主对于所典房屋有先买权"之习俗，一些地方则有佃户有先买权之习惯，还有些地方沿袭传统社会的做法，赋予房亲、四邻先买权。上述习惯与法律赋予当事人的自由处置权是相违背的，因此不被法律所认可，但在民事活动中，这些习惯却有着很强的效力，被民事活动当事人所遵从。

再如，先买权习惯。清末民初的民律草案对于先买权制度未做规定，该制度不但得不到法律上的承认，而且在大理院审办的案件中，是否定先买权制度的。1915年大理院上字第282号判例规定："卖业先尽亲房之习惯既属限制所有权之作用，则于经济上流通及地方之发达均有障碍，即难认为有法之效力。"① 尽管先买权没有"法之效力"，但其在民间调解中的效力却远远大于法律之效力，该习惯几乎遍及全国各地。

此外，把女孩卖作童养媳的习惯，法律是不承认的，法院在司法实践中也是不予支持的，但在民间却一直存在这种做法，而且被认为是合理的。出现纠纷后，民间调解人也往往会按照民众都认可的习惯予以调解，而不是按照国家法律来调解。

还有些地方存在着招夫养夫的习惯。这种习俗主要是因为前夫生病或致残，失去劳动能力，而夫妻感情又比较深，妻子不愿意与丈夫离婚，为了维持生活，同时方便照顾丈夫，于是招赘第二个丈夫。按照近代各个时期的法律，这样的行为构成了重婚罪，但民间的这一习惯却绵延不绝。

3. 习惯有善恶之分

习惯是世代相传的习俗和惯例，有着巨大的历史惯性。随着社会的发展变化，有些习惯已经明显不合时宜，变成了陋习，甚至是恶习，但由于习惯的惯性，仍然被人们所遵循。如盛行于许多地方的童养媳、童养婿的习惯；正月间，以赌博作为娱乐的习惯；"不够当价不给当约"的"简约复讨"习惯②。陕甘宁边区清涧县20世纪40年代初期仍然盛行的"夫可休妻，或将妻卖给别人"的习惯，是传统社会夫权至上的一种残留；该县盛行的"同宗同姓不结婚，结婚要有三媒六证"的习惯，是传统社会婚姻缔结方面同姓不婚和媒妁之言原则的延续；陕甘宁边区新宁县"交钱才有亲，无钱无亲事"的习惯是传统社会买卖婚姻的表现。在近代新思想新观念的影响之下，这些陋习完全不适应社会的发展变化，但在比较偏僻的农村却仍然盛行，这反映了近代思想观念以及各种社会变革对农村地区的影响是微乎其微的。对于这些陋俗，官方态度很明确，一般是予以否定，并坚决取缔，但在民间却盛行不衰。

当然，社会上存在的大多数习俗属于善良风俗，如吉林省磐石县"租房不准招贼聚赌"：凡租赁房屋，无论订有期限与否，若租户有招贼聚赌情事，业主得随时令其搬家，不受契约之限制。这种习惯主要是为了避免租户在租住期间从事非法活动，对邻里和社会产生不利影响。这一习惯甚至在当代依然存在。当代一些租房户拟定的租房协议中，也往往把"不得从事赌博等非法活动"作为其主要内容之一。

国家对于习惯的态度非常明确，对于善良风俗习惯，一般是鼓励、提倡。1945年3月，南京国民政府颁行了《倡导民间善良风俗实施办法》。边区政府也明确了善良习惯的

---

① 大理院编辑处. 大理院判例要旨汇览（第1卷）[Z]. 1919：2.
② 汪世荣，等. 新中国司法制度的基石：陕甘宁边区高等法院（1937—1949）[M]. 北京：商务印书馆，2018：171.

标准：即习惯应是合理的科学的、是进步的而非守旧的、是大多数人所赞成的。[1] 陕甘宁边区政府颁行的《陕甘宁边区民刑事件调解条例》规定："其他依习惯得以平气息争之方式，但以不违背善良风俗及涉及迷信者为限。"[2]

4. 习惯比较具体明确

国家法律由于调整范围的广泛性，往往使用一些概括性的语言表达带有普遍性的问题，不够明确具体，这对于普通民众来说容易造成理解上的障碍。近代法律照搬了一些国外制度，运用了一些生涩的法律术语，更使普通民众无法理解。

与国家制定法相比较，民间习惯是明确而具体的。例如，"卖地仍许葬坟"是行之已久的民间习俗，在法律上没有规定，遇到类似纠纷，找不到法律上的依据，民间这一习惯恰恰弥补了法律之空白，使得纠纷的解决有了习惯上的依据。又如，"典三卖四"的习惯。关于典当或买卖房产，法律上并没有对转移占有之时间做出具体明确规定，这一问题只能由民间习惯加以解决。再如，"男死不退，女死退一半"的习惯。这是关于男女订婚后一方死亡的情况下，对于彩礼处置办法的一种习惯做法。法律上对于一方死亡后彩礼的处置没有明确规定，民间的这一习惯弥补了法律的空白。

二、习惯作为调解依据的合法性

近代各届政府对于流传民间的习惯非常重视。清末立法修律之际，开展了大规模的民商事习惯调查，反映了晚清政府对流行于各地的民商事习惯的认可。《大清民律草案》第1条规定："民事本律所未规定者依习惯法，无习惯者依法理。"这一规定表现出晚清政府对地方民商事习惯的认同。

在民初法律不甚完善的情况下，习惯的运用也得到立法上的认可。1913年北洋政府大理院上字第64号判例中规定："判断民事案件应先依法律所规定；法律无明文规定者，依习惯法；无习惯法者，依法理。"[3]《上海总商会商事公断处办事细则》第3条规定："公断处专为商人间商事争议而设，履行公断，依据现行法令及商事习惯办理。"[4] 该细则强调了现行法令优先于商事习惯。《苏商总会附设商事公断处办事细则》第2条规定："本处遇有案件，依据商事习惯为断，以息讼和解为旨。"[5] 该条强调了商事习惯的优先适用。1914年的《商事公断处办事细则》第5条规定："公断处评议案件得依据各该地方商习惯及条理行之，但不得与现行法令中之强制规定相抵触。"[6] 该规定对商事习惯和法律的适用做了折中处理：优先适用商事习惯，但商事习惯的运用不得违背现行法律。此外，在清末的基础上，民国初年官方进一步开展对流行于各地的习惯的调查工作，根据调查结果，1926年4月，北洋政府司法部民事司编成《各省区民商事习惯调查报告文件清册》，并在司法部主办的《司法公报》上全文刊出。

南京国民政府时期也很重视习惯的运用，国民党中央政治会议第168次会议议决、

---

[1] 雷经天. 在陕甘宁边区司法工作会议上的报告[Z]. 西安：陕西省档案馆藏，卷宗号：15.
[2] 韩延龙，常兆儒. 革命根据地法制文献选编（中卷）[M]. 北京：中国社会科学出版社，2013：1002.
[3] 大理院判例解释新六法大全·民法汇览[S]. 上海：世界书局，1924：1-3.
[4] 上海总商会组织史料汇编（下册）[G]. 上海：上海古籍出版社，2004：690.
[5] 马敏，等. 苏州商会档案丛编：第二辑（1912—1928）[G]. 武汉：华中师范大学出版社，2004：83.
[6] 阮湘. 中国年鉴（第一回）[M]. 上海：商务印书馆，1924：1581.

1928年12月19日送立法院的《民法总则编立法原则审查案》的说明中写道:"法律无明文规定者,从习惯,各国民法大都相同。所谓习惯者,专指善良之习惯而言,以补法律之所未规定者。但各国判例,法院承认习惯之效力,有数个条件,其中尤以合乎情理者为最要。我国自民国成立以来,亦有此判例。"①《中华民国民法》第1条:民事法律所未规定者,依习惯。由此可见,法律明确规定了习惯可以作为调解的直接依据。南京国民政府时期司法院的解释例、最高法院的判例中,也有对于民间习惯加以认可的内容,如司法院第2018号解释例:"关于族中事务之决议,必依族众公认之规约或习惯而为之者,始有拘束族人之效力。"②南京国民政府立法院和司法院在对于1935年颁行的《破产法》之"商会和解"规定的解释中指出,中国向来有债务和解的传统,且"各地商人自动请求当地商会进行和解者,原为事所恒有,此种优良习惯,尤宜保存"③。

中国共产党领导下的根据地政权对于习惯也是予以认可的。1941年4月《山东省各级司法办理诉讼补充条例》规定:"法理、习惯为调解及审理案件的重要依据之一,惟不利抗战及庸俗的道德观念与仅利于少数人之习惯不得援用。"④ 1945年,陕甘宁边区的王子宜院长在边区推事、审判员联席会议上,提出司法干部不但要"学习和掌握法律",还要"熟悉社会风俗习惯",强调"司法人员,不能把法律和风俗习惯——尤其是善良风俗习惯看成是绝对的东西,二者均得兼顾"⑤。

由上可见,运用民商事习惯进行调解有着法律上的依据。有了国家法律的认可,民间纠纷解决过程中,以习惯作为调解依据也就成为顺理成章的事情了。

三、习惯在调解中的运用

(一) 民事习惯

民事习惯在民间社会具有较大的权威性,且比较具体明确,易于为人们所接受和理解,因而在纠纷发生后,调解人往往以习惯作为调纷止争的主要依据。其实,调解本身就是世代相传的一种习惯:"在社会习惯上,千百年来存在张三失手打坏李四,王大处理和解的习惯,这是良好的习惯,叫作息事宁人,排难解纷。"⑥

按照民间习俗,典种土地到期,典当人有优先典种的权利。这种优先权在典种土地纠纷中往往成为调解的依据,1944年岳守方诉申金生赎回土地案即是如此。岳守方之父岳景贤的三分水地典给申金生之父申翠英耕种。后来经岳守方向申金生约定土地的典价为13元,并明确规定5年为满期限。典约到期后,因为申金生出价较低,岳守方遂不再与其续约,将此三分水地典给任作林。此后,由于粮价大涨,申金生感觉以原典价典此地不贵,遂以优先权为借口,不准岳守方赎回该地,要求继续典种。此外,申金生还典

---

① 胡长清.中国民法总论 [M].北京:中国政法大学出版社,1997:407.
② 春杨.晚清乡土社会民事纠纷调解制度研究 [M].北京:北京大学出版社,2009:217.
③ 中华民国破产法草案初稿说明书 [J].法令周刊,1935,(252):2.
④ 韩延龙,常兆儒.革命根据地法制文献选编(中卷)[M].北京:中国社会科学出版社,2013:886.
⑤ 王子宜院长在推事、审判员联席会议上的总结报告(1945年12月29日)[Z].西安:陕西省档案馆藏,档号:15—70.
⑥ 杨永华,方克勤.陕甘宁边区法制史稿(诉讼狱政篇)[M].北京:法律出版社,1987:206.

第七章　近代调解的依据

岳守方脚滩地二亩，未定年限，岳守方也要赎回，申金生不同意。岳守方向县政府提起诉讼。县政府首先对该案进行调解，并达成调解协议：准予岳守方赎回申金生所典戏楼后水地三分，脚滩地二亩秋后赎回。县政府对这个案件的调解，着重讨论的是优先权的适用问题。之所以出现上述调解结果，即准予岳守方赎回申金生所典戏楼后水地三分，主要是因为"岳守方欲将此地作价时，系三十二年八月，经任中义为中间人讲，申金生嫌价大不要，即行转典与任作林"，即从该年八月开始，申金生已经放弃了优先权，"到十一月粮价高涨，又想原价留地，再以优先权为理由，实属不当"。但为了调剂双方情绪，申金生所典脚滩地二亩准予秋后作价回赎。该案中，县政府的调解看似否认了申金生典种土地的优先权，但实际上申金生未能优先典种土地是因为县政府认为他放弃优先权在先。这从一个侧面说明，典当人优先典种到期土地仍是调解中需要考虑的重要因素。

优先权不但适用于解决典种土地纠纷方面，还适用于房屋典当与租赁纠纷的解决。1943 年张家口市靳莲与杨岳五因争买房优先权在伪高等法院兴讼，历经两年未决。1945 年靳莲上诉于晋察冀边区高等法院，边区高等法院完全否认伪法院所作之一切行为，对此案件重新试行和解。杨岳五以每年 50 元租赁靳莲宝善街房基一处，后经地主允许，经 10 多年之经营，在该地建筑房屋 11 间，开设煤厂为生，租期至 1944 年 10 月为满。然地主靳莲于 1943 年租期未到之时，即将该地出卖于何有富，价洋伪蒙币 5600 元，但因靳莲出卖时未经妥善手续，尽让优先权人（按照当时规定，地主出卖土地时，租赁者有优先购买权），故涉讼两年未决，耗时废财不少，也没有得到一个结果。靳莲上诉到边区高等法院，院长王雯然、推事张向前调解时，本着互相让步、团结和睦、兼顾实际的精神，考虑到杨岳五别无可居，而何有富则另有房屋可住，但靳莲与何有富买卖关系业已成立，并已交付价金，且因通货膨胀，货币发生变动，为了照顾各方利益，遂商定一个和解协议：第一，房归杨岳五买得，以原房价 5600 元折米 800 斤，再以现时米价折合成钱，折 25600 元，杨岳五以此价支付房价，而靳莲再以此偿还何有富；第二，杨岳五欠靳莲一年房租应当支付，同时靳莲因买卖房产未尽杨岳五优先权，所花之诉讼费靳莲应当负责；第三，善意买卖之何有富，因涉讼所花之税契 427.4 元及纳税花 119.8 元，讼费 55 元，总共 602.2 元，亦应以当时米价折成实物 86 斤小米，再以现时米价折前 2752 元，由靳莲补偿其损失；第四，杨岳五与靳莲之买卖房产以现时所折之价立新约。何有富与靳莲所定卖契作废。① 这个案件中，边区高等法院的调解结果体现了对"优先权"这一风俗习惯的尊重。也正是因为对民间长期存在的优先权习俗的尊重，调解结果才得到当事人的认可，使长久悬而未决的案件得以和平解决。

"不孝有三，无后为大"的传统观念在近代依然盛行，没有儿子的家庭往往过继同宗侄辈为继子，或者收买异性人为养子。这样一来，在子女收养方面就会产生一些纠纷和矛盾。而此类纠纷或矛盾，多在宗族调解或者中人调解下，由民间自行解决，而解决此类纠纷的依据主要依靠民间的一些约定俗成的规矩或习惯。当然，也有一些此类纠纷会诉之于官府，而官府对这类纠纷也往往是依据民间习惯进行调解。1945 年 1 月，武安县庙村妇女赵景，因灾荒所迫，在中人赵三林、张小六二人的说和下，以小米六升、炒面

---

① 河北省地方志编纂委员会. 河北省志（第 73 卷"审判志"）[M]. 石家庄：河北人民出版社，1994：259-260.

五升将年仅五岁的儿子卖给更乐村李振华为养子，当时未立字据。三年后，赵景反悔，想把孩子要回去。李振华家只有一女，未有儿子，加之已经将养子养育了三年，感情深厚，不愿意让赵景将孩子领走。1948年1月20日，赵景遂将李振华告到涉县县政府。县政府在讯问双方当事人后，对这一养子争执案进行了调解，最后达成调解协议，于1948年1月23日制作调解书："申请人赵景，女，现年四十八岁，武安苗庄人。被申请人李振华，男，现年四十九岁，涉县更乐人。本列当事人因争子一案，经由本府调解如左：查申请人赵景在三十四年正月间，因灾荒所迫，将其子卖与更乐村被申请人李振华为养子，当即由同人赵三林、张小六二人说和，未立字据。至今赵景女士来探亲，请求政府调解，在双方自愿原则下，成为奶亲关系，该贵元小孩为李振华之子，赵景为奶娘，给予双方各执一纸，特此调解。县长秦秀峰、副县长温良、科长赵华甫。中华民国三十七年元月二十三日。"① 县政府在调解这一纠纷中，所依据的并不是国家所制定的法律法规，而是民间普遍存在的收养子女的习惯，即使双方之间没有立下字据，只要是有中人说和，这种收养关系就认定为成立。同时，买卖儿童是法律所不允许的，但从该案来看，收养和被收养之间存在着明显的买卖关系，而调解过程中对于盛行于民间的买卖儿童的陋俗竟然加以承认，这说明习惯的根深蒂固，即使是陋俗，也往往会被遵守。

"男不跟女斗，鸡不跟狗斗"是民间的一句俗语，也是民间的一种习俗。遇到男女相争相斗，人们往往会用这一习俗进行劝说，希望男方退让一步。据陕甘宁边区高等法院档案资料中记载：联华厂炭工王继业吸食鸦片，欠下厂方10多万元。王继业病了，被送入医院，他的妻子不知道欠账之事，不等他出院就要搬走。被厂里的管理员拦住了，两个人争吵之间打闹起来。工会主任听说这件事后，急忙告诉厂方。王继业来信同意他妻子搬走，并声明怪他还没来得及通知厂里，才会发生这样的误会。王继业之妻准备离开时，发觉身上带的发卡丢了，要管理员赔偿，双方因此发生纠纷。工会主任调解不下，介绍到区里，区里又批回工会调解。工会主任跟管理员说："男不跟女斗，鸡不跟狗斗，你是个汉子，跟婆姨斗阵是你的错，不管发卡丢了没丢，你打了她也应该赔偿人家的损失，我看还是给她10000元。"② 双方均同意照此办理，矛盾得到化解。在王继业之妻与管理员这场纠纷中，工会作为调解主体，以农村地区长期以来形成的"男不跟女斗，鸡不跟狗斗"的风俗习惯为依据，劝说管理员退让一步，从而使纠纷得到顺利解决。

(二) 商事习惯

商事习惯在商事调解中被广泛运用，有的学者在考察清末民初商事公断处调解商事纠纷的诸多档案资料后指出，"清末民初的商会在公断商事纠纷时所依凭的准据主要为商事习惯，国家法律令在多数情况下只是作为参考"③。事实确实如此。

分期还款、以节日为期，是近代商界普遍遵循的习惯。1941年4月4日，天津商会接到煤业公会信函。信函中声称其会员张平发欠双发和戎记货款2655.28元，曾经商会催

---

① 白潮. 乡村法案——1940年代太行地区政府断案63例 [M]. 郑州. 大象出版社，2011：303-305.
② 三边分区、志丹县等有关审判方式、调解工作调查、清理监所等材料 [Z]. 西安：陕西省档案馆藏，档号：15—221.
③ 张松. 从公议到公断：清末民初商事公断制度研究 [M]. 北京：法律出版社，2016：165.

促还款,已经偿还1000元,余下欠款拖欠未还,特恳请天津市商会"主持秉公判断,令其将所欠之款定期迅速偿清"。天津市商会遂开始对此事进行调解,于该年7月议结。在调解这起债务纠纷中,为了保全双方的利益,商会依据"分期还款"和"以节为期"这样的商事习惯,最后议定张平发须分四次将欠款归还和戎记,这四次还款期日分别是1941年的中秋节和年节以及1942年的端阳节和中秋节。① 正是因为分期还款、以节日为期是商界普遍认可的习惯,在纠纷解决中才易于为当事人双方所接受,因而成为纠纷解决的重要依据。

分成偿还债务是商界存在的一种惯例。该惯例既保护了债权人的利益,又能适当减轻债务人的还款压力,因而常常被商会用于钱债纠纷的调解。从《苏州商会档案丛编》所载的光绪三十二年二月至十二月的理案簿选录来看,多起商事纠纷就是依据分成偿还债务的商业惯例达成和解的。例如,光绪三十二年二月份理结的绸缎业亏欠讼事、四月份理结的珠宝业请追汇票讼事、六月份理结的桐油业请追欠款讼事、七月份理结的钱业亏欠讼事、十二月份理结的钱业请追欠款讼事等,涉案金额有多有少,从1000元至19000多元不等,商会通过商界通行的分成偿还债务的惯例,比较顺利地解决了纠纷当事人之间的债务争端。②

商会不但在自己主持的商事调解中,以习惯作为解纷止争的依据,还经常接受委托,为各级法院提供商业惯例,作为法院调解或诉讼的参考。由于法院对于商业惯例并不通晓,在审判中遇到涉及商业习惯的商事诉讼,经常会征询商会的意见,请商会提供商事习惯作为审判的参考和借鉴。1940年3月21日,江苏吴县地方法院向吴县县商会发送公函,咨询棉花买卖成单习惯事宜:"原告主张于民国二十八年六月间曾向被告成定棉花一百担,定于当年阳历七八月交货,有成定字据为凭,被告延不履行,请判偿损失。被告答弁以与原告卖买是项货物尚未成交,亦未收取定洋,原告所持发票草单向不作凭,往来卖买货物另有正式成单,而载先缴后货定洋照扣等字,并须经理签字盖章始为有效,等语。双方各执。究竟苏地商场习惯,卖买定货往来是否须凭正式成单,先付定洋经理签字盖章方为有效,拟一经书立成定草单,不付定洋亦生约定交货之效力?本院认为有调查之必要。相应函请查照,希将上开各节从速查复。"吴县县商会于4月8日发函回复吴县地方法院:"当以商事习惯,各地各业容有不同,依照普通习惯,买卖往来总以收付定洋为有效,研究抄据二纸,该厂既刊有成单,则所立草单,似未便视为有效之凭据,据以该项草单载明七八月份交货,事越半载以后,当场既未交存定洋,竟在货价高涨之际,忽发生诉讼纠纷,其中不无有越出商业常规之嫌。"③

由于习惯在民间被广泛接受,且比较明确具体,因而运用习惯调解纠纷,便捷而高效。但习惯中善恶并存,有善良习惯,有落后习俗,甚至还有恶俗的存在,调解中难免也有以陋俗作为调解依据的。如一些地方在调解离婚纠纷时,会搬出传统社会盛行、当时仍然存在的"烈女不嫁二夫,好马不配双鞍",对正在闹离婚的妇女进行劝阻。在调解

---

① 双发和戎记与义和公张平发债务纠纷 [Z]. 天津:天津档案馆藏,档号:401206800-3-008343.

② 章开沅,等. 苏州商会档案丛编:第一辑(1905年—1911年)[G]. 武汉:华中师范大学出版社,1991:561、564、566、568、573.

③ 马敏,肖芃. 苏州商会档案汇编:第五辑(1938—1945年)上册[G]. 武汉:华中师范大学出版社,2010:590-593.

租佃纠纷时,有些调解人会用"富不跟穷斗,鸡不跟狗咬"的传统习俗来对地主进行劝解,甚至有时候会采用封建迷信的方式去调解纠纷,这无疑会助长这些落后习俗的继续存在,与社会文明风尚是不相符的。

第三节 情 理

传统社会在解决民间纠纷中特别重视情理的运用,以至于古代法律也被称为情理法。近代社会虽然开始重视法律的作用,但在调解过程中,无论是对民事案件,还是刑事案件,抑或商事案件,也非常重视情理的运用。

一、情理的概念

对于情理概念的界定,学界已经做出探讨。有的学者认为,情理"是由中国家族伦理精神演绎出来的人际结构方式与伦理精神形态,具有一定范围内的公共性或普遍性。包括人情、社会之情、众人之情和社会舆论"[1]。有的学者将情与理作为两个概念分别界定:所谓"情",指的是人情,所谓"理",是指"以习惯、常识、法律等为依据而做的民众可接受的判断"[2]。美国学者黄宗智认为:"'理'指的主要是普通意义上的'道理',不是儒家意识形态之中的'天理','情'指的主要是人际关系之间的那种'人情'(如'做个人情'或'送个人情'),而不是儒家意识形态之中的那种仁者的同情心。"[3] 对中国传统文化深有研究的日本学者滋贺秀三在对中国法文化考察后指出,"所谓'情理',简单说来就是'常识性的正义衡平感觉',这种情理是人们在长期的社会生活中形成并深藏于人的内心,它引导人们形成对社会问题的常识判断"[4]。

上述学者对于情理概念的表述方式尽管不同,但认识基本上是一致的。他们对于情理的认识并不仅仅局限于传统社会以三纲五常为核心的儒家的伦理道德,而是把情理看做存在于社会生活中的人情道理。作为近代调解依据的情理从内涵上看,指的是存在于广大民众之间的人情道理。

情理作为调解的依据,其优势在于:第一,情理容易获得民众的认同,因为它是民众在社会生活中形成的价值准则;第二,情理符合民众所认同的公平正义;第三,情理作为纠纷解决的依据,可以克服法律的僵硬和冷酷,避免其给纠纷双方带来情感上的对立,"依情理解决纠纷,可以避免严格依法解决的僵化以及由此所带来的当事人情感上的对立"[5]。

---

[1] 徐胜萍. 人民调解制度研究 [M]. 北京:北京师范大学出版社,2016:103-104.
[2] 付海晏. 中国近代法律社会史研究 [M]. 武汉:华中师范大学出版社,2010:50.
[3] 黄宗智. 清代以来民事法律的表达与实践(卷一)[M]. 北京:法律出版社,2014:重版代序第7页.
[4] 滋贺秀三,等. 民情时期的民事审判与民间契约 [M]. 王亚新,等译. 北京:法律出版社,1998:13-14.
[5] 徐胜萍. 人民调解制度研究 [M]. 北京:北京师范大学出版社,2016:103-104.

二、情理作为调解依据的合理性

近代法律复杂多变,而且是模仿西法的结果,与民众的生活相差甚远,因此,国家的法律尚未深入民心,很多情况下得不到民众的认同。因此,在评断一件事的是非对错时,并不总是依据其是否符合法律,更大程度上是看其是否符合人之常情,是否符合民间普遍认可的道理。符合人情道理的事情就能够为人们普遍接受,违背之则不易被接受。调解本身就要求调解人对纠纷双方"晓之以理,动之以性"。因此,依据情理调解民间纠纷,往往更易到民众的认同。梁漱溟先生在乡村建设运动的研究中谈道:"中国乡村的事却断不能用法律解决的办法,必须准情夺理,以情义为主,方能和众息争;若强用法律解决,则不但不能够调解纠纷,反更让纠纷易起。"①

依据情理进行调解更加合乎中国传统和民众的心理。由于"中国长期厌讼的法律传统及对争讼者诸多消极的话语表达,争讼的结果有时是正当的理由反而带来了'刁蛮'不讲情理的恶名"②,一些人宁愿适当放弃自己的权利或正当要求而委曲求全,以求得一个"合情合理"的调解结果,因为近代国人仍然把情理看得很重,甚至把合乎情理看得比合乎法律还要重要。一些纷争本身看似利益之争,实际上当事人不一定是为了得到利益的最大化,往往是为了争一个"理"字,而非真正的物质利益。1922年5月,江锦洲诉恒丰仁号东伙串吞余利案中,经过查账评议,发现所诉属实,经过和平解劝,达成息争办法:令恒丰仁交出350元,拨充给苦儿院和洋货公所恤嫠会。江锦洲在报告解决恒丰仁号案经过情形致商事公断处的呈文中表示,虽然恒丰仁号所交出的350元数量远远不足,但"因公理既伸",因此不与其计较。③ 在该案例中,作为纠纷当事人一方的江锦洲,虽然未能得到实际的物质利益赔偿,但因为争到了公理,所以不再计较对方所赔偿数量的多少。

情理与国家法律并非完全对立,在某种意义上可以说,情理是"构成实在法体系之基础的基本价值体系"④,因此,官方对于民间依据情理来调解纠纷虽然不能说是鼓励和提倡,但也不至于反对。山西省设立息讼会时,阎锡山特别强调,息讼会公断人尤其要做到顺应人情:"会长及公断人,须平心说理,十分公道,不可有一点偏心。凡断一事,须先问问自己良心上过得去否。万勿袒护大户,欺压小户;偏袒有势力的,欺压没有势力的;偏袒主村,欺压联合村;偏袒土籍,欺压客民;偏袒念书人,欺压平民。公断人总要不怕强的,不欺压弱的,才够公断人的资格。尤须顺人情,善于劝解,使两造心平,事自易了。最忌迫人忿怒,小事坏成大事。"⑤

---

① 梁漱溟. 梁漱溟全集(第1卷)[G]. 济南:山东人民出版社,1989:706.
② 付海晏. 中国近代法律社会史研究[M]. 武汉:华中师范大学出版社,2010:51.
③ 章开沅,等. 苏州商会档案丛编:第一辑(1905—1911年)[G]. 武汉:华中师范大学出版社,1991:655-656.
④ 强世功. 调解、法制与现代性:中国调解制度研究[M]. 北京:中国法制出版社,2001:50.
⑤ 陈刚,邓继好. 中国民事诉讼法制百年进程(民国初期第一卷)[M]. 北京:中国法制出版社出版,2009:179-180.

三、情理在调解中的运用

在广大农村地区，维护人际关系的人情被看得很重，因此，民间调解过程中，也往往考虑调解结果是否符合人情。黄宗智先生在他的著作中曾谈到侯家营的侯定义与邻居的一起纠纷。纠纷的起因是侯定义家的一棵树的树枝长到邻居家地界上去了。双方都认为从树上采伐下来的木材应该归自己。这一纠纷在本村有威望的人士侯永福的调解下达成了和解协议：树上部的木材归侯定义所有，树干和下部归其邻居所有。从该协议来看，候定义是很吃亏的，因为他得到的树上部的木材很少，而邻居所得到的树干和下部木材却很多。侯定义甘心接受这样的调解结果，原因是他认为邻居家比较穷，而且担心惹怒邻居会给自己带来麻烦。从这个案件来看，调解没有依据国家的法律，没有依据民间的习惯，而是依据了人情。这里的人情，"就是对更穷的邻居做同情的让步"。[①] 田涛先生收藏着一份清宣统三年（1911年）徽州休宁王汪氏、方大顺口角细故纠纷合约：从合约中可以看出，立约人王汪氏的儿子王连生与方大顺因为发生口角细故，一时想不开而服毒身亡。如果依据法律，方家人对于王连生的自杀是不负责任的，但是众多调解人念及王家"老幼无依"的情理，出了一笔安葬费给王家，这起因口角纷争引发的自杀事件就算了结了。[②]

基层政府在调解诸多民事纠纷过程中，也会考虑民间的人情常理。1918年2月22日，李庆荣控赵炯等之女不容休弃请传究状中，县公署也批令调处："查妇人不足月而孕，亦属常事，与离婚问题并无关系，况所产之女已毙，是其血气不足之证明。该民与赵炯谊关至戚，不必听人谗言，无风起浪，自污令名，两方均系体面人，着即邀人调处，毋庸滋讼，所请饬传应毋庸议。"[③] 虽然目前尚未看到有关该案的调解依据以及最终的调解结果如何，但我们从县公署的批词中可以看出如下几层意思：一是该案没有进入诉讼程序，而是批令调处；二是"妇人不足月而孕"被视为常理，或许这一常理就成为调解的一个重要依据；三是县公署不希望该女子被休弃，这应该是"宁拆十座庙，不拆一桩婚"的情理使然。

区乡镇坊调解委员会在调解过程中，大多也是依据民间普遍认可的"公正"和情理，而非直接依据法律。嘉善县干窑镇的俞星元，拥有水田3亩，另外还租种一位凌姓的田主10亩田地。后来，俞星元之父俞顺庆将自家所有和租种的田地全部转租给张顺福，而张顺福并非自己耕种，转手又租给庞三和。为了避免张顺福从中抽取转租费用，庞三和于1931年直接找俞顺庆租种，在交付20元后，俞家父子立下收据。1945—1946年期间，俞家先后两次要求将田地收回，自行耕种，而庞三和不肯将田地交回。该纠纷经当地保长调解，双方未能达成一致意见。俞星元遂向镇调解委员会申请调解。1946年12月30日，镇调解委员会在镇公所调解两者之间的纠纷。双方争执的焦点问题有两个：一是租期和撤佃时间问题，二是补偿费用问题。关于租期，俞星元称当时所定租期是2年，期满后可续租；然而庞三和却称租期为12年。镇调解委员会在了解具体情况后认为，虽然双方对

[①] 黄宗智. 清代以来民事法律的表达与实践（卷二）[M]. 北京：法律出版社，2014：52.
[②] 春杨. 晚清乡土社会民事纠纷调解制度研究[M]. 北京：北京大学出版社，2009：118-119.
[③] 张研, 孙燕京. 民国史料丛刊：(748)（社会·社会调查）[G]. 郑州：大象出版社，2009：229.

租期的看法相差很大，但即使以 12 年为期，到 1943 年为止，租期已满。于是，俞星元的撤佃权得以确认。此外，镇调解委员会考虑到庞三和多年垦种的事实，遂适当推迟撤佃期限，将 1947 年的芒种节作为撤佃期；考虑到庞三和已在田内种植草子的事实，遂提议由俞家给庞三和 11 石糙米作为补贴。① 在该调解案例中，镇调解委员会并非依据国家的法律法规，而是依据民间普遍认可的情理，适当延长了庞三和的租种年限，并增加了补偿费用，因而得到双方的认可。

商会调解也非常重视情理的运用。1914 年苏州总商会在公断一个米店欠款案中，在被告确实无力偿还欠款的情况下，商会要求各原告"情商通融"，将欠款分别立据。② 在苏州商会调解的另一起案件中，一方当事人表示要将所得到的赔偿款冲抵赈捐款，但另一方当事人却没有能力支付该项赔偿款，最终商会竟然以"公筹"该笔赔偿款"移冲赈济"的方式解决了这起商业纠纷。③ 在调解中，苏州商会所关注的显然不是债权人和债务人之间的权利义务关系，而是人情关系。正如有学者所言："这些权利义务界限模糊的裁判显然不是根据国家制定法作出的，而是基于'和衷商情、以利团结'的人情规范作出的简约而又不失可接受的解决方案。"④ 上海总商会公断处处长方椒伯曾经特别强调情理在商事公断中的运用："本处职员评议商事以诚恳之意思，精确之考虑，持之以公道，动之以利害，衡情酌理，各得其平，当事人良心表现意气自消，无论若何纠葛，当不难迎刃而解。"⑤

一些家族在处理本族内部纠纷时，除了依据国法、族规等进行调解外，还非常注意情理的运用。如湖北黄冈罗氏的"家规"就有关于运用情理解决族内矛盾的要求："族长、户长凡遇族中事故必须凭情剖断，秉公排解，勿受贿勿拘情勿武断勿因循，挨之于天理，按之于律法，度之于人情，大约内事恩以掩义者多，义以制恩者少，恩义兼尽庶乎得之，为族长、户长者可不慎哉"。⑥

尊敬长者、同情弱者原则自古以来就被民间作为一种常理，近代也不例外。因此，对于长辈与晚辈之间的纠纷往往更多地劝解晚辈做出让步；对于富裕者与贫穷者之间的纠纷，往往会劝解富裕者让步于贫穷者；对于子孙满堂者与鳏寡孤独者之间的纠纷，则会劝告前者对后者做出适当的让步，这就是民间所认可的情理使然。基于传统情理观对乡村社会的影响，近代国家在推行新式法律的过程中，不可能直接将法律条文移植到乡村社会生活中，只能"以情理服人，做出合乎法律或习俗的调解"⑦。1946 年，嘉善县社会科科长孙蝉鸣被县政府委派到西塘镇第一次镇民代表会议指导工作时就曾告诫镇民代表："请各位代表为事须顾到情理法做去，就是政府也按情理法做的。"⑧

---

① 嘉善：嘉善县档案馆藏. 档号：285—1—70.
② 章开沅，等. 苏州商会档案丛编：第二辑（1912—1919）[G]. 武汉：华中师范大学出版社，2004：115-116.
③ 章开沅，等. 苏州商会档案丛编：第一辑（1905 年—1911 年）[G]. 武汉：华中师范大学出版社，1991：574.
④ 谈萧. 近代中国商会法：制度演化与转型秩序 [M]. 北京：法律出版社，2017：97.
⑤ 总商会商事公断处长交替记 [J]. 申报，1920-9-23（10）.
⑥ 湖北黄冈孝慈堂."罗氏宗谱"卷首"家规"[Z]. 武汉：湖北省图书馆馆藏，档号：史七 176.
⑦ 丰箫. 民国乡村秩序的整合：规范化过程——以 1945 年的浙江省嘉兴地区乡村佃业纠纷为中心 [J]. 中国农史，2005（4）：87.
⑧ 嘉善：嘉善县档案馆藏，档号：286-8-93.

第四节 法律法规

调解制度作为中国近代纠纷解决机制中一项重要内容，无论是法院调解、政府调解还是民间调解，都离不开国家法律和政策的指导。同时，国家制定的法律法规，尤其是民事方面的法律法规，也是近代各种类型调解的重要依据。以法律法规作为调解的依据，在近代中国主要有如下三种表现：一是依法调解，即直接依据国家的法律法规作为调解依据；二是以诉促调，即以国家法律法规作为调解的后盾，在调解的同时，以起诉作为要挟，促使调解的成功；三是调解不得违背国家法律法规。

一、直接依法调解

近代虽然有各种各样的调解形式，但无不是以化解矛盾、制止纷争为目的，以劝说和解为手段，以达到息事宁人之功效。然而，劝说和解并不是无原则的和稀泥，必须是依据一定的规则提出一套使纠纷双方都能接受的处置办法，而国家的法律法令则是调解的重要依据之一。《江西省府法院关于司法工作几个问题的指示》中指出："人民法院应以中国人民解放军及各级人民政府各种纲领、政策、法令，作为处理问题，审判案件，调解纠纷的准绳。"[①]《华北人民政府关于调解民间纠纷的决定》中明确提出："调解以劝说和解为主，但也必须依据政策法令提出必要的处置办法。"[②] 也就是说，调解"要遵守政府政策法令，照顾民间善良习惯，就是既合人情又合法理"[③]。

一般而言，民间调解更多的是依据世代相沿的习惯、地方的人情常理或者是族规村规，但这并不意味着民间调解依据中完全排除了国家法律法规的存在。黄宗智先生对华北地方的一些纠纷及其解决办法进行考察后指出："事实告诉我们，国法在民间调解中绝非毫无作用，它为调解妥协提供了一个基本框架。"[④] 华北地区寺北柴村的一起财产纠纷调解颇能说明这一点。郝洛克的弟媳妇在丈夫死后带着两个女儿回娘家居住，不久再婚。根据长期沿袭的惯例，改嫁后的弟媳妇和两个女儿失去继承原夫家的财产。但是民国法律规定：女儿有继承父亲财产的权利。为了让女儿继承父亲的财产，她向法庭提起诉讼，主张郝洛克与她死去的丈夫平均分配家中的财产，再由自己的两个女儿继承父亲的那一部分。村长郝国梁和另外两个人担任调解人对此纠纷进行调解。因为弟媳妇已经提起了诉讼，调解人就不能只依据村子的惯例进行调解，他们还必须考虑到法庭依据法律判决会是一个什么样的结果，从而在惯例和可能的判决结果之间找出一个折中的解决方案（也就是说要在惯例和法律之间寻找一个平衡）。经过权衡，他们提出了一个双方都能接

---

① 韩延龙，常兆儒. 革命根据地法制文献选编（中卷）[G]. 北京：中国社会科学出版社，2013：977.
② 韩延龙，常兆儒. 革命根据地法制文献选编（中卷）[G]. 北京：中国社会科学出版社，2013：1026.
③ 边区政府、高等法院关于建立司法秩序，确定司法权限的联合训令 [Z]. 西安：陕西省档案馆藏，档号：15-10.
④ 黄宗智. 清代以来民事法律的表达与实践（卷二）[M]. 北京：法律出版社，2014：11.

受的解决办法：让郝洛克拿出1000元，算作代替他死去的兄弟给两个侄女的嫁妆。这个解决方案得到双方的认可，纠纷得以解决。① 从这个纠纷解决过程可以看出，虽然调解并没有完全依照法律的规定（按照法律规定，两个女儿如果继承父亲应得的家产，至少应该能够得到家中一半的土地，价值大约4000元），但法律对调解还是产生了一定的影响，这种影响主要表现为调解并没有完全按照村庄的习惯排除女儿财产继承权。可见，有些调解依据的是国家法律，但又不拘泥于法律。在依法调解的同时，又会适当照顾双方利益。

直接依据国家法律进行调解更多地体现在法院调解中。马锡五主持调解丁丑两家土地纠纷案就是抗日根据地依法调解的典型例证。陕甘宁边区合水县五区六乡的丑怀荣，拥有丑家梁山地一处。本区三乡的丁万福拥有川子河及其附近的山地240亩。双方在扩大土地面积时，因为土地边界而发生冲突。1938年，丁、丑两家将土地纠纷诉之于国民政府统治下的县政府。丑怀荣凭借侄媳妇（该地的保安队长）的权势，从县政府领取"补契承业执照"，获得丑家梁山地和丁家川子河及其附近土地的所有权。丁家不服，上诉至平凉高等法院，通过贿赂法官获得胜诉，遂将川子河及其附近山地和丑家梁山地一并收回归其所有。对于这一判决结果，丑家不服。1940年，中共在合水县建立了抗日民主政权。丑家重新向根据地的合水县政府提起诉讼。司法处根据《陕甘宁边区土地条例》中"土地纠纷未经解决之前，其土地管理权属于耕者所有"之规定，做出裁判。丁、丑两家对这一判决表示不服，提起上诉。1943年，马锡五受理此案后，派出法官进行实地调查，弄清事实之后，成立了调解组，根据《陕甘宁边区地权条例》第3条②和第6条③之规定，进行了调解。最后达成调解协议：川子河及其附近山地归丁家所有，丑家梁的山地归丑家所有。④ 由上可见，在马锡五的主持下，依据陕甘宁边区的土地法规，对丁丑两家讼争多年未果的土地纠纷进行了调解，不但明确了两家的土地边界，而且化解了两家多年的仇怨。

当然，依法调解的行为不仅仅存在于法院调解中，有些民间组织、行政机构在主持调解时，也会以国家的法律为依据。例如，在南昌县息讼会调解王金根与杜代忠争执水利纠纷一案中，便是依法调处的，"本职会于本月十日，据王金根声请因与杜代忠争执赵家塘水利纠纷一案，已与本日赵家公断员及原被双方依法秉公调处，原被双方均依照公断毫无异议"。⑤

二、以诉促调

从各种调解案例来看，完全按照国家法律法规的内容进行调解的事例相对较少，如

---

① 黄宗智. 清代以来民事法律的表达与实践（卷二）[M]. 北京：法律出版社，2014：54.
② 《陕甘宁边区地权条例》第3条规定："依保证人民土地私有制的原则，凡合法土地所有人在法令限制范围内，对其所有土地有自由使用、收益和处分（买卖、典当、抵押、赠予、继承等）之权。"
③ 《陕甘宁边区地权条例》第6条规定："土地登记时，凡业主实有土地因当日未经正确丈量的，致超过过去凭证所载之数量，经证明非侵占他人土地或公地，而为自行经营者，得照实呈报登记，不予追究。如超过数量部分，故意搁置荒芜，不予经营，则政府得收归公有。"
④ 李喜莲. 陕甘宁边区司法便民理念与民事诉讼制度研究[M]. 湘潭：湘潭大学出版社，2012：253-254.
⑤ 南昌县政府. 关于令发息讼会公断员聘书及图记等文件[Z]. 南昌：江西南昌县档案馆藏，档号：0001-01-0071-007.

果纠纷发生后,调解人直接依据国家法律法规进行调解,那么调解与诉讼也就没有太大的区别了。因此,在调解依据问题上,对于国家法律法规的适用,更多的是借助国家司法权威,以国家法律法规作为调解的后盾,以提起诉讼作为促使调解成功的手段,这种以诉促调的手段在很多情况下还是非常有效的。

受传统无讼观念的影响,民间发生纠纷,大多数人并不愿意诉之于官府,即使诉之于官府,也并非一定要争个你死我活、鱼死网破,也不一定是为了分清孰是孰非,往往是将诉讼作为向纠纷另一方当事人施压的手段,以便在调解中获得有利于自己的筹码,促使调解尽快达成,正如黄宗智先生所言:"许多人投告官府只是为了对进行中的调解施加压力,而不一定是要坚持到法庭的最终审判。"① 1927年,顺义县的孙鉴曾与其第三任妻子外出谋生。妻子过世后,孙鉴曾回到自己原来居住的村子。由于其与第一任妻子和第二任妻子所生的两个儿子不愿意赡养他。孙鉴曾遂将两个儿子告到法庭。最后,在村里的调解下,儿子保证赡养其父亲。② 这个案件中,儿子为父母养老是时代相沿的习俗,被认为天经地义,然而,或许是儿子对其父与第三任妻子外出谋生的不满导致其不愿意赡养其父,可见,习俗的力量在这个案件中弱化了。真正促使调解成功的是其父亲提出了控告。按照民国法律规定,儿子应当无条件地奉养自己的父母。正是其父提出的诉讼以及诉讼可能产生的结果,促使儿子在他人的调解下,做出赡养父亲的保证。

一般情况下,在调解过程中,纠纷当事人中的一方为了获得利益最大化,以诉讼作为要挟手段,以促使对方当事人接受自己所提出的条件。有时候调解人为了尽快解决争端,在调解过程中也会以送交法院处理为要挟,以促使纠纷双方当事人尽快达成调解意向。1914年庆泉号与万源栈、通裕公司发生货运纠纷。这起纠纷发生后,商会主持调解达十次之多,最终议定由万源栈和转运人通裕公司负赔偿之责,但在赔偿比例问题上一直无法达成协议。商会遂以"倘再延迟,送案不贷"等语催促承运人万源栈和转运人通裕公司尽快商定各自承担的赔偿比例。这种以诉促调的办法确实产生了作用,最终万源栈和通裕公司按照三七比例达成赔偿协议。③

三、调解不得违背国家法律法规

在调解过程中,虽然多数纠纷并不是直接依据法律达成调解协议,但一般情况下不得违背国家的法律和规章制度,如若与国家法律相冲突,则会由上级机关予以驳斥,并责令改正,尤其是法院调解、政府调解以及调解委员会的调解更应这样,如果做出明显违反法律的调解结果,在复查过程中,则会受到上级部门的指责和处罚。1936年湖南省政府在审查桃源县各区五月份调解工作月报表时,发现第二区调解委员会在调解官秀臣与郭宏文一案中,竟以每月三分利息照算,与法定利率标准殊属不合,便责令桃源县政府立即予以改正。④ 此外,还有些违反乡镇调解法规的调解活动被责令改正,如一些调解委员会擅自对纠纷当事人作出身体上或财产上的处罚,擅自收取调解费用等,都在上级

---

① 黄宗智. 清代以来民事法律的表达与实践(卷二)[M]. 北京:法律出版社,2014:15.
② 黄宗智. 清代以来民事法律的表达与实践(卷二)[M]. 北京:法律出版社,2014:54.
③ 庆泉号与万源栈运货纠葛[Z]. 天津:天津市档案馆藏,档号:401206800-J00128-3-003973.
④ 湖南省政府指令[J]. 湖南省政府公报,1937(773):3.

部门复查过程中受到指责，并责令改正。1935年8月山西省政府村政处训令五台县县长，要求其按照法律规定停止收受调解费用："据报该县各村调解委员会规定收费用者，实居多数，如第一区之高家庄，凡请求调解会调解者，县缴纳撞钟费洋一元，由输理者负担；新河村凡有调解者，每造须缴洋二角，以一角分给村警，以一角留做会费。第四区之郭家庄，且调解会簿上竟显然注明，经该会议定，嗣后不论本村外村人，亦不论钱债非钱债案件，凡呈请本会调解者，呈请人应先缴纳调解费洋五角，调解毕，完全由败诉人负担。又南大兴村，上年账上共入讼费洋六元，据称每元内抽给村警跑路费二角，其他各村亦有类似情形，据此查禁止村调解委员会收受费用，曾经通令有案，该县何仍有此情事，……令仰该县严谕各村，即日取消，嗣后如再有索收费用情事，该县长应负责任。"[1]

有些调解书中，尤其是政府部门所制作的调解书，往往把不得与国家法律相抵触作为其中的一项内容，如"汉口市政府商事争议调解笔录"第8项规定："本调解笔录如将来与政府法规有抵触时，应即废止。"[2]

除了家法族规、村规民约、民商习惯、人情常理以及国家法律可以作为调解的依据外，民间契约、传统伦理在调解中也时常出现。当然，在调解过程中，无论是宗亲族长还是街邻好友，抑或社会团体，他们调解纠纷的依据往往不是单一的，而是多种依据综合为用。例如，在对某一个具体案件进行调解的时候，他们往往晓之以理，动之以情，这是情理的运用；同时还会依据长期流传民间的惯例拟定让当事人接受的调解方案，这是习惯的运用；甚至有时候还会以诉讼作为要挟，这是法律的运用。不过，多数情况下，调解依据并不明确，很难看出调解所依据的是村规、族规，还是习惯、情理，抑或国家的政策、法律。对于调解人来说，他们并不刻意去探究调解依据问题，只要有利于纠纷解决、能够使当事人接受、达到息事宁人的功效即可。

---

[1] 山西省政府村政处训令 [J]. 山西公报, 1935, (41)：105.
[2] 汉口市政府商事争议调解笔录 [J]. 湖北省政府公报, 1933, (34)：126.

第八章　中国近代调解制度之评价

中国近代调解制度是对传统调解制度的继承与发展，它不但丰富了传统调解制度的内容，而且初步实现了调解的制度化、法制化，实现了古今调解制度的衔接。同时，该制度的推行，在一定程度上缓解了基层司法资源短缺、减轻了法院诉讼压力，初步实现了近代纠纷解决机制的合理配置。但是，由于近代社会环境的复杂多变、司法当局的推行不力以及调解制度本身存在的问题，使得该项制度运行过程中遭遇到种种意想不到的障碍，实效也大打折扣。一项制度无论是成功还是失败，都会对后世相关制度的创建与发展提供某些启迪，近代调解制度也不例外。

第一节　近代调解制度之价值

"历史研究的目的并非仅仅在于'还原'历史现象，而是在于揭示历史的意义结构，思考历史与我们当下生存境遇之间的关联意义。"[①] 探讨近代调解制度的目的，也是为了了解该制度对传统调解制度有哪些突破，与我们当代调解制度之间存在哪些关联，以及它在整个调解制度发展史上的地位。另外，还要了解该制度在近代社会纠纷解决机制中占有什么样的地位，起到什么样的作用。唯有如此，才能对该制度有一个真正的认识。

一、丰富了调解制度的内容

近代调解制度对古代调解制度不是简单的沿袭，而是有所创新和发展，从而使调解制度的内容更加丰富，主要体现在调解主体的多元化、调解范围的广泛化、调解程序的规范化等几个方面。

（一）调解主体的多元化

根据调解主体的不同，传统调解分为官府调解、准官府调解和民间调解等几种类型。官府调解是在兼理司法的基层行政官主持下的调解。近代以来，在三权分立的倡导中，司法从行政中分离出来实现了初步的独立，各级法院组织也纷纷成立。法院职司审

[①] 北大法律评论编委会. 北方法律评论（第 4 卷第 1 辑）[G]. 北京：法律出版社，2001：216-238.

判，但为了促使纠纷的尽快解决，也担负着调解职责，尤其是南京国民政府时期，颁布《民事调解法》，以立法的形式赋予法院调解职能，从而使法院成为法定的调解主体。这样一来，官府调解不再仅限于州县行政官的调解了，法院调解也成为官府调解之一种。这是近代官府调解主体多元化的一个明显例证。此外，在县级层面，除了县政府可以作为调解主体之外，社会局、地政局、社会福利局等行政职能部门在自己职权范围内也负有调解职责。

传统准官府调解是在乡约、甲长等基层组织主持之下的调解。近代社会中，随着国家权力的下沉以及基层治理方式的变化，作为基层组织代表的村长、乡镇长理所当然地承担起调纷止争的任务，甚至保长、巡警等在一定程度上也担负着解决民间纠纷的责任，附设在区乡镇坊公所之下的息讼会、区乡镇坊调解委员会作为专门的调解组织也纷纷成立，从而促使基层社会的调解主体进一步多元化。

传统民间调解人有宗族族长、地方士绅、乡邻、亲友、中人、保人等，近代民间调解主体除了上述人员外，还出现了诸如工会、农会、商会等社会团体。在晋冀鲁豫边区的太岳区，工会、农会、青年团体、妇救会等群众团体也具有调解职能，甚至冬学、互助组也行使着调解的职能。① 据统计，保德县在1944年的两个多月时间里，以冬学、夜校为主要场所，调解纠纷1089件，其中土地纠纷221件，减租纠纷224件，公粮案件102件，婚姻纠纷44件，家庭纠纷127件，工资纠纷182件，其他纠纷179件。②

上述调解主体既可以单独进行调解，也可以共同调解。同一种类型的纠纷，往往可以由不同的调解主体进行调解，如对于近代社会中频繁出现的劳资纠纷，法院、县政府、劳资调解委员会、工会、商会、社会局都可以独立完成调解任务，也可以进行联合调解。③

(二) 调解范围的广泛化

传统社会中，无论是官府调解还是民间调解，一般限于田土、钱债、买卖、婚姻、继承等方面的"民间细故"。例如，明代嘉靖年间制定的乡甲约规定的应行调解事项主要包括婚姻不明、土地不明、谩骂斗殴、牲畜食残田禾、放债三年以上本利交还不与者、钱到取赎房地力不能回者、买卖货物不公亏损人者、地界不明者、收留走失人口牲畜具令各还本主者等九种。④

随着社会经济的发展变化，以及民间纠纷的日渐增多，近代调解内容不仅仅限于婚姻、田土、地租、钱业、佃业纠纷，还有随着近代工商业的发展和社会事务的发达而出现的大量新领域的新的纠纷形式，涉及房屋拆迁纠纷、股票股权纠纷、金融贷款纠纷、下水道改建纠纷、辟路拆房纠纷、劳资纠纷、破产纠纷、保险纠纷、中外商务纠纷以及版权纠纷等。这些纠纷虽然与较为传统的钱款纠纷、地租纠纷等相比，在整个商业纠纷中所占比重不大，但作为新兴的纠纷形式呈现出日益增长的趋势。这些新型纠纷的出现

---

① 江伟，杨荣新. 人民调解学概论 [M]. 北京：法律出版社，1990：28.
② 山西省地方志编纂委员会. 山西通志·政法志 [M]. 北京：中华书局，1998：180-181.
③ 中国第二历史档案馆. 中华民国史档案资料汇编：第5辑第1编"政治"（三）[G]. 南京：江苏古籍出版社，1997：154.
④ 梁凤荣，等. 中国法律文化传统传承研究 [M]. 郑州：郑州大学出版社，2015：182-183.

和增长,"一方面是由于一些新兴行业的出现,如保险、股份公司等;另一方面则是由于人们全方位、多层次的意识觉醒,不仅有民族—国家政治意识、法律意识的觉醒,还包括经济意识、社会意识等的觉醒,不仅仅有商人精英阶层的意识觉醒,还有下层民众如小商人、学徒、工人等的意识觉醒"①。

在新出现的诸多纠纷中,劳资纠纷日渐增多。为了解决此类纠纷,南京国民政府时期还专门制定了《劳资争议处理办法》:"劳资争议发生时,经当事者一方或双方之请求,或行政官厅认为必要时,应付一种调解委员会调解。"关于调解委员会的组成,一般而言,是"由争议当事者之劳资两方,各推同等数额之代表组织之,并由地方行政官厅加派代表1人为主席"②。

此外,在一些传统纠纷领域,某些纠纷数量在近代也呈现上升趋势。如租佃纠纷,这是一种传统的纠纷类型,但在古代中国,这种纠纷相对较少。传统社会中,主户和佃户之间的矛盾是存在的,但多是潜在的矛盾,很少演变为公开的纠纷,因为他们之间地位严重不平等,主佃之间发生矛盾,佃户只得隐忍,不敢公开反抗。近代租佃纠纷的大量出现,说明地主和佃户之间相对平等,他们之间的潜在矛盾变成公开的纠纷,而且佃户也敢于坚持自己的要求,主张自己的权利,这是社会制度变化在这一纠纷领域中的具体反映。

(三) 调解程序的规范化

传统调解谈不上严格的程序,往往具有较大的随意性。近代调解程序已经具有规范化特征,尤其是法院调解、商令调解和乡镇调解,程序比较严密而规范。

在法院调解方面,调解程序的启动主要基于当事人的申请,申请应表明为调解标的之法律关系及争议之情形。法院接受申请后,需要对申请调解的事由进行审查,对不符合调解适用范围的事件,法院得以裁定驳回之,符合调解规定的,法院应速定期日进行调解。在法院确定的调解期日,当事人两造均须亲自到场,接受法院推事主持下的调解。调解应在调解室或法庭进行,调解法官如认为适当,也可在法院外进行调解。法官主持调解时,应先审究事件关系及两造争议之所在,于必要时得调查证据。另外,调解法官应询问被调解人之意见,就该调解事件酌拟平允办法,劝喻两造,互相让步,如能达成一致意见,视为调解成立。如果双方当事人在调解期日均不到场,或虽然到场,但不能就调解事项达成一致意见,则视为调解不成立。凡是调解成立者,调解结果与法院判决具有同等法律效力。调解不成立者,当事人之一造得于调解日期以言辞起诉,并申请即行言辞辩论,遂开始进入诉讼程序。

商会调解程序的启动主要是基于当事人申请、法院委托、其他部门指定,随后商会调解人会邀集纠纷双方当事人到会询问原委,到商会常会期日,召集纠纷双方当事人以及证人等相关人员到会,对纠纷事项进行调解,调解无论成功与否,都须当事人和调解人在调解书上签字确认。在调解成功的情况下,当事人达成和解协议,进入履行协议阶段。在调解失败的情况下,商会对于当事人之间的纠纷已经无能为力,随后即转入诉讼程序。

---

① 张松. 从公议到公断:清末民初商事公断制度研究 [M]. 北京:法律出版社,2016:142.
② 谢振民. 中华民国立法史(下册)[M]. 北京:中国政法大学出版社,2000:1127.

区乡镇坊调解委员会的调解程序也相当严密而规范，该程序基于当事人申请而启动，以调解委员会开会调解为关键步骤，以制作调解书作为调解程序的结束。乡镇调解委员会调解成立之案件，当事人不得再向法院起诉，调解不成立之案件，当事人得向法院提起诉讼。

可见，近代调解程序由于有了明确的法律依据而趋于规范化，调解组织和调解人员需要按照法定的程序行事，而不得随意变更，这可以在一定程度上改变传统的"和稀泥"的做法，克服传统调解人员的主观性对于调解结果的影响，同时有利于培养国人的程序意识。

二、衔接了古今调解制度

近代调解制度是在古代调解制度的基础上发展起来的，同时又为现代调解制度的形成奠定了基础。因此，近代调解制度起着衔接古今调解制度的作用。

（一）调解的随意性减弱，制度化内涵增强

传统社会盛行调解，无论是官方还是民间，都把调解作为息讼的手段，但中国古代的法律条文中极少提及调解，更没有制定专门的调解法规。因此从官府到民间，调解都带有极大的随意性。这种随意性主要体现在：一方面，调解范围缺乏明确规定，无论民事案件还是刑事案件，都可以进行调解，甚至一些涉及人命的刑事重案，也可以通过调解予以解决。在大是大非面前，不依靠法律做出决断，而依靠调解来结案，难免会放纵重大犯罪，损害法律权威；另一方面，调解方式和程序不够规范，和稀泥、各打五十大板的调解方式非常普遍。缺乏程序约束的纠纷解决方式，难免会出现偏私，影响调解结果的公平和公正。

近代以来，晚清政府致力于模仿西法改革传统法制，对调解没有给予太多关注，清末调解基本上还是对传统非制度化调解的一种延续。北洋政府时期颁行的《民事诉讼条例》首次将调解纳入法律规范范围之内。该条例规定：当事人在起诉前，得向初级法院申请传唤另一方当事人，试行和解。这里的和解实际上就是后来的调解。南京国民政府颁行了专门的《民事调解法》，首次以专门法的形式规定了法院民事调解制度。随后的《民事诉讼法》在简易程序章内对法院民事调解做出进一步的规范，使近代意义上的法院调解制度得以发展。可见，与传统社会官府带有极大随意性的调解有所不同，民国时期法院调解初步实现了制度化。南京国民政府时期还通过颁行《区乡镇坊调解委员会权限规程》和《乡镇调解委员会组织规程》等法律法规，对区乡镇坊调解的组织机构、人员组成、调解程序、调解结果及效力等予以明确规定，使区乡镇坊调解也走向了法制化轨道。此外，近代商会作为商人自治团体，调纷止争理所当然是其职责之一。与以往传统的会馆、公所、行会自发调解纠纷不同的是，商会调解商事纠纷有法可依，职责明确，无论是调解机构的设立，还是调解程序的明确，都表明商会调解走向了程序化和规范化道路。

综上可见，中国古代调解虽然比较发达，但带有明显的自发性和随意性，缺少制度化内涵，尤其是不具备法制化色彩。近代调解尽管还保留着一些传统色彩，但无论是法

院调解、基层政府调解还是民间团体调解，都有着明确的法律依据，法制化程度明显提高。可以说，近代调解制度是中国调解制度走向法制化进程中的重要一环，也是传统带有随意性的调解制度与当代具有鲜明法制特色的调解制度之间的衔接和过渡。

（二）民间调解的自发性降低，组织化程度提高

传统社会的民间调解，大多是在个人主持下进行的，没有固定的组织机构，充当民间调解人的主要是乡约、中人、保人、士绅等，"这些调解人的调解活动基本上游离于国家权力的控制之外，即使是乡约一类的组织或个人，尽管有时是在地方官大力推行下产生，并由后者授予印谕而获得'合法性'，也仍以地方自发性为主要特征"①。

近代以来，随着社会变革的不断推进，地方士绅的力量开始弱化，在民间的威望也渐次衰退，其调解民间纠纷的能力大为下降。在新的基层社会治理模式中，乡约已经退出历史舞台，新出现的村长、村政等利用自己对村民事务的熟悉以及自己在村民中的威望，在调解民间纠纷方面发挥着重要作用。此外，乡邻亲友在民间纠纷的调解中仍然起着较大的作用。然而，无论是村长村政还是乡邻亲友的调解，都属于个人调解。个人之力有限，且易受个人主观情绪的影响，纠纷解决中难免会出现偏私。代之而起的是各村设置的诸如息讼会和调解委员会之类的调解组织，以及作为行业协会的商会、农会和工会等社会团体组织，开始承担起调解基层社会纠纷的重任，并发挥着越来越重要的作用，从而使民间调解的组织化程度有所加强。这些由国家认可的团体组织在调解社会纠纷方面比传统的地方士绅以及其他人士更为专业，也更加有利于保障纠纷解决的公正性和合理性。更为重要的是，这些调解组织的出现，改变了传统基层社会调解的自发性和随意性，初步实现了调解的组织化，这一组织化的形式一直被延续到当代，并为当代调解制度建设提供了些许历史的借鉴。

（三）调解的强制程度降低，自愿性增强

调解应该是建立在当事人自愿基础之上的一种纠纷解决方式。无论是对于调解这种解纷方式的选择还是对于调解结果的接受与否，当事人都应当具有自主选择的权利。但是，古代调解中，无论是官府调解、准官府调解还是民间自行调解，都带有明显的强制性。这种强制性，一方面表现为普通民事案件不经调解不得起诉，这种情况在封建社会后期表现尤为突出，例如明初朱元璋时曾规定："命有司择高年人公正可任事者理其乡之词讼，若户婚、田宅、斗殴者，则会里胥决之。事涉重者，始白于官，若不由里老处分径诉县官，此之谓越诉。"② 张晋藩在考察古代调解制度后认为："在实践中不经调处直接判决的案件是很少的，只有调处不成，才令公堂对簿，剖明曲直。"③ 另一方面表现为在调解过程中，调解人往往违背纠纷当事人的意愿强制当事人接受调解结果，也就是说，调解人的意愿代替了纠纷当事人的意愿。例如，在官府调解中，知县为了达到息讼的目的，在进行劝说、训导的同时，以父母官的身份给当事人施加压力，把自己的想法强加

---

① 张勤. 中国近代民事司法变革研究——以奉天省为例 [M]. 北京：商务印书馆，2012：345.
② 张晋藩. 中国法律的传统与近代转型 [M]. 北京：法律出版社，1997：289.
③ 张晋藩. 中国法律的传统与近代转型 [M]. 北京：法律出版社，1997：284.

给纠纷当事人，正如有的学者所言："官府调处大多是循着审理官员的价值判断进行的，调处方案也完全是按照审理人员的思路拟定的，反映的是主审官就案件形成的个人看法，反映了官吏个人通过运用其道德和法律思维对案件进行价值平衡的过程，并不一定完全反映当事人的愿望或要求。"① 迫于官府的压力，当事人对于官府提出的调解方案，只有无奈地接受，调解的强制性由此可见。民间调解和准官府调解也是如此，无论是地方士绅、里长社长还是宗族中的族长调解，他们往往采取训斥的方式，并以族规、道德舆论作为支撑，使得当事人被动地接受调解结果。在这样的调解过程中，当事人的意愿和要求无所反映，对调解结果的接受与认可是屈从于州县官、里长社长或宗族族长意旨的结果，从而使得调解带有极大的强制性，自愿性、合意性无从体现。

　　近代调解中，虽然某些类型的调解仍然带有较大的强制性，但强制程度开始降低，自愿性开始增强。1930 年 1 月颁行的《民事调解法》将人事诉讼及初级管辖民事事件的调解作为提起诉讼的必要条件，使法院民事调解呈现出较大的强制性。1935 年《民事诉讼法》将必经调解的人事诉讼事件限定为离婚之诉、夫妻同居之诉、终止收养关系之诉，缩小了人事诉讼事件的范围，同时还参考国外法例，规定了一系列可以不经调解而直接起诉的民事案件②。这些规定表明强制调解的民事案件范围有了大幅度的缩小，某种程度上意味着强制程度的降低。区乡镇坊调解委员会作为民间调解团体，在调解民间纠纷方面须完全尊重当事人之意见，方可进行调解，如《区乡镇坊调解委员会权限规程》第 10 条规定："民事调解事项须得当事人之同意，刑事调解事项须得报告人之同意，始能调解，调解委员会不得有阻止告诉及强迫调解各行为。"③ 1943 年 10 月的《乡镇调解委员会组织规程》重申了这一规定，使当事人自愿原则得到了法律上的保障。为了减少诉讼，发挥调解的作用，革命根据地政权也曾经把调解作为诉讼的必经程序，甚至把调解数字作为法院干部考核的标准，这种强制调解的做法违背了人民自由诉讼的权利。认识到这一问题后，根据地政府及时纠正了这一错误做法，开始强调司法人员不得强制调解，调解须建立在双方当事人完全自愿的基础上。1943 年 6 月，陕甘宁边区高等法院在给各级法院的指示信中，要求司法人员主持调解时，"须先将案情全部了解清楚，得出是非曲直之所在，复须了解当事人之心理，以及当事人的生活状况，酌定调解方案，耐心说服，获得双方当事人自愿承诺，不可加以任何强迫和压抑"④。《华北人民政府关于估定囚粮数额、取消讼费及区村介绍起诉制度的通令》中也取消了调解的强制性，"在抗战期间人民诉讼曾经着重于区村调解工作；调解不成，由区或村政府介绍到县政府解决。但后来有的区村干部基于个人义气，不服调解者，也不给写介绍信。有的县司法机关，没有区村介绍信，即不受理；以至有许多人含冤莫伸。今决定把区村介绍制度取消，今后人民纠纷在区村能调解者调解之，不能调解时，任凭当事人到县司法机关起诉，即不经调解亦

---

① 夏锦文. 传承与创新：中国传统法律文化的现代价值 [M]. 北京：中国人民大学出版社，2012：587.
② 1935 年《民事诉讼法》规定的得不经调解之事件主要包括：(1) 为标的之法律关系，曾在法令所定之其他调解机关调解而未成立者；(2) 因票据涉讼者；(3) 系提起反诉者；(4) 送达于被告之传票，应于外国送达或为公示之送达者；(5) 依法律关系之性质，当事人之状况或其他情事，可认为调解显无成立之望者。
③ 区乡镇坊调解委员会权限规程 [J]. 法律评论，1931，(29)：28.
④ 陕甘宁边区高等法院关于注意调解诉讼纠纷的指示信（1943 年 12 月）[Z]. 西安：陕西省档案馆档案，档号：15-17.

可直接向县司法机关起诉,县司法机关必须予以受理,不许再往区村推"。[①]

调解强制程度降低还表现在,无论是调解法官还是调解委员会抑或普通调解人员,一般不再把自己的主观意见强加给纠纷当事人。例如,法院调解中,调解法官须征求被调解人之意见,"就该调解事件酌拟平允办法,劝谕两造互相让步";区乡镇坊调解委员会调解时,"对当事人双方须以秉大公剀切劝导,示以方针,晓以利害,不惜舌敝唇焦,使之心悦诚服,借以多收调解之效果"。司法行政部还特别强调:"调解之方法重在和平处理,是以对于调解事件,只能劝谕当事人双方让步,而重以适当解决之途径,不可稍施压迫或加以讯断,以免逾越调解范围,多生枝节。"[②] 革命根据地将调解作为利民便民的一项司法措施,为了达到一个令双方满意的调解结果,法官会对双方当事人进行大量的"动之以情,晓之以理"的说服工作,制定出令双方都能够接受的调解方案,正如陕甘宁边区政府和高等法院指示中所言:"法官是要多费心力,多费唇舌。但是我们要贯彻这项政策(笔者案:指调解政策),我们不要怕难,要耐心设法予人民解决实际问题","要耐得烦,忍得气,态度要庄重诚恳,要苦口婆心,不可存急躁和厌烦的心理,自能得到成功和减少诉讼的效果,无形中替诉讼人民增进了福利"。[③]

可见,近代调解虽然将对某些案件的调解作为诉讼的必经程序,纠纷调解过程中也不能完全排除调解人的意旨主宰调解过程和调解结果,但一些法律法规开始明确排除强制调解,要求遵循当事人自愿原则,从而使强制调解案件的范围有了明显的缩小,纠纷双方当事人的意愿在调解中受到尊重。这些变化表明,近代调解制度开始贯彻当事人自愿的原则,而这一原则恰恰是当代调解制度的一项基本原则。

(四)调解人的权威性降低,专业性增强

传统社会中,调解人的权威是调解成功与否的关键所在。官府调解中的知州知县,代表国家行使调解权力,具有较高的权威性。在调解过程中往往依靠自身的权威,对纠纷做出一个决定,迫使纠纷当事人接受。家族调解中,作为调解人的族长、房长,在本族本房中也属于权威人物,纠纷当事人对于他们的"劝说""建议"一般也不敢怠慢,往往违心地接受调解结果。即使民间的乡约、士绅,一般也是地方上的威望人士,他们凭借自身威望主持调解,纠纷当事人出于对他们的尊敬,也会被动地接受调解结果。这种权威使得调解带有潜在的强制性,至于调解结果是否公平,是否真正能够体现当事人的意愿,则不在他们的考虑范围之内。

近代以来,调解人的权威性虽然在不同的调解类型中还存在着,但由于自由平等观念的提倡和传播,权威性不再是调解人必须具备的条件。随着社会纠纷的逐渐复杂,尤其是行业纠纷的逐渐增多,必然要求调解人具有一定的专业知识。例如在法院调解中,调解法官必须具备专业的法学理论知识和实践经验,在商会调解中,调解人必须通晓商业知识和商界惯例。此外,基于行业的不同,还成立了一些诸如佃业调解委员会、房租

[①] 韩延龙,常兆儒. 革命根据地法制文献选编(中卷)[G]. 北京:中国社会科学出版社,2013:930.
[②] 区乡镇坊公所实行调解与宣传公证说明[J]. 甘肃省政府公报,1942,(537):18.
[③] 陕甘宁边区高等法院关于注意调解诉讼纠纷的指示信(1943年12月)[Z]. 西安:陕西省档案馆藏,档号:15-17.

纠纷调解委员会等专门的行业性调解组织。1934年南京国民政府司法行政部曾会同实业部、交通部拟定关于商事调解及海事调解两种法案，拟成立商事调解委员会和海事调解委员会。这些专业性、行业性纠纷调解组织的出现，为传统调解制度注入新的内容，也为当代调解制度奠定基础。

可见，中国近代调解制度与传统调解制度之间存在着一定的衔接关系，这种衔接主要表现为在对传统调解制度进行传承的基础上，基于近代社会的发展变化以及人们思想意识、价值观念的转变，开始对传统调解制度的某些方面逐步做出调整，使其符合近代社会的发展要求。而这些调整也对当代社会的调解制度产生了一定的影响，使得当代调解制度与古代调解制度之间没有出现完全的断裂，而是通过近代调解制度衔接起来，构成富有中国特色的完整的调解制度发展史。

三、实现了近代纠纷解决机制的合理配置

（一）近代纠纷解决方式的种类

翻阅近代的报刊并结合当代学者的研究成果可以发现，中国近代纠纷解决方式同当代没有太大的区别，无非就是诉讼、仲裁、和解、调解等几种方式。这四种解纷方式在基本功能上是一致的，都是为了化解矛盾和纠纷，但在解决纠纷的程序、方法等方面却各有特色。

诉讼是指国家审判机关按照法定的程序在纠纷当事人和其他诉讼参与人的参与下，依法解决纷争的一种解纷方式。以诉讼的方式解决纠纷主要是通过判决来确定纠纷双方的是非对错，正如黄宗智先生所言，判决"是一种法律上明确分出'是/非'或'胜诉/败诉'的裁决"[①]。自从国家与法律出现后，这种解纷方式就一直存在着。在诸多纠纷解决方式中，判决的效力最高。

和解是在没有第三人参与的情况下，纠纷当事人双方通过自行协商达成一致意见以解决纠纷的一种解纷方式。近代和解有诉讼中的和解与诉讼外和解之分。诉讼中的和解是指诉讼进行中当事人的自行和解，诉讼外和解是在纠纷发生后，在没有外来人员参与的情况下，当事人本着互谅互让的精神达成和解协议。和解属于私力救济的一种形式。

仲裁是指由仲裁机构对纠纷当事人根据协议提交的纠纷居中裁断是非，并作出对纠纷当事人具有拘束力的裁决的一种解纷方式。关于中国近代的仲裁制度，一些学者将商会的公断处视为仲裁机构，这种看法值得商榷。此外，近代也确实出现了一些以仲裁命名的地方性法规，如《江苏省暂行佃租仲裁条例》《安徽省佃业纠纷仲裁暂行办法》《广东省政府公路纠纷仲裁委员会组织章程》《推动仲裁委员会暂行办法》《军事委员会运输统制局公路行车纠纷仲裁办法》等，但这些法规多为地方性规章，且内容单一，覆盖范围有限。从实际情况来看，中国近代调解与仲裁之间的区分不甚严格，很多情况下将调解与仲裁视为同一种制度。例如胡长清在其《德国之刑事仲裁制度》中，便将仲裁与调

[①] 黄宗智. 清代以来民事法律的表达与实践：历史、理论与现实（卷三）[M]. 北京：法律出版社，2014：172.

解等同视之。① 1930年立法院院长胡汉民在《民事调解法》的说明中，也将调解与仲裁混为一体。中共领导的根据地民主政权对于调解与仲裁也不加区分，往往混同适用，"开门过日子，谁和谁之间难保不发生争执和纠纷的，解决纠纷和争执的道儿，最好是调解和仲裁，顶好不要走打官司的道。为什么呢？因为调解仲裁是商量着了结事情，可以使当事人更不受限制的各说各的道理。这种形式比打官司过火说话要好些。再说，参加调解和仲裁的人，总是对人对事比较了解，他们评出来的道理，自然照顾的更周到一些。调解仲裁时，不是一个人在那里逞能干、耍才气，是大家互相商量。这也容易把事情办的妥当"。②

由上可见，在近代纠纷解决机制中，诉讼、和解、仲裁等方式各有优势和特色，但也程度不同地存在某些欠缺。以诉讼手段解决纷争，虽然依法做出的判决具有最高的法律效力，但这种解纷手段耗时费力劳神，不但会使当事人身心俱疲，还容易导致双方的仇怨；和解属于私力救济手段，解纷成本低，见效快，但能否达成和解协议完全依靠当事人的自行协商，且协议效力不高，一旦一方反悔，和解协议则失去意义；仲裁虽然高效经济，一裁终局，但缺乏对仲裁结果存在疑义的补救措施，而且仲裁在近代中国没有形成系统的制度，发挥的作用非常有限。可见，在近代司法资源短缺、和解成效不高、仲裁尚未形成系统制度的情况下，被称为东方经验的调解制度的介入，一方面可以适当弥补上述解纷方式的不足，另一方面也充实了近代解纷手段，从而使近代纠纷解决机制得到合理配置。

（二）调解解决纠纷的优势

对于民事纠纷和轻微的刑事案件，无论是在哪一时期，调解的运用都较为广泛。美国学者柯恩曾说："中国法律制度最引人注目的一个方面是调解在解决纠纷中不寻常的重要的地位。"③ 因此，调解在近代中国成为一种运用广泛的独立的解纷方式，而且有着自身的优势。

第一，调解成本低廉，方便快捷。

与诉讼相比较，调解无须缴纳费用，不会给当事人带来经济上的负担。另外，调解对程序的要求较低，尤其是民间调解，没有严格的程序上的要求，往往由调解人根据纠纷的大小和性质，采取有利于纠纷解决的方式方法，随时随地进行调解，"至于调解的进行，就是在当事人的村里，随时抽个地空儿，就可以把事情说合了结下来，这比跑到县里打官司要省时省事快当得多"。④ 1946年春，陕甘宁边区米脂中学秧歌队的快板剧"赞调解"中，对调解的方便快捷做了这样的描述："调解好，调解好，群众闹纠纷，法官找上门来调。省时、省钱、不跑路，省下时间把生产搞。有理摆在桌面上，法官给咱评公道。有错当众承认了，该怎处理大家吵。十年纠纷一朝了，和和气气重归好。"⑤

---

① 胡长清. 德国之刑事仲裁制度 [J]. 法律评论, 1928, (170-171).
② 晋察冀边区行政委员会. 区村干部教材———怎样做调解仲裁工作 [Z]. 石家庄：河北省档案馆藏, 档号：D625-14-C3.
③ 强世功. 调解、法制与现代性：中国调解制度研究 [M]. 北京：中国法制出版社, 2001：88.
④ 晋察冀边区行政委员会. 区村干部教材———怎样做调解仲裁工作 [Z]. 石家庄：河北省档案馆藏, 档号：D625-14-C3.
⑤ 侯欣一. 从司法为民到人民司法：陕甘宁边区大众化司法制度研究 [M]. 北京：中国政法大学出版社, 2007：310.

第二，调解可以有效地节省司法资源。

近代以来，随着人们生活水平的提高，商品交易的频繁，以及诉讼观念的变化，诉讼日渐增多。这些诉讼案件中，有些是涉及人身安全和财产安全的重大刑事案件，但诸多案件却是民间的口角纷争或轻微民刑纠纷。民国年间曾有人谈到农村诉讼的原因，其中一个便是"闹意气"：农民大都知识低浅，见解寡陋，待人接物，不会圆滑周到，言词稍有不合，就各持己见，大闹不休，为了争气要面子，处处不肯让人；还有一个原因是"争小利"：有些人好图小利，不是多沾别人一垄地，就是借钱少还些利钱，对方不肯退让，自然就起了纠纷，结果去打官司。① 如果这些案件进入正常的司法程序，须经历一个繁琐的过程，不仅给当事人造成身体和心理上的负担，也会给法院带来压力，使本来有限的司法资源显得更加短缺。如果这些案件由民间自行调解，把矛盾和纠纷化解于诉讼之外，无疑会有效地节省司法资源，使有限的司法资源集中力量解决重大刑事犯罪问题。尽管调解不一定都能够成功，但多一次调解就有可能减少一个流入法院的案件，司法行政部也曾如此表示："至于调解结果，虽未能悉数成立，然其最少成分，亦在受理件数之十分之一以上，民事案件，多一件之调解，即法院方面，少一案之审理。"②

第三，调解可以维护当事人之间的关系。

调解本身就具有调和矛盾、化解纠纷的作用，与诉讼相比较，调解结案可以更好地维护当事人之间的关系，正如时人所言，调解的最大好处是"不失和气"："一桩事情的是非，恒难绝对的判断清楚，假如甲与乙打架，虽甲打了乙，而乙也或有该打的原因。又如甲借给乙一百元，按年利二分行息，指地一亩作押，如届期不还，按法律审判，就只好变卖抵押的田产还款，若用调解办法，就得看看甲是否是财主，乙是否过日子艰难，果如此，则可斟酌使乙分期还款，或减少利息，按法律就很难这么变通办理。况调解之后，双方仍不失去和气，只要事情解决，就可言归于好，绝不至留有裂痕"。③ "调解成立，案即终结，诉讼人即不致一再上诉。既免费时耗材、增加讼累，复可维持情感，言归于好。"④ 晋察冀边区行政委员会编印的《区村干部教材——怎样做调解仲裁工作》中谈道："打官司往往就会用判决，判决了谁胜谁败，胜的一边很高兴，败的一边很生气，甚至于一场官司结下两家仇怨，以后彼此不合，互相找茬闹别扭。至于调解解决，是由双方自愿认可的，不管谁赢谁吃亏，也都在明处。只是求得事情解决，无所谓谁胜谁败，主要是不伤和气。"⑤《陕甘宁边区民刑事调解条例》也阐述了调解的优越性："纠纷之解决，尤以调解办法最为彻底，既可以和解当事人的争执，复可以使当事人恢复旧谊，重归于好，无芥蒂横梗其胸，无十年不能忘却之恨"。⑥

民间纠纷涉及面广泛，既有陌生人之间的纷争，也有普通邻里之间的矛盾，还有亲

---

① 乡村息讼问题 [J]. 华北合作，1935，(23)：13.
② 南京国民政府司法行政部统计室. 民国二十三年司法统计 [M]. 南京：京华印书馆，1936：195.
③ 乡村息讼问题 [J]. 华北合作，1935，(23)：14.
④ 各种法律问题研究报告（1938 年 5 月至 12 月）[Z]. 南京：中国第二历史档案馆藏，档号：7—9784.
⑤ 晋察冀边区行政委员会. 区村干部教材———怎样做调解仲裁工作 [Z]. 石家庄：河北省档案馆藏，档号：D625-14-C3.
⑥ 陕甘宁边区高等法院关于注意调解诉讼纠纷的指示信（1943 年 12 月）[Z]. 西安：陕西省档案馆档案藏，档号：15-17.

属之间的不愉快,如果以法律解决问题(如一纸判决),问题可以暂时得到解决,但必然会伤害彼此之间的和气,从长远来看是不利的,如果通过调解,让彼此之间认识到自己的错误,相互道歉,不仅可以解决纠纷,甚至还可以促进彼此之间的关系。尤其是对于家庭内部的纠纷或亲朋好友之间的纠纷,如果"设令有人从中调解,可免对簿公庭又去讼累,其系父子天伦可保,其系兄弟合作可期,其系夫妇破镜可圆,其系朋友友谊可复"①。

(三)调解在近代纠纷解决机制中的地位

要想真正了解调解在近代纠纷解决机制中的地位和作用,就需要分析调解与其他纠纷解决机制之间的衔接关系。和解是纠纷当事人自行解决纠纷的活动,仲裁与调解在近代区分不甚严格,在此,我们主要探讨调解与诉讼之间的衔接和互动关系,通过这种衔接与互动,来了解调解在近代纠纷解决机制中的地位。调解与诉讼的衔接和互动,有如下几方面的表现:

第一,调解不成,当事人可以直接提起诉讼。无论是法院调解还是政府调解抑或民间调解,只要是无法达成调解协议,当事人可以起诉,转入诉讼程序。翻阅《龙泉司法档案选编》可以发现,在《民事调解法》颁行后,几乎所有的民事案件都是由当事人先向法院申请调解,调解不成立即转入诉讼程序。1936年11月14日,李大球因其本年所轮值焕志公祭田之承佃人李作梁欠缴租谷,向龙泉地方法院提交民事调解申请,12月4日,因李作梁未到调解现场,法院宣布调解不成立。李大球于次日提起民事诉讼,该案随即进入诉讼程序。② 类似调解不成立转入诉讼程序的案例是相当多的,如1932年信康钱庄与周蔡氏等因债款涉讼案③、1933年张乐农与毛伯明等因债务涉讼案④、1934年蔡玉峰与蔡聚文因修理公款涉讼纠纷⑤、1935年刘明钊与刘良谋因书田涉讼案⑥,等等。把诉讼作为调解不成功的救济程序,将调解与诉讼程序进行无裂缝的衔接,这种做法还是值得肯定的。

第二,诸多类型的调解结果要得到司法的确认,以增强其效力。一般而言,法院调解达成的和解协议具有同判决一样的法律效力,而其他类型的调解所达成的协议只是相当于民间契约,不具有强制执行的效力,因此,为了增强调解协议的效力,纠纷当事人经过亲友乡邻或者宗族耆老、地方士绅调解达成协议后,往往要请求司法部门的确认。这样,就使得民间调解与诉讼直接衔接起来。这种衔接实质上表现为司法部门直接确认民间调解的结果。1918年7月20日,同住赫甸的朱德山与孙鹤令,向宽甸县司法科申请解除朱德山四女儿与孙鹤令侄子的婚姻关系。孙鹤令的侄子孙述全于1916年2月娶朱德山四女儿为妻,但成婚之后,夫妇二人不合,虽经多次劝说,双方均无悔改之心,遂决定协议离婚。经乡耆核议,该女回归娘家,可另行择配,但要如数退还男家所下的聘礼。双方对此调解结果完全认可,但为了确认和增强调解结果的效力,双方老人向县司法科

---

① 方茂松. 大学法科应附设民刑案件调解处之建议[J]. 法政半月刊,1935,(5):32.
② 包伟民. 龙泉司法档案选编:第三辑(1928—1937)之1936(三)[G]. 北京:中华书局,2018:325.
③ 包伟民. 龙泉司法档案选编:第三辑(1928—1937)之1932(二)[G]. 北京:中华书局,2018:329.
④ 包伟民. 龙泉司法档案选编:第三辑(1928—1937)之1933(二)[G]. 北京:中华书局,2018:413.
⑤ 包伟民. 龙泉司法档案选编:第三辑(1928—1937)之1934(二)[G]. 北京:中华书局,2018:311.
⑥ 包伟民. 龙泉司法档案选编:第三辑(1928—1937)之1935(三)[G]. 北京:中华书局,2018:627.

提出解除婚姻关系的申请。由于双方已经达成协议，不存在任何争议，县司法科很快做出批复，完全照准双方所达成的协议。①

第三，司法是调解的后盾。调解能否成立，在一定程度上依赖于纠纷双方对于纠纷解决结果的合理预期，而这个合理预期实质上是基于法院对该纠纷依法裁判结果的一个判断。也就是说，纠纷当事人在调解之前，心中对于纠纷解决结果已经有了一个自我判断，这个自我判断并非完全盲目的，而是基于法院对该纠纷判决的一种推测。当然，真正的调解结果与当事人的这个判断和推测可能会存在一定的出入，但一定是在纠纷当事人能够接受的范围之内。从这个意义上讲，法院所作出的司法裁判在潜移默化中影响着调解的结果。

第四，调解存在于诉讼程序过程中。首先，法院调解是诉讼的前置程序，本身就是诉讼程序之组成部分。其次，在诉讼进行过程中，法院委托有关团体和个人进行调解。在一些涉及亲族关系、专业知识的案件中，法院立案后，往往会委托宗族以及商会等社会团体进行调解，调解达成协议后，也需要到法院申请销案，从而结束诉讼程序。再次，在诉讼程序中的任何一个环节，民间调解组织和个人为了帮助当事人尽快解决矛盾和纠纷，也会主动协助法院，对纠纷当事人进行劝喻和开导，以化解矛盾，促成纠纷的解决。1932年9月13日，邱有达呈递民事状，诉称其于废历二月间与被告徐克济兄弟合开碗窑一所，由徐克济兄弟司理出入。1932年废历五月间，因碗窑顶兑，合伙解散，邱有达向徐克济等要求分拆财产，遭到拒绝，故控告徐克济等侵吞合伙资产并及利益，状请龙泉县法院徐克济等偿还其资本、获利及相应利息。龙泉县法院受理此案，传集两造言词辩论。徐克济等辩诉称邱有达已立书字，碗窑由徐克济个人经营。1933年2月21日，经亲友调解，两造同意和解，具状申请撤回诉讼。② 可见，民间调解可以发生在诉讼进行过程中，这种庭外调解达成和解协议后，需要到法院申请销案。

第五，调解可以在判决的基础上提出一个折中方案。调解不仅仅可以发生在诉讼之前，也可以发生于诉讼进行过程中，甚至可以发生在诉讼活动结束之后。虽然经过诉讼作出的判决可以明断是非，确定权利和义务，具有较高的权威性，但如果当事人不执行，则判决无异于一纸空文。有些情况下，虽然法院已经判决了，但由于败诉方没有能力执行，胜诉方也无可奈何。这种情况下，民间调解仍可发挥作用，经过调解，达成一个折中方案，彻底解决当事人之间的纷争。1932年7月19日，信康钱庄代理人徐伯齐向龙泉地方法院民事调解处申请调解，称周蔡氏故夫分别经季仁轩、叶焕琮担保向信康钱庄多次借款，周敏功亡故后，其弟周竹书、周马根、妻周蔡氏延不清偿，请求偿还本金及利息。因法院调解不成立，徐伯齐于9月15日向龙泉法院民庭提起民事诉讼，请求判决周竹书、周马根、周蔡氏共同偿还本金及利息，如被告无力清偿，则由担保人季仁轩、叶焕琮按担保金额分别清偿。10月26日，周蔡氏以周敏功生前历染各种不良嗜好，致使遗产不敷偿还债务，具状声明限度继承。周竹书等于11月1日奉庭谕将已经出卖产业开列呈案，并以清偿债权为由请求暂时驳回原告之诉。1933年2月25日，龙泉法院以不能以周敏功个人债务而加偿还责任于其胞弟，周蔡氏既已申请声明限定继承，当负清偿责任

---

① 张勤. 民初离婚诉讼和司法裁判——以奉天省宽甸县为中心 [J]. 比较法研究, 2006, (5): 22-23.
② 包伟民. 龙泉司法档案选编：第三辑 (1928—1937) 之 1932（二）[G]. 北京: 中华书局, 2018: 567.

为由，判决周蔡氏就其夫周敏功遗产内偿还信康钱庄 1931 年票洋三笔共计 284 元，并自借款之日起至执行终结止按年 5% 支付利息，如遗产不足清偿则由担保人叶焕琮代为清偿；另应偿还信康钱庄 1930 年票洋 100 元，并自借款之日起至执行终结止按年 5% 支付利息，如遗产不足清偿则由担保人季仁轩代为清偿；原告其余之诉驳回；诉讼费用除周竹书、周马根部分由原告负担外，由被告周蔡氏、叶焕琮负担 8/10，季仁轩负担 2/10。1934 年，因信康钱庄申请执行，龙泉法院饬令执达员张荣对周蔡氏财产查封估价拍卖，期间周马根具状声明拍卖山场系三房共有产业。龙泉法院令出去山场拍卖价格 1/3 及山佃利益 3/10 外，其余债款分别由担保人叶焕琮代偿 249.03 元，季仁轩代偿 69.309 元。叶焕琮等不服批示，向永嘉地方法院提起抗告。永嘉地方法院于 1935 年 1 月 8 日裁定驳回抗告。后叶焕琮等又称查得周蔡氏尚有山场一处，恳请查封拍卖抵债。1 月 30 日，龙泉县法院饬令执达员张荣将该山场查封交人保管。5 月 25 日，徐伯齐等向龙泉法院执行处具状称，经亲友调解，周蔡氏及周竹书、周马根等已将山场共同立契出卖抵偿债款，请求停止执行。5 月 27 日，龙泉县法院予以销案。① 可见，这场历时近 3 年的借款纠纷，在法院调解不成后进入诉讼程序，法院判决后出现难以执行的问题，最终在亲友调解下达成和解协议，结束了当事人之间的纷争。

综上可见，调解作为近代一种独立的纠纷解决方式，既不影响诉讼活动的进行，又是对诉讼活动的一种补充，它与诉讼、仲裁等纠纷解决机制之间存在着一定程度的互动与衔接，共同构成较为完整的近代纠纷解决机制。

第二节 近代调解制度之反思

调解本身具有高效、快捷、成本低廉等特点，如果运用得当，该制度的优势显而易见，然而，由于受社会环境的影响，制度设计不够合理，制度运行不尽如人意，从而使近代调解制度存在着一些难以克服的弊端。

一、调解具有强制性和重复性

（一）调解的强制性

调解的强制性主要体现在法院调解制度方面。1929 年 12 月 11 日南京国民政府中央政治会议议决的《民事调解条例原则》第 3 条规定："初级管辖及人事诉讼事件，非经调解不和息后，不得起诉。其他诉讼事件，经当事人请求调解者，亦同。"② 根据该原则制定的《民事调解法》第 2 条再次明确了调解的强制性："人事诉讼事件及初级管辖民事事件除经其他调解机关调解不成立，或调解主任认为不能调解者外，非经民事调解处调解

---

① 包伟民. 龙泉司法档案选编：第三辑（1928—1937）之 1932（二）[G]. 北京：中华书局，2018：329.
② 民事调解条例原则 [J]. 立法专刊，1930，(3)：3.

不成立后，不得起诉。"① 1935 年的《民事诉讼法》虽然终止了《民事调解法》的法律效力，但继承了《民事调解法》中规定的强制调解，并补充规定："自法院或其他调解机关调解不成立时起，已经过一年者，于起诉前应再经调解。"②

除了法院推行强制调解外，地方官署对于某些类型的纠纷也予以强制调解。如 1936 年 2 月 18 日南京国民政府行政院会议通过的《房租纠纷调解办法》第 1 条明确规定："凡房租纠纷非依本法调解不成立后不得起诉"；第 6 条规定："房租调解之当事人应于接到地方主管官署通知后七日内，各自推定代表，如逾期未推定者，仍应进行调解。"第 13 条规定："房主房客违反第一条之规定者，仍由法院调解并处一月租金以下之罚金。"③

中国共产党领导下的革命根据地政权也曾一度把调解作为诉讼的必经程序。1943 年 6 月 8 日，陕甘宁边区高等法院的指示信中提出："我们边区新的司法政策（调解政策）：凡是民事案件，一律厉行调解。"④《陕甘宁边区民刑事件调解条例》第 2 条规定："凡是民事一切纠纷均应实行调解，凡刑事除……之外均须调解。"⑤《太行区民刑事调解条例》《冀南区民刑事调解条例》也都规定，凡民事一切纠纷（土地、婚姻、债务、继承、劳工……），均应进行调解。

上述立法中对于调解的强制性规定必然导致实践中的强制调解行为。例如 1930 年《民事调解法》颁行后，无论纠纷当事人是否愿意接受调解，也不管有无调解成功的可能性，地方法院以及兼理司法之县政府都把调解作为诉讼的前置程序，调解不成才可以进入诉讼程序，正如时人所言："人民与法院，均为调解法所限制，明知无济于事，亦必奉行故事。"⑥此外，有些家族对家族内部纠纷也要求必须先经家族调解，调解不成，方可起诉到官府；各地商会也要求商事纠纷尽量在商会内部调解。革命根据地政权曾经一度把调解案件的多少作为考核的标准。由于过分强调调解，必然会混淆调解与审判的界限，从而带来一些负面影响。1946 年，陕甘宁边区高等法院代院长王子宜在《调解与审判》中曾指出，一些地方单纯地把调解工作的好坏作为考核司法干部的标准，这样就容易促使司法干部产生"强迫调解"和"调解了事"的思想，……有些地方把不应调解的人命案和赌博案也列入调解的范围，迁就和助长了某些落后的习惯。⑦正是因为对调解的过分强调，"导致实践中司法人员为追求调解结案率，往往强迫调解、硬性调解，或央求当事人，软硬兼施，甚至有违法律，并引发了调解与判决过程的反复"⑧。

调解本身具有便捷、高效的特点和优势，如果运用得当，无疑会对矛盾和纠纷的解决提供一个快捷方式，对于纠纷当事人来说，避免了诉讼之苦和程序之累，对于法院来说，减轻了工作负担，节省了司法资源。但因为近代调解的强制性特征，使一些没有调解意愿的纠纷当事人，也不得不接受调解程序，或者被迫接受自己不愿意接受的调解结

---

① 民事调解法 [J]. 行政院公报, 1930, (119): 9.
② 蔡鸿源. 民国法规集成（第 65 册）[G]. 合肥: 黄山书社, 1999: 199.
③ 房租纠纷调解办法 [J]. 信托办刊, 1936, (2): 194.
④ 艾绍润. 陕甘宁边区法律法规汇编 [G]. 西安: 陕西人民出版社, 2007: 339.
⑤ 艾绍润. 陕甘宁边区法律法规汇编 [G]. 西安: 陕西人民出版社, 2007: 341.
⑥ 玉斯. 民事调解法及应废止之我见 [J]. 法治周报, 1933, (31): 2.
⑦ 河北省地方志编纂委员会. 河北省志（第 73 卷"审判志"）[M]. 石家庄: 河北人民出版社, 1994: 255-256.
⑧ 刘全娥. 陕甘宁边区司法改革与"政法传统"的形成 [M]. 北京: 人民出版社, 2016: 122.

果，这样不但违背了当事人的意愿，而且还会给当事人和法院造成不必要的人力物力的浪费，在本来就复杂的诉讼程序之外又多了一道调解程序，在诉讼之累之外又增加了"调解之累"①。

（二）调解的重复性

与强制调解直接相关的是重复调解，也可以说重复调解是强制调解造成的后果。1946年，陕甘宁边区高等法院代院长王子宜在《调解与审判》一文中曾揭示了这一问题。文中指出：提出调解为主、审判为辅以后，强调调解是诉讼的必经程序，模糊了调解与审判的区别，认为人民不经调解而到司法机关起诉是手续不完备，因此形成从乡到区、区到县、县到分区的层层调解，以及调解不成再审判、审判不成再调解的反复调解。②

调解的重复性主要表现为调解反反复复进行。一旦民间发生矛盾和纠纷，左邻右舍或亲朋好友首先介入，对纠纷双方予以调解；如若调解不成，往往会有具有一定权威性的宗族长辈或村政村长出面，抑或区乡镇坊调解委员会予以调解；调解不成，纠纷当事人才会诉之于法院，这时调解还未结束。对于一般民事案件，法院往往还要再次予以调解，甚至会委托或授权宗族、村长等再次予以调解。如此一来，一件普通民事纠纷或轻微刑事案件，则要经历如此这般的调解。据1927年12月19日龙泉县政府民事判决书，吴汝华诉称，其住屋门路被吴耀聪恃强拆毁下半截，占为新造屋址。王兆树也称吴耀聪新砌墙脚侵占门路，以致通行不便。吴汝华与王兆树同于1927年8月以刑事起诉，后遵批另具民事诉状。吴耀聪则辩称，所造屋址系1904年倾圮。吴汝华等以便利出入起见，于该屋址间通行。遂忘固有之老路反认该屋址为老路，出而混争。承审员亲往勘察，面谕两造邀中和解被拒后，又经当庭试行和解失败。随后依法判决吴耀聪新建房屋侵占路址之部分恢复原状，讼费由吴耀聪负担。吴耀聪不服，提起上诉。1928年4月30日，永嘉地方法院变更原判，令吴耀聪见新建房屋西畔侵占路址部分恢复原状，吴汝华一审诉讼拆除吴耀聪新屋东畔侵占公路部分之请求被驳斥，两审讼费由两造各自负担。吴汝华不服，申请再审，永嘉地方法院经再审，废弃二审判决关于驳斥吴汝华在第一审请求及吴汝华负担诉讼费用之部分；驳斥吴耀华之上诉，再审费用及吴汝华在第二审支出费用由吴耀聪负担。然吴耀聪延不执行，经龙泉县政府派吏几度强制执行，方将侵占路址部分房屋拆除，讼费部分，经1930年5月，经季善庵等出面调解，吴汝华特别减让，由吴耀聪备洋70元交吴汝华，其余讼费作罢，两造具状息讼③。这个普通的民事案件，经历了多次审判，多次调解，甚至在判决之后无法执行的情况下，在民间人士的调解下，原告方退让一步，方才解决了执行难的问题。

民国年间有些学者对法院调解进行了严厉的批评和谴责，认为法院调解属于"叠床架屋"，徒增诉讼之繁琐程序。20世纪40年代根据地也存在同样的问题。如根据地曾一度强调，调解是诉讼的必经程序，这样一来，一件普通的民事纠纷，往往要经历多次不

---

① 蒋秋明. 南京国民政府审判制度研究[M]. 光明日报出版社，2011：214.
② 河北省地方志编纂委员会. 河北省志（第73卷"审判志"）[M]. 石家庄：河北人民出版社，1994：255-256.
③ 包伟民. 龙泉司法档案选编：第二辑（1912—1927）之1927（中）[G]. 中华书局，2018：259.

必要的重复调解，"先由双方邻居亲友调解，不成，经过乡、区、县各行政部门，又调解不成，始得移请司法机关处理，将所有材料并为移交，若有新的发现，须续为移交，最后司法机关进行调解，尤不成立时，始予以判决"。① 王子宜院长在推事、审判员联席会议上的总结报告中，对这一做法提出批评："这一时期内，法庭怎样处理案件呢？大家的反映是，先调解后判决。调解不成，然后再判决。双方服从的都调解，一方不服的再判决。判决不通再调解。从乡到区，区到县，从县到边区，三番五次调解。"②

近代调解的重复性很大程度上是基于传统习惯以及当事人对于调解的倚重。传统社会中，调解比诉讼更能得到当事人的认可，甚至有些案件已经经官裁判，民间仍在做着调解的努力。正如徐忠明在考察明清时期的司法文化后指出："有趣的是，有些纠纷尽管官府已经做出了裁决，但民间仍在进行调解。如果没有两造的息讼意愿，即使官府已有裁决，也难以真正奏效。或者是，民间可以根本不理官府已经做出的裁决，而重新进行调解。并且，民间调解的效力可以否定官府的裁决。"③ 近代以来，人们对待诉讼的态度虽然发生了一定的变化，但不愿意惊扰官府、希望私下解决的意愿仍然非常强烈，即使进入诉讼途径，民间权威人士或者亲邻好友的调解仍在进行。调解不成，更换调解人或调解组织再次进行调解，如此反复，直至调解成功。如果历经多次调解仍未达成和解意愿，当事人方才提起诉讼。

近代调解的重复性与调解立法的偏差也存在着直接的关系。1946 年 6 月 22 日公布的《冀南区民刑事调解条例》规定，调解之进行先由所在村进行，所在村调解不成立时，当事人可申请区公所进行调解。区公所调解不成立时，当事人方可向县政府起诉。县政府认为仍有调解之必要时，应指定当事人之亲朋好友调解，或指定当事人所在区村干部调解，或直接进行法庭调解。调解不成立时，县政府可以依法判决。当事人如对县政府的判决不服时，得上诉于所属的专员公署。专员公署认为仍有调解之必要时，应指定当事人之亲朋好友调解，或指定当事人所在区村干部调解，或直接进行法庭调解。调解不成时，得依法判决之。专员公署所为之判决，如当事人不服时，得上诉于冀南行署。冀南行署受诉以后，认为有调解必要时，仍得进行法庭调解，或指定在外调解，调解不成立时，依法判决之。④ 这种重复性的调解徒增纠纷的处理环节，同时也违背了调解息讼便民的初衷，招致民众的不满，正如有学者所言："从乡、区、县、分庭到高等法院，反复调解，拖延了诉讼，以至于老百姓称之为'六审六调'，发出了'不怕硬赃官，单怕软青天'的怨言。"⑤

调解的重复性导致的直接后果就是案件不能得到及时解决，造成纠纷当事人时间与精力的浪费以及人力物力的损失，违背了调解减轻讼累、便利人民之宗旨。

---

① 边区政府、高等法院关于建立司法秩序，确定司法权限的联合训令 [Z]. 西安：陕西省档案馆藏，档号：15-10.
② 王子宜院长在边区推事、审判员联席会议上的总结报告 [Z]. 西安：陕西省档案馆藏，档号：15-70.
③ 徐忠明. 案例、故事与明清时期的司法文化 [M]. 北京：法律出版社，2006：11.
④ 韩延龙，常兆儒. 革命根据地法制文献选编（中卷）[G]. 北京：中国社会科学出版社，2013：1015-1016.
⑤ 刘全娥. 陕甘宁边区司法改革与"政法传统"的形成 [M]. 北京：人民出版社，2016：122.

二、调解被滥用现象时有发生

调解是以纠纷双方当事人合意为基础,"合意在大多数场合是在相互妥协的基础上形成的,而妥协的公正性主要以当事人地位平等为前提"①。纠纷如果发生在平等主体之间,本着互谅互让、相互妥协的原则,调解结果尚能满足双方的要求,不至于出现太大的问题,但如果纠纷双方势力相差悬殊,调解则往往成为强势者倚强凌弱的工具。

实践中,在纠纷双方地位严重不平等的情况下,调解极有可能被滥用,从而会成为有权有势者的护身符,帮助他们逃脱法律的制裁。1927年的一天,路兰生7岁的女儿被17岁的刘长江强奸,随后小女孩因受伤感染而死。女孩的父亲告到法庭。刘长江藏匿起来,拒不到案,而他有钱有势的父亲则千方百计为他开脱罪责,最后这一起重大刑事案件竟然被当做民事纠纷来处理。本村的村长和副村长作为这一纠纷的调解人,说服原告路兰生撤销了起诉。路兰生在呈状里说,有十位调解人"出面说合",让他们"两造见面服礼,仍笃乡谊之情,双方均愿息讼"。"至民女身死一节",刘在呈状中说,"经中说合,并无纠葛"。然后县官也被说服了,做出批示:"准予撤销"。这样一来,"有权有势者利用民间调解的原则、程序和语言包庇了一起强奸杀人罪"。② 根据地调解制度也存在被滥用的现象,王子宜在《调解与审判》中谈道:"佃户和地主发生纠纷,佃户失去了土地,也调解了事;子洲一个雇工向地主索取所欠工资,地主竟将雇工吊打成残疾,对于这种蛮横无理违背政策的事情,也仅仅采取了调解方式。"③ 可见,在纠纷双方势力相差悬殊的情况下,调解结果往往不能尽如人意。

调解被滥用还表现在一些基层法院以地方调解为名,故意推诿诉讼、压制诉权。一位在基层法院工作的司法人员,曾向司法行政部揭露基层司法以批令调解为名,有意推诿诉讼、压制诉权的事实:"姑以本县为例之:如人民初状请求,批令联保主任调处,再状则批令核夺,三状复以处理尚无不合不必经讼,迨四次始予姑准传讯。就此阶段以观,至少耗百金未能见官一言曲直,司法机关之设置,何以与民距离甚远?该人民来诉之初,已经过乡保与联保主任评理,因无具体解决,不得已而求救济之方,乃意竟往令查,于事无补。"④

调解被滥用还表现在当事人利用调解手续之简单,将其作为阻碍判决执行的工具,"常有刁顽卑鄙者,利用调解之手续简单,负担轻微,为意图不正当利益的工具,例如某甲对于某乙享有债权一万元,已经依法定诉讼程序,确定判决,是可对乙之财产声请执行,假使此时乙之财产,足以抵偿甲之债款,甲固可得到清偿的目的,但是有了这种调解制度,乙就可利用调解之手续简单,负担轻微,暗中串通友人丙冒充其他债权人,向民事调解处,对乙声请债款一万元,乙到场承认丙的请求,结果乙丙的调解遂成立,丙遂将此与确定判决同等效力之调解笔录,向执行处声请执行乙之财产,于是,甲丙之债权,互在乙之财产上执行,依照民事执行法,乙之财产,就该平均分配,结果甲之债权

---

① 棚濑孝雄. 纠纷解决与审判制度 [M]. 王亚新,译. 北京:中国政法大学出版社,1994:122.
② 黄宗智. 清代以来民事法律的表达与实践:历史、理论与现实 [M]. 北京:法律出版社,2014:58.
③ 张世斌. 陕甘宁边区高等法院史迹 [M]. 西安:陕西人民出版社,2004:89.
④ 周茂德. 清末和民国时期江油县司法概况. 江油市文史资料选辑(第1辑)[G]. 1988:23-24.

受其损害，假使没有调解处，则这种事情，就不会发生，即使发生亦不如是容易，这种利用调解法弄非作恶的事情，亦可想见一斑"①。仓圣在《民事调解法的利弊》中表达了类似的担心："现在假定一个案件来说明。譬如甲诉乙银壹万元，第一审判决乙败诉，乙上诉，第二审又判决乙败诉，乙再上诉，第三审又判决乙败诉。判决确定后发交第一审法院执行处依法执行乙之财产，其时乙已破产，可供执行之财产已不到壹万元。依照执行法如乙尚有其他债权人者，可以声请参加分配，假甲乙均与赞同，则该债权人可与甲比例平均分配乙之财产。但如甲或乙不同意时，该债权人只可另行起诉，于胜诉判决确定后再分配甲所执行属于乙的财产。然而另行起诉，既须备有充分证据，且将预备一笔打官司的本钱，胜诉果然是好，败诉反而多损失钱财。以上是依法进行的步骤。譬如说：乙在财产全部供甲执行的时候，另外串出其友人丙作为其他债权人，向民事调解处对乙声请调解请求乙偿还债务，乙到场承认欠债是实，请求折价拨还，结果乙丙遂成立调解。丙遂将此与确定判决同等效力之调解笔录，向执行处请求分配甲所执行乙之财产。甲无从证明乙丙有串通行为，遂遭分配之损失。这就是利用调解法来做非法行为的一端，因为没有调解法或者不致有这种事情发生了吧。"这种担心并非多余，现实生活中确有其事："我记得有一个亲戚，他在法院拍卖债务人的不动产的时候，忽然来了一个执有调解笔录的抵押权人声请停止拍卖，结果因为抵押权依法有优先清偿权，而我那亲戚完全没有追到偿款。这也是一种实情，虽然没有调解法不一定没有这种事发生，然而调解法至少更是卑鄙的人容易利用为非法的工具，是无可讳言的。"②

三、各种调解制度之间缺乏有效衔接

中国近代并没有制定颁行一部完整的调解法，因此，各种类型的调解在范围上缺乏明确的分工，基本上是各自为政，彼此之间不产生任何关系，从而导致各种调解制度之间缺乏有效的协调和衔接。

在近代调解制度的各个组成部分中，法院调解与区乡镇坊调解委员会的调解颇受司法当局的重视，且都有明确的法律依据。这两种调解类型之间的沟通与协调主要表现在两个方面：一是经乡镇调解委员会调解不成立之案件，法院不得再行调解；③ 二是法院正在调解之事项，调解委员会不得同时另行调解。这一规定，在一定程度上避免了重复调解，有利于减少调解资源的浪费。

然而，由于这两种调解制度设计的初衷并非一致，从而使这两种类型的调解制度之间衔接仍然不够紧密。

一方面，调解案件缺乏明确分工。按照规定，法院调解主要限于人事诉讼事件及初级法院管辖的民事案件，区乡镇坊调解委员会调解的案件范围除了民事案件外，尚有告诉乃论之刑事案件，受案范围比法院调解的受案范围要宽泛一些。也就是说，除了告

---

① 陈义章. 民事调解处应否存在之商榷 [J]. 法政半月刊, 1935, (5): 40.
② 仓圣. 民事调解法的利弊 [J]. 人言周刊, 1934, (1): 281-282.
③ 1930年1月公布的《民事调解法》第2条规定："人事诉讼及初级管辖民事案件除经其他调解机关调解不成立，或调解主任认为不能调解者外，非经民事调解处调解不成立后，不得起诉。"这里的其他机关主要包括了乡镇调解委员会、劳资争议调解委员会和商会。

乃论之刑事案件外，普通民事案件既可向法院申请调解，也可向区乡镇坊调解委员会申请调解。法院和调解委员会在受理民事案件方面没有明确的权限划分。

另一方面，调解委员会的调解协议得不到法院的认可和支持。如前所述，乡镇调解委员会调解成立的案件，具有法律上的拘束力，调解双方当事人不得随便反悔。然而，对于调解结果，如果一方当事人拒不执行，乡镇调解委员会则无能为力，因为乡镇调解委员会本身没有强制执行的权力，也没有请求法院协助执行的权力。因此，在调解协议达成后，如果当事人一方事后反悔，不履行调解协议，那么只能由另一方当事人向法院提起确认调解成立并给付之诉，乡镇调解委员会所作出的调解协议以及向县政府及该管法院备案手续至此毫无作用。例如，胡书庆与宋九子因会款纠纷一案，业经调解委员会调解成立，调解已有效果，并由宋九子请出邻居张阿昌保证如期归款。后因宋九子反悔，不执行调解委员会的调解协议，债权人胡书庆只能向法院提起确认或给付之诉，而以前之调解笔录只能附呈法院作为参考事实之资料，法院不能根据调解委员会的调解协议强制执行。因为调解委员会与法院属于两个系统，调解委员会调解成立之案件，不能牵合由法院执行。浙江省民政厅曾提出建议，希望能够实现乡镇调解与法院调解之间的沟通与衔接："倘使地方自治行政与司法机关有沟通互助之处，实属两利而无弊，可否令由司法行政部通行各级法院注重地方自治之各级调解委员会调解成立之案件予以救济，庶于提倡地方自治与解决人民纠纷两有裨益"。然而，这一提议没有得到认可。[①] 司法院在回复该呈文的咨文中并不认可这一提议："民事在未起诉前经法院依法调解者，有与确定判决同等之效力，在民事调解法第十三条有明文，依照民事诉讼执行规则第四条自得为强制执行，至区乡镇坊调解委员会所为之调解，既无明文规定可为执行依据，则当事人一方如不依调解履行，除由他方向法院提起确认调解成立并给付之诉外，不得据情执行。"[②]

事实上，这两种调解制度之间缺乏衔接，主要是因为这两种制度并非都为了推行调解制度而创设，此外，法院调解处与调解委员会两个调解机构在设置的目的上本来就不一样。法院调解主要是司法部门为了杜息争端、减轻讼累，而调解委员会调解则是行政机构推行地方自治的一个组成部分。这两种制度的设计者本来就不是同一部门，可以说是不同系统出于不同目的而创建的两种不同的制度，自然就不会考虑到其功能是否重叠、制度是否衔接等问题。

此外，沿传统而袭之的各种民间调解，由于没有明确的法律依据，加之政府任民自便的态度，在调解纠纷方面虽然有所侧重，但并没有明确的范围，无论是耆老宗族、乡友亲邻、士绅权威、中人保人，还是各种民间团体，大都遵循能调则调的原则，对发生在身边的大大小小矛盾和纠纷，竭尽所能予以调解。对于同一件纠纷，往往宗族调解不成，乡友接着调解，乡友调解不成，地方权威马上登场。至于这些调解与法院调解、政府调解之间，更是没有权限上的划分，往往是在法院调解或政府调解的同时，也有亲友调解穿插其中，或者是在亲友乡邻、宗族耆老调解的同时，当事人又申请了法院调解或政府调解。如此种种，不一而足，一件普通纠纷往往要经历多次调解。所有这些，都是因为调解制度之间缺乏明确的分工合作关系，制度衔接不够紧密所致。

---

① 司法院咨（院字第961号）[J]. 司法院公报，1933，(87)：3-4.
② 司法院咨（院字第961号）[J]. 司法院公报，1933，(87)：3.

第三节 近代调解制度之启示

美国著名学者伯尔曼在《法律与革命》一书的序言中引用法国哲学家德日进的话："过去已经向我们显示如何建设未来。"[①] 这句话的学术意义在于：回顾历史不仅仅在于追溯过去的足迹，更重要的是让历史告诉未来应该怎么做，或避免怎么做，这就是历史给予未来的启迪或启示，也是我们研究历史的重要价值。本书通过对中国近代调解制度的研究，可以从中得到如下启示。

一、调解应遵循自愿原则，以利民便民为追求

（一）调解应遵循当事人自愿的原则

近代调解无论是从立法上还是在实践中，均存在强制调解的现象。这种强制性主要体现在对于某些民事案件不经调解不得进入诉讼程序以及调解人用自己的意愿强行压制纠纷当事人的意愿。这种强制调解的做法曾招致时人的不满和批评，认为这种强制调解有违当事人意愿，导致不愿意接受调解的当事人对于调解"不闻不问"，消极对待[②]。在没有当事人配合的情况下，调解往往难以获得成功。

对于这种强制调解的做法，近代各届政权也曾有过修正。如1931年南京国民政府司法行政部公布的《区乡镇坊调解委员会权限规程》第10条规定："调解委员会不得有阻止告诉及强迫调解各行为。"[③] 司法行政部在《区乡镇坊公所实行调解与宣传公证说明》中也特别指出："惟所应注意者，调解之方法重在和平处理，是以对于调解事件，只能劝谕当事人双方让步，而重以适当解决之途径，不可稍施压迫或加以讯断，以免逾越调解范围，多生枝节。"[④] 这些规定表明南京政府司法行政部对区乡镇坊调解委员会的调解做出了明确的要求，即调解要遵循当事人自愿原则。

各革命根据地政权在调解问题上，曾一度也采取强制调解的办法，强调调解是诉讼的必经程序。在认识到强制调解的弊端后，各根据地先后取消了这一强制性规定，确立了调解非诉讼必经程序以及当事人自愿的原则。1943年6月11日颁布的《陕甘宁边区民刑事案件调解条例》第7条规定，"调解须得双方当事人之同意，调解人无论是政府人员、民众团体或地邻亲友，均不得强迫压抑"[⑤]。1942年4月1日《晋察冀边区行政村调解工作条例》第2条规定："调解以调解当事人的双方自愿为限，不得对于双方或一方强迫调解。"[⑥]《晋冀鲁豫边区冀鲁豫区区调解委员会组织大纲》中也强调："调解必须以说

---

① 伯尔曼. 法律与革命——西方法律传统的形成 [M]. 北京：中国大百科全书出版社，1993："序言".
② 玉斯. 民事调解法及应废止之我见 [J]. 法治周报，1933，(31)：2.
③ 区乡镇坊调解委员会权限规程 [J]. 法律评论，1931，(29)：28.
④ 区乡镇坊公所实行调解与宣传公证说明 [J]. 甘肃省政府公报，1942，(537)：18.
⑤ 韩延龙，常兆儒. 革命根据地法制文献选编（中卷）[G]. 北京：中国社会科学出版社，2013：1003.
⑥ 韩延龙，常兆儒. 革命根据地法制文献选编（中卷）[G]. 北京：中国社会科学出版社，2013：1005.

服方式取得双方当事人同意为原则,不得用任何强迫命令、威吓等方法。"① 1945年12月13日《山东省政府关于开展调解工作的指示》中指出:"调解工作是建筑在人民的自觉自愿上,……要纠正过去强制调解或一定按级调解的偏向。"② 1949年3月15日《天津市人民政府关于调解程序暂行规程》第2条规定:"本程序旨在以政府设定的各级调解组织机构,依据双方自愿原则,推行民间调解,减少群众诉讼纠纷。"③ 其他各根据地的调解法规也有类似的规定。

近代各种类型的调解实践表明,违背当事人意愿、采取强制手段进行调解,要么引起当事人的消极对待,无法达成和解;要么就是在强制之下勉强达成和解协议,最终也会导致当事人反悔,使调解结果无法执行到位。因此,只有遵循当事人自愿原则,调解结果才能得到认可和执行,调解才能真正有实效、有意义。这也是近代调解制度留给当代的经验和教训。

(二) 调解时要真正站在民众立场上考虑问题

要想真正发挥调解的功效,就必须站在民众立场上去解决问题。近代国共两党的调解为当今提供了正反两个方面的例证。以法院调解为例,国民党政权推行调解制度,更多的是为了减轻法院的诉讼压力,较少考虑民众的真正需求。如南京国民政府政治会议议决的《民事调解条例原则》第1项规定:"为求杜息人民争端,减少法院诉讼起见,于第一审法院附设民事调解处。"④ 在法官调解过程中,为调解而调解,并非真心站在民众立场上去解决民众的纠纷和矛盾,因此对调解往往敷衍塞责,草草了事,这样的调解自然不会得到纠纷当事人的认同,难以取得真正的效果。

中国共产党在根据地推行调解制度,虽然也有缓解司法资源短缺的考虑,但更多的是站在群众的立场上,为了减轻群众诉讼之累,缓解彼此之间的矛盾,增进农村的和睦,因此,在推行调解制度过程中,处处体现为民便民的原则。如陕甘宁边区提出的调解应注意之点:要虚心听取群众意见;要善于转变当事人情绪;调解人要提出兼顾各方利益的、恰当的调解方案;调解结果要以当事人完全自愿为前提,等等。⑤ 这些注意之点,都体现了根据地民主政权"群众利益至上"的立场。

根据地民主政权的调解人员,无论是法院的法官还是政府的工作人员,抑或群众团体的热心人士,由于心系人民,抱着为民排忧解难的心理,充分发挥自身的主动性,在调纷止争方面取得了较大的成效。这也是中国共产党领导的根据地民主政权留给我们当代的一笔财富。

---

① 韩延龙,常兆儒. 革命根据地法制文献选编(中卷)[G]. 北京:中国社会科学出版社,2013:1012.
② 韩延龙,常兆儒. 革命根据地法制文献选编(中卷)[G]. 北京:中国社会科学出版社,2013:1020.
③ 韩延龙,常兆儒. 革命根据地法制文献选编(中卷)[G]. 北京:中国社会科学出版社,2013:1027.
④ 民事调解条例原则[J]. 立法专刊,1930,(3):3.
⑤ 韩延龙,常兆儒. 革命根据地法制文献选编(中卷)[G]. 北京:中国社会科学出版社,2013:1005.

二、应注重调解人的素质及态度

（一）调解人的素质是保障调解工作成效的重要因素

一般而言，调解人的素质高低与调解成效有着密切的关系。素质高的调解人往往能够尽职尽责，善始善终。因此，无论是法院调解还是政府调解，对调解人的素质均有一定的要求。姑且不论通过正规考试考选出来的法院推事，仅就负有调解职责的乡镇调解委员会来说，需要由区乡镇民代表会推举本区乡镇内公正人士3人至5人组织之。在这里，法律知识或公正的品质是调解委员应当具备的条件，因为调解结果有无成效，"全视调解委员的公正与否而定"，因此，"人选问题，最关重要"[1]。如果让那些对于法律知识茫然无知的乡镇长和调解委员承担调解职责，"无异'盲人骑瞎马，夜半临深池'，其危险将不堪设想"[2]。虽然时人认识到了调解人需要具有较高的素质，尤其是需要具备一定的法律知识，但由于当时通晓法律知识的人实在太少，大多数乡镇调解委员并不具备这一点，正如时人所言："然以中国国民教育之不普及，充任调解之职者，类皆目不识丁之徒，欲其有良好调解成绩，岂非缘木求鱼。上者若为土劣所担任，则颠倒是非，混乱黑白，徒为鱼肉乡民之工具耳。"[3] 这也是乡镇调解难以取得实效的重要原因之一。

中国共产党领导的根据地民主政权对调解人的业务素质和政治素质要求较高。为了提高调解人的素质，在非常艰难的环境下，一些抗日根据地采取诸多措施，对调解人的业务进行培训。例如，冀中区各县区，经常给调解人发放调解教材，为他们举办调解训练班，以加强其调解的能力与素质。有的县区在调解比较重大的案件时，召集附近村庄的调解人员参加旁听、观摩，以丰富调解人的调解经验[4]。这些做法都是值得称道的。

（二）调解人的态度对调解成功与否至关重要

调解人应注意自己的态度，不能高高在上，而应站在当事人的立场上，"于视听言动之中，处处表示息事宁人之意，务使当事人心悦诚服，乐于调解"。此外，对于调解不得敷衍应对，而应认真考察，详细探究，以求纠纷之解决。南京国民政府司法部曾要求调解法官，"就其争议发生原因及经过情形与夫当事人之性形、境遇暨彼此平日往来关系，悉心考察体会，以求其症结之所在，公平处理，且审时度势，因时制宜，随机晓以利害，示以方针"[5]。南京国民政府司法行政部也劝谕法官在调解时要"居于中人之地位，对当事人双方剀切劝导，设法处理，示以方针，晓以利害，藉多收调解成立之效果"，"倘或对于调解事件，推事仍高坐法庭，一若与讯问案件时无异，又复潦草塞责，寥寥询以数语，休戚漠不关心，则殊失设立调解制度之本旨"[6]。尽管司法当局三令五申，要求调解

---

[1] 陈盛清. 我国调解制度 [J]. 东方杂志, 1943, (20): 32.
[2] 陈盛清. 我国调解制度 [J]. 东方杂志, 1943, (20): 33.
[3] 方茂松. 大学法科应附设民刑案件调解处之建议 [J]. 法政半月刊, 1935, (5): 31.
[4] 河北省地方志编纂委员会. 河北省志·司法行政志 [M]. 石家庄: 河北人民出版社, 2012: 203-205.
[5] 湖北省司法行政志编纂委员会. 清末民国司法行政史料辑要 [G]. 湖北省司法行政史志编纂委员会, 1988: 394.
[6] 高等法院训令（训令第六八五号）[J]. 察哈尔省政府公报, 1937, (1063): 26.

法官端正态度，然而现实生活中的法官依然我行我素，对于调解事件漫不经心，最后南京国民政府司法部也不得不承认当时推行的法院调解并未达到预期目的。

相比之下，各根据地的调解人员对于调解工作具有极大的耐心，能够热心劝说纠纷当事人，从而使调解工作做得有声有色，这在很大程度上得益于根据地的调解政策与调解要求。晋察冀边区行政委员会关于加强村调解工作与建立区调处工作的指示中强调：“无论调处任何案件，一定要注意调查研究，尊重舆论，不可贪图简单省事，单凭当事人的声辩，率而处理”，"调处人对当事人应以最大的关怀热情尽量说服，使调处结果能为当事人接受"。[①]

（三）调解人应当充分发挥调解的主动性、尽心尽职方可取得成效

南京国民政府时期虽然颁布了专门的民事调解法，司法当局也屡发训令，敦促调解法官尽心从事民事案件的调解工作。但很多调解法官缺乏调解的主动性，大多采取坐堂问案、高高在上的方式，草草了事，不能尽职尽责，这样就很难达到令人满意的调解效果。对于这一点，时人曾予以批评：“现行调解制度，不过悬一调解之虚名，而不能克尽调解之职责，因为调解主任及办理调解事务之书记，均由法院中之推事及书记官充任，因此，对于调解事件，大都不能尽责，而且因办案太烦的原因，往往限定几分钟，调解一件案子，以愤愤不平之当事人，在这几分钟内，如何能使他心平气服而听调解，甚至有许多调解主任，性情刚愎，反有激成调解当事人欲罢不能的境地，这种情形，也数见不鲜。"[②] 黄宗智先生在《中国法庭调解的过去和现在》一文中专门列举了一起法官调解民事案件的事例："1931年5月刘起样诉张济宗的案件，张两年前通过中间人向刘赊买价值34元的鸡和鸡蛋拿去贩卖，刘屡次催还欠款未果，有欠条为证。5月21日举行调解听证，根据速记笔录：法官首先询问刘的代理人徐某为什么刘本人没有到场，确认了刘因病委托徐某全权代理；然后又要求解释刘提起诉讼的原因，徐简单地回答了三句话。法官接着转问张为什么不还钱；张承认欠款，但解释自己无钱，必须等到下次收获庄稼之后才能偿还。法官再次转向徐，要求他同意宽限还款时间，徐回答如果张在法官面前保证在第六个月的第十五天之前还清，他就同意宽限。张同意到期偿还，于是法官让书记员大声念出笔录，让双方当事人正式确认，接着宣布案件调解成功。整个调解问答笔录仅17行文字。"[③] 可见，调解过程非常简单，调解法官并没有做什么劝说工作，完全根据当事人的意见，作出调解结果。黄宗智先生在考察顺义县调解案件的实际情况后，认为"调解中的听证可以说相当简略和简短。法官仅询问简单的事实问题，然后看争议的双方是否愿意和解或妥协。如果他们明确表示愿意，法官就会在简短的听证会结束之际宣布和解方案，然后双方当事人在会谈的速记笔录上签名，整个过程就这样结束了"。[④] 在法官缺乏主动性的情况下，调解成功率自然不会太高，即使调解成功的案件，也往往是当

---

① 韩延龙，常兆儒. 革命根据地法制文献选编（中卷）[G]. 北京：中国社会科学出版社，2013：1009.
② 陈义章. 民事调解处应否存在之商榷[J]. 法政半月刊，1935，(5)：40-41.
③ 黄宗智. 清代以来民事法律的表达与实践：历史、理论与现实（卷三）[M]. 北京：法律出版社，2014：179.
④ 黄宗智. 清代以来民事法律的表达与实践：历史、理论与现实（卷三）[M]. 北京：法律出版社，2014：178.

事人双方对于所请求的事实不存在太大争议的案件,而对于那些争议较大、双方诉求相差甚远的案件,则很难调解成功。

相比较而言,革命根据地的调解法官具有很大的主动性。为了达到一个令双方满意的调解结果,法官会对双方当事人进行大量的"动之以情,晓之以理"的说服工作,制定出令双方都能够接受的调解方案。正如陕甘宁边区政府给高等法院的指示中所言:"法官是要多费心力,多费唇舌。但是我们要贯彻这项政策(笔者案:指调解政策),我们不要怕难,要耐心设法予人民解决实际问题。""要耐得烦,忍得气,态度要庄重诚恳,要苦口婆心,不可存急躁和厌烦的心理,自能得到成功和减少诉讼的效果,无形中替诉讼人民增进了福利。"[1] 谢觉哉也要求调解人员要充分发挥调解的主动性:"乡政府、区政府、县政府,不仅应接受人民调解的请求,且要去找寻或调来调解。工作人员下乡,遇到事就解决。"[2]

通过对比不难发现,南京国民政府时期的法院调解中,推事采取坐堂问案的方法,不去搞调查,因而不能了解纠纷的实际情况,只能凭借当事人的述说,在这种公说公有理、婆说婆有理的情况下,很难做出一个科学的判断,自然也难以达到调解目的。相比之下,根据地的调解人员,无论是法院的法官还是政府的工作人员,抑或是群众团体的热心人士,抱着为民排忧解难的心理,充分发挥自身的主动性,在调纷止争方面取得了较大的成效。

总之,无论是法院调解,还是政府调解,抑或是民间调解,想要调解成功,调解人应当充分发挥主动性,深入民间,调查研究,找出争执的焦点。在做好这一系列准备工作的基础上,制定切实可行的调解方案,这样才能提高调解的成功率。

三、应注重多种社会资源的整合利用

近代以来,在调解方面曾多次出现反复调解、重复调解的情况,不但浪费了调解资源,也损耗了纠纷当事人的时间与精力。但是,如果在纠纷发生后,当事人申请调解时,能够一次性整合多种社会资源,或许对于纠纷的解决能够起到事半功倍的作用。《陕甘宁边区民刑事案件调解条例》第5条规定:"前条所列调解(指地邻、亲友或民众团体进行的调解)不成立时,得由当事人双方或一方申请乡(市)政府、区公署,或县(市)政府依法调解之。前项乡、区、县(市)各级政府,接受调解事件,必要时,得邀请当地各级机关人员及民众团体、公正士绅,从场协助调解。"[3] 这是革命根据地推行政府调解的法律依据,同时也是整合多种社会资源进行调解的一种官方表达。无论是区乡政府还是县政府,人力资源有限,且对纠纷当事人的脾气秉性以及生活状况等缺乏足够的认识,在调解方面难免存在棘手之处。如果在调解时,同时邀请民众团体、公正士绅,甚至纠纷当事人的亲朋好友等社会资源,一方面可以缓解政府机关工作人员不足的压力,另一方面也能够对纠纷当事人有个比较清楚的了解,有利于对纠纷双方进行劝说开导,使纠

---

[1] 陕甘宁边区高等法院关于注意调解诉讼纠纷的指示信(1943年12月)[Z].西安:陕西省档案馆藏,档号:15-17.

[2] 王定国,王萍,吉世霖.谢觉哉论民主与法制[M].北京:法律出版社,1996:136.

[3] 韩延龙,常兆儒.革命根据地法制文献选编(中卷)[M].北京:中国社会科学出版社,2013:1002-1003.

纷双方尽快达成和解。张希坡在《马锡五审判方式》中即持有这种看法："针对不同的案件，整合不同的资源，包括各级行政资源、民间的话语权威、血缘亲情、人之常情等。"①

在实践中，有许多案件就是在多种社会资源参与下迅速达成和解的，如合水县丁丑两家土地纠纷中，组成了以司法人员和区长为首、有当地群众和干部参加的调解组，对这一纠纷进行了调解；在王治宽与王统一场院地基纠纷中，县、区、乡干部和房亲证人、年老乡邻共同调查处理了这一纠纷。②延安市南区调解人员也往往采用在弄清事实的基础上，邀请公正人士参加，就地协同亲邻进行调解，对于比较复杂的、涉及面较广的纠纷，再邀请相关单位联合参与调解。③即使那些到法院调解的案件，"其偕有亲友同来者，可许其到场，或在外从旁劝解"④。发动群众调解是革命根据地政权经常采取的一种调解办法。1943年底，绥德县沙滩坪区一乡穆家楼村发生两姓佃户争租一窑的事件，经区乡政府屡次调解未成。1944年3月，双方告到县司法处，各执一词，调解未能成功。县长霍祝三特派推事白炯明赴当地调查，并发动群众调解。3月24日，白推事到穆家楼后，首先召集村乡干部及有威望的老人谈话，问明争执真相，继而到争窑地点察看，又与众人研究制定调解方案，推选出面调停的人，然后找双方当事人进行调解。前后仅费三四个小时，即达成和解。⑤两姓佃户争窑事件在区乡政府以及县司法处调解多次，均未获得成功。最终之所以能达成和解，主要在于调解过程中动员广大群众参与调解。这种利用多种社会资源共同参与纠纷调解的方式，有效地避免了纠纷调解的重复性和资源的浪费，有利于节省纠纷双方的时间和精力。

如前所述，中国近代构建了一套包括民间调解、行政调解和法院调解在内的多层次的较为完整的调解体系，作为这一调解体系组成部分的各种类型的调解不应各自为政，故步自封，而应该彼此衔接，综合为用，尤其是在调解一些比较复杂的纠纷方面，要善于整合各种调解资源，使调解制度发挥出更大的作用。在当代中国调解制度建设中，在构建"大调解"新格局、开创"大调解"的新局面下，我们要善于利用和整合民间各种调解资源，为人民排忧解纷，推动调解制度的健康发展。

四、以审促调、以调助判，调判结合

所谓以审促调，顾名思义就是以审判促使调解成功，或者是先审判后调解的一种解纷方式。近代中国，无讼观念依然盛行，但随着西方文化的传播以及权利意识的增强，人们对待诉讼的态度开始发生细微的变化，有些地方的民众"爱面子"，争胜心理比较严重，如山东齐河县的人民"知识薄弱而好负气，每因细故，辄致兴讼"⑥。河北定县民风虽然淳朴，但也有"好讼之风，往往因极小争端，以致倾家败产，连打数十年之官司，

---

① 张希坡. 马锡五审判方式[M]. 北京：法律出版社，1983：34-36、46-47.
② 刘全娥. 陕甘宁边区司法改革与"政法传统"的形成[M]. 北京：人民出版社，2016：115-116.
③ 边区高等法院关于延安市南区调解工作概况[Z]. 西安：陕西省档案馆藏，档号：15-202.
④ 湖北省司法行政志编纂委员会. 清末民国司法行政史料辑要[G]. 湖北省司法行政志编纂委员会，1988：395.
⑤ 侯欣一. 从司法为民到人民司法——陕甘宁边区大众化司法制度研究[M]. 中国政法大学出版社，2007：287.
⑥ 张研，孙燕京. 民国史料丛刊：(756)(社会·社会调查)[G]. 郑州：大象出版社，2009：72.

期待最后之面子胜利"①。对于这些要面子、争胜心理严重的民众来说，他们往往"固执成见，各趋极端，无法使之归于妥洽"。② 在发生纠纷后，直接进行调解，让他们各自退让一步、认错服输是比较困难的。这种情况下，只能先进行审理，在输赢对错基本上确定的情况下，再予以调解，则容易达成和解。翻阅《龙泉司法档案》等资料，可以发现许多审理过程中达成和解协议的事例，还有一些判决之后再经人调解达成和解的情况。例如，1926年吴宝云控李徐氏抗欠债务案中，龙泉县公署经过多次庭审后做出判决，吴宝云不服判决，提起上诉。永嘉地方法院作出改判，李徐氏不服，向浙江高等法院提起上诉，遭到驳斥。后经人调解，双方各自退让一步，遂达成和解。③

所谓以调助判，就是以调解作为审判的辅助手段，以尽快促成判决的一种解纷方式。1945年陕甘宁陇东分庭司法工作总结中曾对这种以调助审的办法予以明确的界说："在陇东来说，有许多案件即使判决，事先也经调解说服，帮助达到判决之顺利，这就不是审判帮助调解，而是调解帮助判决。"④ 这种以调助判的方式在革命根据地曾发挥过较大的作用。如发生在陕甘宁边区的张宗保与三寡妇案件，司法人员接到案件后，在调查事实、了解案件真相的基础上，对当事人进行了耐心细致的说服调解工作，最后做出判决。⑤ 该案最终虽然不是以调解结案，但在这个过程中，司法人员进行了大量的调解说服工作，有利于帮助当事人对于判决结果的认可，有利于判决的执行。

无论是以审促调，还是以调助判，最终要实现的目标就是调判结合。马锡五审判方式即是调判结合的最好例证。《陕甘宁边区政府关于普及调解、总结判例、清理监所指示信》中谈道："审判与调解结合，即马锡五同志的审判方式：马锡五同志审的一件婚姻案、两件土地案（见三月十三日《解放日报》），奥海清同志审的土地案（见四月二十三日《解放日报》），都是负审判责任的人亲自到争讼地点，召集群众大家评理，定出双方都愿意接受也不能不接受的法子。是审判也是调解。这方式的好处：政府和人民共同断案，真正实现了民主；人民懂得了道理又学会了调解，以后争讼就会减少。要发扬这种方式，重大又复杂的案子，定要这样做。"⑥

调判结合的解纷方式虽然带有时代和地域的特征，但其本身的价值及其蕴含的精神对当代社会解决矛盾和纠纷仍然具有一定的借鉴意义。在当代社会，审判和调解仍然是主要的解纷方式，这两种解纷方式各有自身的特点，有各自的适用范围。但是，这两种解纷方式并非各自为政，互不干涉的。在审理过程中，在弄清楚案情事实基础上，使当事人对于案件的判决有一个大致的预期，这时候再进行调解，则易于达成和解。此外，在审理过程中，也可以对当事人进行劝说开导，进行调解，即便调解不成，也有利于当事人对判决的认可。

---

① 张研，孙燕京. 民国史料丛刊：(143)（社会·社会调查）[G]. 郑州：大象出版社，2009：257.
② 湖北省司法行政史志编纂委员会. 清末民国司法行政史料辑要 [G]. 武汉：湖北省司法厅司法志办公室，1988：374.
③ 包伟民. 龙泉司法档案选编：第二辑（1912—1927）之1926年（下）[G]. 北京：中华书局，2018：844.
④ 陇东分庭1945年司法工作总结材料（1945年9月24日）[Z]. 西安：陕西省档案馆藏，档号：15-278.
⑤ 边区推事审判员联席会议发言记录（九）[Z]. 西安：陕西省档案馆藏，档号：15-84.
⑥ 韩延龙，常兆儒. 革命根据地法制文献选编（中卷）[G]. 北京：中国社会科学出版社，2013：1005-1006.

结　论

帕特里克·格伦在《世界法律传统》中指出:"每一种主要的、复杂的法律传统都向这个世界提供着其他传统所没有或不能提供的东西,并且每一种传统都最终将意识到这一点。因此,经历了几千年的法律历史之后,主要的法律传统之间可能将会产生某种(总体上的)'稳定化'。这个世界仍然还需要这样的法律传统,因为需要这样的传统的主题仍然存在。"① 中国的调解制度就是这样的传统。古代中央集权制的政治体制、皇权不下县的治理模式、自给自足的自然经济结构、以和为贵的文化传统以及无讼的司法观,使古代中国在社会治理过程中,形成了特有的调解传统。这种调解传统具有超强的稳定性,以至于在政治体制、社会治理模式、经济结构以及文化资源都发生变化的近代中国,调解制度仍是基层社会治理的一种主要方式。

当然,近代社会政治经济的变化,必然会对调解制度产生一定的影响,从而使近代调解制度在继承传统调解制度的基础上,也呈现出新的特色。随着近代独立的法院组织的形成、基层社会组织的变化以及各种社会团体的出现,调解主体不再仅仅局限于传统的官府调解和民间调解,法院、调解委员会、商会以及工会等社会团体纷纷加入,使调解主体更加多元化;随着近代社会生活的日益丰富以及社会关系的日趋复杂,调解范围不再局限于田土、钱债、婚姻、继承等"民间细故",诸如股票股权纠纷、金融贷款纠纷、劳资纠纷、破产纠纷、中外商务纠纷、版权纠纷等新兴纠纷形式大量出现,使调解范围更加广泛化,调解类型更加多样化;随着法律近代化的不断发展以及调解法规的出现,调解不再局限于调解人"和稀泥"、各打五十大板式的随意处置,调解程序由于有了明确的法律依据而趋于规范化②。因此,中国近代调解制度不是对传统调解制度的简单因袭和模仿,而是对传统调解制度的继承与发展。换言之,中国近代调解制度呈现出传统与现代并存、因袭与创新并举的特征。

模仿西方国家立法修律是近代中国法律改革的主旋律。自清末制定《刑事民事诉讼法草案》开始,西方国家诉讼法规中的调解制度便被引进我国。无论是清末的《刑事民事诉讼法草案》《大清民事诉讼律草案》,还是民国初年的民事诉讼法规中关于和解的规定,与当时德国和日本民事诉讼法中关于调解的规定是一致的。换言之,清末民初在模仿德日制定民事诉讼法的同时,也将德日民事诉讼法中关于调解的制度借鉴到中国来。

---

① [加]帕特里克·格伦.世界法律传统:法律的持续多样性[M].李立红,黄英亮,姚玲,译.北京:北京大学出版社,2009:409.

② 调解程序的规范化主要限于法院调解和乡镇调解委员会的调解等,不包括普通民间调解。

1930年南京国民政府司法院颁行的《民事调解法》就是"近采欧美良规，略予变通"的结果。1935年修订的新《民事诉讼法》中有关调解的规定在很大程度上也受德日等国有关调解制度的影响。正是这些模仿西法而制定的有关调解的法律法规的出现，推动着调解走向制度化和法律化轨道。近代调解的制度化虽然是模仿西法的结果，但这种模仿并不完全是盲目照搬，也有根据本国情况进行改进之处。胡汉民在1929年底的中央政治会议上对《民事调解条例草案原则》提案中指出："是以晚近各国，均厉行仲裁制度，期于杜息争端，减少讼累，意至良善。我国夙重礼让，以涉讼公庭为耻，牙角细故，辄就乡里耆老，评其曲直，片言解纷，留为美谈。……斯宜远师古意，近采欧美良规，略于变通，以推事主持其事，证明为调解，并确定其效力，著之法令，推行全国。"[①] 从上述提案可以看出，胡汉民所说的调解，实际上就是西方的仲裁制度和中国传统社会民间调解制度的结合。可以说，近代调解制度融合了中国传统调解制度的精神和西方调解制度的形式，呈现出中西合璧的特征。

正是因为近代调解制度具有传统与现代并存、因袭与创新并举以及中西合璧等特征，才使得该制度没有仅仅停留在近代中国这个特定的历史阶段，也没有使传统调解制度与现代调解制度之间出现断裂，而是起到了衔接古今的作用，其在整个调解制度发展史上的地位是不容忽视的。同时，调解制度在近代社会纠纷解决机制中，与审判、仲裁并列为近代三大纠纷解决机制，加之调解本身具有便捷、高效的特点和优势，如果运用得当，无疑会对矛盾和纠纷的解决提供一个快捷方式，尤其是在近代基层司法资源有限的情况下，合理利用调解解决纷争，在一定程度上可以实现纠纷解决机制的合理配置。然而，由于近代调解制度本身存在的问题以及社会环境的影响，使该制度的功效大打折扣。

总之，近代调解制度是适应近代社会需要而产生的，从总体上看已经过时了，当代社会对其进行完全复制也无必要，并且是不可取的。但是，其所蕴含的一些价值却仍然值得我们认真总结和转换利用。

---

① 谢振民. 中华民国立法史 [M]. 北京：中国政法大学出版社，2000：1033.

参考文献

一、文献史料

1. 北洋政府国务院档案（全宗号：1002）[Z]. 南京：中国第二历史档案馆藏.
2. 北洋政府司法部档案（全宗号：1049）[Z]. 南京：中国第二历史档案馆藏.
3. 北洋政府内务部档案（全宗号：1011）[Z]. 南京：中国第二历史档案馆藏.
4. 北洋政府总检察厅档案（全宗号：1048）[Z]. 南京：中国第二历史档案藏存.
5. 南京国民政府司法行政部档案（全宗号：7）[Z]. 南京：中国第二历史档案馆藏.
6. 南京国民政府司法院档案（全宗号：32）[Z]. 南京：中国第二历史档案馆藏.
7. 南京国民政府最高法院档案（全宗号：16）[Z]. 南京：中国第二历史档案馆藏.
8. 陕甘宁边区高等法院档案（全宗号：15）[Z]. 西安：陕西档案馆藏.
9. 阎伯川先生言论类编：卷三（上）（全宗号：268）[Z]. 太原：山西档案馆藏.
10. 江苏省商业厅，等. 中华民国商业档案资料汇编：第1卷[G]. 北京：中国商业出版社，1999.
11. 天津市档案馆，等. 天津商会档案汇编（1903—1911）[G]. 天津：天津人民出版社，1989.
12. 姜锡东，许平洲，梁松涛. 保定商会档案[G]. 保定：河北大学出版社，2012.
13. 章开沅，等. 苏州商会档案丛编：第一辑（1905—1911）[G]. 武汉：华中师范大学出版社，1991.
14. 马敏，祖苏. 苏州商会档案丛编：第二辑（1912—1919）[G]. 武汉：华中师范大学出版社，2004.
15. 马敏，祖苏. 苏州商会档案丛编：第三辑（1919—1927）[G]. 武汉：华中师范大学出版社，2009.
16. 马敏，肖芃. 苏州商会档案丛编：第四辑（1928—1937）[G]. 武汉：华中师范大学出版社，2009.
17. 马敏，肖芃. 苏州商会档案丛编：第五辑（1938—1945）[G]. 武汉：华中师范大学出版社，2010.
18. 马敏，肖芃. 苏州商会档案丛编：第六辑（1945—1949）[G]. 武汉：华中师范大学出版社，2011.
19. 包伟民. 龙泉司法档案选编：第一辑（晚清时期）[G]. 北京：中华书局，2012.

20. 包伟民. 龙泉司法档案选编：第二辑（1912—1927）[G]. 北京：中华书局，2012.

21. 包伟民. 龙泉司法档案选编：第三辑（1928—1937）[G]. 北京：中华书局，2018.

22. 包伟民. 龙泉司法档案选编：第四辑（1938—1945）[G]. 北京：中华书局，2019.

23. 包伟民. 龙泉司法档案选编：第五辑（1946—1949）[G]. 北京：中华书局，2019.

24. 阮湘. 中国年鉴：第一回[G]. 上海：商务印书馆，1924.

25. 商务印书馆编译所. 大清光绪新法令：第20册[S]. 上海：商务印书馆，1909.

26. 李生泼. 战时司法[G]. 上海：商务印书馆，1939.

27. 童振海. 现行刑民工商事调解法规集解[G]. 上海：上海法政学社，1931.

28. 朱鸿达. 大理院判决例全集·民事诉讼法[S]. 上海：世界书局，1936.

29. 前南京国民政府司法行政部. 民事习惯调查报告录[M]. 北京：中国政法大学出版社，2005.

30. 长春市政协文史资料研究委员会. 长春文史资料：第4辑（总第15辑）[G]. 长春：长春市政协文史资料研究委员会，1986.

31. 重庆市南岸区政协文史资料委员会. 重庆南岸文史资料：第6辑[G]. 重庆：重庆市南岸区政协文史资料委员会，1990.

32. 范佑先. 江西省司法行政志[M]. 南昌：江西人民出版社，1995.

33. 浙江省武义县人民法院. 武义法院志[M]. 杭州：浙江人民出版社，2000.

34. 宋美云. 天津商民房地契约与调判案例选编（1686—1949）[G]. 天津：天津古籍出版社，2006.

35. 湖北省司法行政史志编纂委员会. 清末民国司法行政史料辑要[G]. 武汉：湖北省司法厅司法志编辑室，1988.

36. 丁世良，赵放. 中国地方志民俗资料汇编（西南卷）[G]. 北京：书目文献出版社，1991.

37. 中国第二历史档案馆. 中华民国史档案资料汇编：第四辑[G]. 南京：江苏古籍出版社，1986.

38. 蔡鸿源. 民国法规集成[G]. 合肥：黄山书社，1999.

39. 胡玉鸿，庞凌. 东吴法学先贤文录（司法制度、法学教育卷）[G]. 北京：中国政法大学出版社，2015.

40. 杨立新. 大清民律草案、民国民律草案[S]. 长春：吉林人民出版社，2002.

41. 张研，孙燕京. 民国史料丛刊（社会·社会调查卷）[G]. 郑州：大象出版社，2009.

42. 张研，孙燕京. 民国史料丛刊（政治·政权机构卷）[G]. 郑州：大象出版社，2009.

43. 中国第二历史档案馆. 国民政府立法院会议录[C]. 桂林：广西师范大学出版社，2004.

44. 陈建华，王鹤鸣. 中国家谱资料选编（家规族约卷）[G]. 上海：上海古籍出版社，2013.

45. 辽宁省档案馆. 中国近代社会生活档案（东北卷）[Z]. 桂林：广西师范大学出版社，2005.

46. 上海市政协文史资料委员会. 上海文史资料存稿汇编[G]. 上海：上海古籍出版社，2001.

47. 陈刚，邓继好. 中国民事诉讼法制百年进程（民国初期第1卷）[M]. 北京：中国法制出版社，2009.

48. 韩延龙，常兆儒. 革命根据地法制文献选编（上、中、下）[G]. 北京：中国社会科学出版社，2013.

二、学术著作

1. 胡长清. 中国民法总论[M]. 北京：中国政法大学出版社，1997.

2. 梅仲协. 民法要义[M]. 北京：中国政法大学出版社，2004.

3. 谢振民. 中华民国立法史（上、下）[M]. 北京：中国政法大学出版社，2000.

4. 李景汉. 定县社会概况调查[M]. 上海：上海人民出版社，2005.

5. 孙晓楼. 法律教育[M]. 北京：商务印书馆，2015.

6. 石志泉. 民事诉讼条例释义[M]. 北京：中国方正出版社，2006.

7. 梁启超. 饮冰室合集：第10册[M]. 北京：中华书局，1989.

8. 孙中山. 孙中山全集：第9卷[M]. 北京：中华书局，1986.

9. 杨幼炯. 近代中国立法史[M]. 郑州：河南人民出版社，2017.

10. 瞿同祖. 中国法律与中国社会[M]. 北京：商务印书馆，2010.

11. 瞿同祖. 清代地方政府[M]. 北京：法律出版社，2003.

12. 费孝通. 乡土中国 生育制度 乡土重建[M]. 北京：商务印书馆，2011.

13. 陈旭麓. 近代中国社会的新陈代谢[M]. 北京：中国人民大学出版社，2015.

14. 梁治平. 清代习惯法[M]. 桂林：广西师范大学出版社，2015.

15. 梁治平. 寻求自然秩序中的和谐[M]. 北京：中国政法大学出版社，2002.

16. 虞和平主编. 中国现代化历程[M]. 南京：江苏人民出版社，2001.

17. 王先明. 近代绅士——一个封建阶层的历史命运[M]. 天津：天津人民出版社，1997.

18. 王先明. 变动时代的乡绅——乡绅与乡村社会结构的变迁[M]. 北京：人民出版社，2009.

19. 漆侠. 历史研究法[M]. 保定：河北大学出版社，2003.

20. 张宪文，等. 中华民国史（第1—4卷）[M]. 南京：南京大学出版社，2005.

21. 朱汉国. 中国社会通史（民国卷）[M]. 太原：山西教育出版社，1996.

22. 李剑农. 中国近百年政治史（1840—1926）[M]. 上海：复旦大学出版社，2002.

23. 李长莉，左玉河. 近代中国的城市与乡村[M]. 北京：社会科学文献出版社，2006.

24. 严昌洪. 20 世纪中国社会生活变迁史［M］. 北京：人民出版社，2007.
25. 俞如先. 清至民国闽西乡村民间借贷研究［M］. 天津：天津古籍出版社，2010.
26. 薛君度，刘志琴. 近代中国社会生活与观念变迁［M］. 北京：中国社会科学出版社，2001.
27. 杜正贞. 近代山区社会的习惯、契约和权利——龙泉司法档案的社会史研究［M］. 北京：中华书局，2018.
28. 朱英. 近代中国社会经济发展与社会变迁［M］. 武汉：湖北人民出版社，2008.
29. 朱英. 辛亥革命时期新式商人社团研究［M］. 北京：中国人民大学出版社，1991.
30. 俞如先. 清至民国闽西乡村民间借贷研究［M］. 天津：天津古籍出版社，2010.
31. 谢俊美. 政治制度与近代中国［M］. 上海：上海书店出版社，2016.
32. 徐矛. 中华民国政治制度史［M］. 上海：上海人民出版社，1992.
33. 周俊旗，汪丹. 民国初年的动荡——转型期的中国社会［M］. 天津：天津人民出版社，1996.
34. 彭明，程歗. 近代中国的思想历程［M］. 北京：中国人民大学出版社，1999.
35. 何兆武. 历史理论与史学理论［M］. 北京：商务印书馆，1999.
36. 费孝通. 中国绅士［M］. 北京：中国社会科学出版社，2006.
37. 段友文. 黄河中下游家族村落民俗与社会现代化［M］. 北京：中华书局，2007.
38. 徐建华. 中国的家谱［M］. 天津：百华文艺出版社，2002.
39. 陈明盛. 晚清民国时期地方自治的内在困境及其现代启示研究［M］. 合肥：合肥工业大学出版社，2018.
40. 莫鹏. 国民政府时期的县自治宪法文化研究［M］. 武汉：武汉大学出版社，2014.
41. 李光灿，张国华. 中国法律思想通史（四）［M］. 太原：山西人民出版社，1996.
42. 张晋藩. 中国法律的传统与近代转型［M］. 北京：法律出版社，1997.
43. 张晋藩. 中国法制史十五讲［M］. 北京：人民出版社，2017.
44. 张晋藩. 中国古代民事诉讼制度［M］. 北京：中国法制出版社，2018.
45. 朱勇. 中国民法近代化研究［M］. 北京：中国政法大学出版社，2006.
46. 武树臣. 中国传统法律文化［M］. 北京：北京大学出版社，1994.
47. 孙文恺. 社会学法学［M］. 北京：法律出版社，2005.
48. 苏力. 送法下乡——中国基层司法制度研究［M］. 北京：中国政法大学出版社，2000.
49. 苏力. 制度是如何形成的［M］. 北京：北京大学出版社，2007.
50. 李游. 和谐社会的司法解读：以中西方司法传统的演变为路径［M］. 北京：法律出版社，2013.
51. 范忠信，郑定，詹学农. 情理法与中国人［M］. 北京：北京大学出版社，2011.
52. 罗旭. 伦理司法：中国古代的司法观念与制度［M］. 北京：法律出版社，2009.
53. 张中秋. 比较视野中的法律文化［M］. 北京：法律出版社，2003.
54. 马小红，等. 中国法律思想史十讲［M］. 北京：中国人民大学出版社，2008.

55. 张生. 中国近代民法法典化研究［M］. 北京：中国政法大学出版社，2004.

56. 公丕祥. 近代中国的司法发展［M］. 北京：法律出版社，2014.

57. 何志辉. 外来法与近代中国诉讼法制转型［M］. 北京：中国法制出版社，2013.

58. 张芳霖. 市场环境与制度变迁——以清末至民国南昌商人与商会组织为视角［M］. 北京：人民出版社，2013.

59. 朱英，郑成林. 商会与近代中国［M］. 武汉：华中师范大学出版社，2005.

60. 应莉雅. 天津商会组织网络研究（1903—1928）［M］. 厦门：厦门大学出版社，2006.

61. 谈萧. 近代中国商会法：制度演化与转型秩序［M］. 北京：法律出版社，2017.

62. 李柏槐. 现代性制度外衣下的传统组织——民国时期成都工商同业公会研究［M］. 成都：四川大学出版社，2006.

63. 王红梅. 商会与中国法制近代化［M］. 南京：南京师范大学出版社，2011.

64. 刘军平. 中国传统调解文化解读［M］. 湘潭：湘潭大学出版社，2016.

65. 朱楠. 商事调解原理与实务［M］. 上海：上海交通大学出版社，2014.

66. 汤鸣. 比较与借鉴：家事纠纷法院调解机制研究［M］. 北京：法律出版社，2016.

67. 张勤. 当代中国基层调解研究——以潮汕地区为例［M］. 北京：中国政法大学出版社，2012.

68. 张邦铺. 彝族习惯法及调解机制研究［M］. 北京：法律出版社，2016.

69. 郭晓光. 民事诉讼调解新论［M］. 北京：中国政法大学出版社，2013.

70. 陈会林. 地缘社会解纷机制研究——以中国明清两代为中心［M］. 北京：中国政法大学出版社，2009.

71. 张松. 从公议到公断：清末民初商事公断制度研究［M］. 北京：法律出版社，2016.

72. 于语和. 民间法［M］. 上海：复旦大学出版社，2008.

73. 费成康. 中国的家法族规［M］. 上海：上海社会科学院出版社，2016.

74. 牛铭实. 中国历代乡规民约［M］. 北京：中国社会出版社，2014.

75. 春杨. 晚清乡土社会民事纠纷调解制度研究［M］. 北京：北京大学出版社，2009.

76. 徐胜萍. 人民调解制度研究［M］. 北京：北京师范大学出版社，2016.

77. 邱星美，王秋兰. 调解法学［M］. 厦门：厦门大学出版社，2010.

78. 常怡. 中国调解制度［M］. 北京：法律出版社，2013.

79. 强世功. 调解、法制与现代性：中国调解制度研究［M］. 北京：中国法制出版社，2001.

80. 于沛霖，都本有，丁慧. 转型时期社会纠纷调解机制研究［M］. 北京：法律出版社，2015.

81. 王秋兰，等. 我国调解的立法、理论与实践问题研究［M］. 北京：中国政法大学出版社，2014.

82. 张红侠. 人民调解变迁研究——以权威类型转变为视角［M］. 北京：中国社会科

学出版社，2016.

83. 李祖军，等. 民事调解规范化研究［M］. 厦门：厦门大学出版社，2015.

84. 陈文华. 民间规则在民事纠纷解决中的适用［M］. 北京：中国政法大学出版社，2012.

85. 刘玉华. 民国民事诉讼制度述论［M］. 北京：中国政法大学出版社，2015.

86. 付海晏. 变动社会中的法律秩序——1929—1949年鄂东民事诉讼案例研究［M］. 武汉：华中师范大学出版社，2010.

87. 付海晏. 中国近代法律社会史研究［M］. 武汉：华中师范大学出版社，2010.

88. 张勤. 中国近代民事司法变革研究——以奉天省为例［M］. 北京：商务印书馆，2012.

89. 里赞，刘昕杰，等. 民国基层社会纠纷及其裁断——以新繁档案为依据［M］. 成都：四川大学出版社，2009.

90. 蒋秋明. 南京国民政府审判制度研究［M］. 北京：光明日报出版社，2011.

91. 谢冬慧. 纠纷解决与机制选择：民国时期民事纠纷解决机制研究［M］. 北京：法律出版社，2013.

92. 史长青. 现代调解制度：法制与自治［M］. 上海：上海三联书店，2015.

93. 张镭. 论习惯与法律——两种规则体系及其关系研究［M］. 南京：南京师范大学出版社，2008.

94. 梁凤荣，等. 中国法律文化传统传承研究［M］. 郑州：郑州大学出版社，2015.

95. 程维荣. 传统法律文化调处矛盾纠纷研究［M］. 北京：法律出版社，2016.

96. 胡旭晟. 狱与讼：中国传统诉讼文化研究［M］. 北京：中国人民大学出版社，2012.

97. 倪正茂，等. 中华法苑四千年［M］. 北京：群众出版社，1987.

98. 李卫东. 民初民法中的民事习惯和习惯法［M］. 北京：中国社会科学出版社，2005.

99. 马珺. 清末民初民事习惯法对社会的控制［M］. 北京：法律出版社，2013.

100. 刘军平. 中国传统调解文化解读［M］. 湘潭：湘潭大学出版社，2016.

101. 王伟民. 行政调解概论［M］. 合肥：安徽人民出版社，2016.

102. 宋明. 人民调解纠纷解决机制的法社会学研究［M］. 北京：中国政法大学出版社，2013.

103. 盛永彬. 人民调解实务［M］. 北京：中国政法大学出版社，2018.

104. 侯怀霞. 人民调解理论与实务［M］. 上海：上海交通大学出版社，2018.

105. 汪世荣，等. 新中国司法制度的基石——陕甘宁边区高等法院（1937—1949）［M］. 北京：商务印书馆，2011.

106. 侯欣一. 从司法为民到人民司法——陕甘宁边区大众化司法制度研究［M］. 北京：中国政法大学出版社，2007.

107. 杨永华，方克勤. 陕甘宁边区法制史稿·诉讼狱政篇［M］. 北京：法律出版社，1987.

108. 王定国，等. 谢觉哉论民主与法制［M］. 北京：法律出版社，1996.

109. 胡永恒. 陕甘宁边区的民事法源［M］. 北京：社会科学文献出版社，2012.

110. 白潮. 乡村法案——1940 年代太行地区政府断案 63 例［M］. 郑州：大象出版社，2011.

111. 刘全娥. 陕甘宁边区司法改革与"政法传统"的形成［M］. 北京：人民出版社，2016.

112. 张希坡. 马锡五审判方式［M］. 北京：法律出版社，1983.

113. 黄正林. 陕甘宁边区乡村的经济与社会［M］. 北京：人民出版社，2006.

114. 李喜莲. 陕甘宁边区司法便民理念与民事诉讼制度研究［M］. 湘潭：湘潭大学出版社，2012.

115. 杨东. 陕甘宁边区的县政与县长研究［M］. 北京：中国社会科学出版社，2015.

116. 聂鑫. 近代中国的司法［M］. 北京：商务印书馆，2019.

117. 卢静仪. 民初立嗣问题的法律与裁判［M］. 北京：北京大学出版社，2013.

118. 桑兵. 历史的本色：晚清民国的政治、社会与文化［M］. 桂林：广西师范大学出版社，2016.

119. 张亮采，尚秉和. 中国风俗史［M］. 北京：中国社会科学出版社，2015.

120. 黄正林，张艳，宿志刚. 民国河南社会经济史［M］. 北京：社会科学文献出版社，2019.

121. 黄宗智. 过去和现在：中国民事法律实践的探索［M］. 北京：法律出版社，2009.

122. 黄宗智. 清代以来民事法律的表达与实践：卷一［M］. 北京：法律出版社，2014.

123. 黄宗智. 法典、习俗与司法实践：清代与民国的比较［M］. 上海：上海书店出版社，2003.

124. 黄宗智. 中国乡村研究：第四辑［M］. 北京：社会科学文献出版社，2006.

125. 费正清. 剑桥中国晚清史［M］. 北京：中国社会科学出版社，1985.

126. 费正清. 剑桥中华民国史［M］. 上海：上海人民出版，1991－1992.

127. 李怀印. 华北村治：晚清和民国时期的国家与乡村［M］. 北京：中华书局，2008.

128. 马若孟. 中国农民经济：河北和山东的农业发展（1890—1949）［M］. 南京：江苏人民出版社，1999.

129. 滋贺秀三. 明清时期的民事审判与民间契约［M］. 王亚新，等译. 北京：法律出版社，1998.

130. 滋贺秀三. 中国家族法原理［M］. 北京：法律出版社，2003.

131. 孟德斯鸠. 论法的精神［M］. 北京：商务印书馆，1997.

132. 娜嘉·亚历山大. 全球调解趋势［M］. 北京：中国法制出版社，2011.

四、学术论文

1. 陈盛清. 我国调解制度［J］. 东方杂志，1943，（20）.

2. 李景文. 我国劳资争议处理法之研究 [J]. 法轨, 1933, (1).

3. 陈义章. 民事调解处应否存在之商榷 [J]. 法政半月刊, 1935, (5).

4. 仓圣. 民事调解法的利弊 [J]. 人言周刊, 1934, (1).

5. 玉斯. 民事调解法及应废止之我见 [J]. 法治周报, 1933, (31).

6. 石志泉. 民事调解制度 [J]. 法学专刊, 1936, (6).

7. 陈义章. 民事调解处应否存在之商榷 [J]. 法政半月刊, 1935, (5).

8. 方茂松. 大学法科应附设民刑案件调解处之建议 [J]. 法政半月刊, 1935, (5).

9. 刘凌. 乡镇调解与地方自治 [J]. 中华法学会杂志, 1937, (5).

10. 吴学义. 诉讼上之和解 [J]. 法律评论, 1932, (461).

11. 石志泉. 诉讼谈 [J]. 法律评论, 1928, (235).

12. 陈宾, 吕彩云. 民国时期凉山彝族地区民间调解制度的特征与完善 [J]. 贵州民族研究, 2015, (3).

13. 陈宾. 清末民初基层社会民间调解的变革——以四川会理县的实践为例 [J]. 江西社会科学, 2010, (8).

14. 刘昕杰. 以和为贵——民国时期基层民事纠纷中的调解 [J]. 山东大学学报（哲学社会科学版）, 2011, (4).

15. 王亚明. 民国纠纷解决机制探析 [J]. 江西财经大学学报, 2008, (2).

16. 里赞. 民国婚姻诉讼中的民间习惯：以新繁县司法档案中的定婚案件为据 [J]. 山东大学学报（哲学社会科学版）, 2009, (1).

17. 陈会林. "吃讲茶"习俗与民间纠纷解决 [J]. 湖北大学学报, 2008, 11.

18. 苏力. 当代中国法律中的习惯——一个制定法的透视 [J]. 法学评论, 2001, (3).

19. 马晓莉. 民国分家析产纠纷案 [J]. 中国审判新闻月刊, 2007, (3).

20. 王志强. 民国时期的司法与民间习惯——不同司法管辖权下民事诉讼的比较研究 [J]. 比较法评论, 2000, (4).

21. 张勤. 从诉讼习惯调查报告看晚清州县司法——以奉天省为中心 [J]. 南京大学法律评论, 2012, (2).

22. 赵娓妮. 国法与习惯的"交错"：晚清广东州县地方对命案的处理 [J]. 中外法学, 2004, (4).

23. 龚汝富. 浅议民国时期的民事调解制度及其得失 [N]. 光明日报, 2009-5-6 (12).

24. 谢冬慧. 南京国民政府民事调解制度考论 [J]. 南京社会科学, 2009, (10).

25. 谢冬慧. 民国时期乡村区域治理的特殊力量——以民间调解为例的解读 [J]. 东南学术, 2015, (2).

26. 温智. 民国时期四川会理县讲理公所考察 [J]. 西南民族大学学报（人文社会科学版）, 2011, (4).

27. 欧阳湘. 从漠视、排斥到认同、提倡——清末民初调解政策的大逆转 [J]. 历史档案, 2011, (1).

28. 杜正贞. 晚清民国时期的祭田轮值纠纷——从浙江龙泉司法档案看亲属继承制度

的演变［J］．近代史研究，2012，（1）．

29．罗金寿，余洋．民国时期的调解体系与运作［J］．江西师范大学学报（哲学社会科学版），2016，（2）．

30．潘超正．南京国民政府时期的法庭调解：制度与实践——基于龙泉司法档案的考察［J］．政法论坛，2017，（4）．

31．谢健．南京国民政府时期基层调解委员会述论［J］．人文杂志，2017，（12）．

32．侯欣一．民国时期法院民事调解制度实施状况实证研究［J］．华东政法大学学报，2017，（5）．